权威·前沿·原创

皮书系列为
"十二五""十三五""十四五"国家重点图书出版规划项目

BLUE BOOK

智库成果出版与传播平台

深圳养老服务蓝皮书

BLUE BOOK OF AGED CARE SERVICE IN SHENZHEN

深圳养老服务发展报告（2022）

DEVELOPMENT REPORT OF AGED CARE SERVICE IN SHENZHEN (2022)

主　　编／杨浩勃
执行主编／倪赤丹
副 主 编／赵　冰　钟　汉　房　涛

社会科学文献出版社
SOCIAL SCIENCES ACADEMIC PRESS (CHINA)

图书在版编目（CIP）数据

深圳养老服务发展报告. 2022 / 杨浩勃主编. -- 北京：社会科学文献出版社，2022.5

（深圳养老服务蓝皮书）

ISBN 978 - 7 - 5228 - 0011 - 0

Ⅰ.①深… Ⅱ.①杨… Ⅲ.①养老 - 社会服务 - 研究报告 - 深圳 - 2022 Ⅳ.①D669.6

中国版本图书馆 CIP 数据核字（2022）第 061688 号

深圳养老服务蓝皮书

深圳养老服务发展报告（2022）

主　　编／杨浩勃

执行主编／倪赤丹

副主编／赵　冰　钟　汉　房　涛

出 版 人／王利民

责任编辑／胡庆英

责任印制／王京美

出　　版／社会科学文献出版社·群学出版分社（010）59366453
　　　　　地址：北京市北三环中路甲29号院华龙大厦　邮编：100029
　　　　　网址：www.ssap.com.cn

发　　行／社会科学文献出版社（010）59367028

印　　装／三河市东方印刷有限公司

规　　格／开　本：787mm×1092mm　1/16
　　　　　印　张：21.75　字　数：322千字

版　　次／2022年5月第1版　2022年5月第1次印刷

书　　号／ISBN 978 - 7 - 5228 - 0011 - 0

定　　价／158.00元

读者服务电话：4008918866

编委会名单

主　　编　　杨浩勃

执行主编　　倪赤丹

副 主 编　　赵　冰　钟　汉　房　涛

编　　委　　马恕凤　李　庆　王曼丽　于兴洪　王　娟

　　　　　　胡晓乐　汤　霞　钟苑婷　郝　凝　厚　武

　　　　　　陈　丹　靳　小　杨秋婷　钟　声　郑　渠

主编简介

杨浩勃　江西省萍乡市人，博士，深圳市民政局副局长，致公党深圳市委会副主委；主要从事养老服务与管理、基层社会治理创新等相关工作和研究。

倪赤丹　湖南省衡南县人，博士，副教授，深圳健康养老学院院长，深圳职业技术学院健康养老研究中心（省级智库）副主任，广东省养老服务标准化技术委员会委员；主要从事养老服务与政策研究；主持各类课题50余项。

摘　要

　　人口老龄化是中国也是整个世界面临的公共问题。为缓解老龄化衍生的人口和社会发展矛盾，释放老龄化隐藏的人口红利，我国自21世纪以来，制定了系列养老服务相关政策，以助推老龄事业科学健康发展。作为粤港澳大湾区和中国特色社会主义先行示范区建设发展的重要引擎，2019年，深圳被中央赋予建设"老有颐养"民生幸福标杆城市的神圣使命。深圳高屋建瓴，高质量、高效率践行积极应对人口老龄化国家战略，在高水平养老服务体系建设、养老产业发展、养老服务综合改革层面探索出了一条具有社会主义特色的"深圳方案"，为我国乃至全球老龄化问题的解决贡献了"深圳智慧"。

　　本书是"深圳养老服务蓝皮书"的第一本。全书由总报告、分报告、专题报告、典型案例和附录五部分组成。总报告界定了以"健康""参与""乐活""安养"为核心的"老有颐养"内涵，描述了深圳老龄化呈现的年轻化、密度大、户籍与非户籍人口倒挂、渐富渐老、空巢化、慢性病化等特点，总结了深圳在老龄化社会治理体系、多层次养老服务体系、老年人社会福利体系、养老人才培训体系、健康养老产业体系等多方面的"老有颐养"创新亮点。总报告同时指出了深圳"老有颐养"建设面临的"双区驱动"、人口发展"窗口期"、科技和经济发展等机遇，以及老年人口结构倒挂、养老服务供需不匹配、疫情压力等困境。在此基础上，总报告提出了"三步走"建议和理念、制度、科技、标准、人才"五个引领"思路，为深圳"老有颐养"先行示范提供了路径指导。

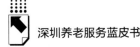

　　分报告按照"老有颐养"服务供给主体分类呈现了深圳机构养老、居家社区养老、医养结合和养老产业的发展现状。目前，深圳机构养老存在供需错位、定位不明、政策制度不健全、服务质量偏低、专业人才匮乏等问题，亟须通过 PPP 等运营模式改革，不断创新养老服务管理体系、质量改进体系、监督评价体系等。深圳居家社区养老服务在政策、设施网络、服务标准、社会力量参与以及"互联网＋养老"方面取得一定成效，但依然面临多样化内外部机遇和挑战。深圳应通过逐步健全居家社区养老服务体制机制、完善顶层制度设计、推广科技智慧赋能、推动社会力量共建共享等措施健全居家社区养老服务体系。深圳医养结合尚处于探索发展阶段，主要包括整合照料和联合运行两种模式，面临医养边界不清、政策管理低效、供给能力薄弱、资源配置不均、要素支持体系不完善等发展困境，亟须明确医养和部门边界，加强政策、服务供给、支持保障等体系建设。深圳养老产业在产业体系、产业结构、信息化建设和养老金融发展方面成效凸显，下一步需要在紧抓粤港澳大湾区一体化协同发展机遇的基础上，通过产业制度创新、科技经济发展、消费市场激发、人才培育等措施，多管齐下，全面发展。

　　专题报告部分一共有四篇。当前，深圳养老服务标准化建设在部门协同、标准制定和落实、人才培养、国际视野开拓方面步履维艰，深圳应持续借鉴和引进发达国家和地区养老服务标准建设经验，建立标准化建设长效协同机制、健全"老有颐养"标准体系、推动标准体系落实、发挥试点单位示范引领作用、培养"养老＋标准化"复合型人才、跟踪国际养老服务标准动态等，深入推进"老有颐养"标杆城市建设。面对养老服务发展的人才瓶颈，深圳不惧养老服务人才断层、人才流失、人才匮乏等系列难题，积极探索"双元制"改革，通过持续加强养老服务人才顶层设计、提升专业能力、健全职业发展体系，培育大批量高质量养老服务人才队伍。深圳还积极利用自身科技优势，充分发挥前沿智慧化系统、网络、产品和服务力量，通过发布智慧健康养老专项规划、加强试点示范、提高智慧化产品和服务供给能力，不断解决智慧养老体制机制不健全、服务衔接不畅、标准和人才缺乏等问题，为"老有颐养"建设赋能，为养老产业发展提供智慧支撑。

除此之外，深圳还积极探索新型养老服务模式，归纳总结深圳市典型区域养老服务创新案例，如时间银行等互助普惠性养老方式，为养老服务体系建设与完善提供理论和实践参考。

典型案例部分展现了深圳7家具有代表性的养老相关服务机构在全市"老有颐养"建设过程中的创新举措和实践探索。各家养老服务机构因地制宜，结合国家、广东省和深圳市养老服务相关政策，参考区域养老服务发展规划，走出了各具特色的养老服务事业发展道路。深圳健康养老学院积极承担深圳养老服务综合改革创新与职业教育社会服务模式改革创新的"双重使命"，大力开展养老人才培育、养老政策和产业等理论和实证研究，为深圳养老贡献智慧。深业集团充分发挥国企社会担当精神，通过助攻"907"幸福康养惠民工程，创新"四级联动智慧"模式。万科集团积极参与公办养老服务机构改革，通过双核推动，完善PPP养老服务机构运营模式，开创公办养老机构社会化改革先河。华润置地通过开展悦年华普惠、品质型养老服务机构试点项目，积极响应国家城企联动、普惠养老政策要求，为深圳居民就地安养贡献力量。中国人寿聚焦居家社区养老服务体系建设，通过探索社区嵌入式养老服务品质化发展，实现居家社区养老服务扩容。深圳市共享之家则通过践行"物业＋养老"服务模式，为社区养老服务供给侧改革提供样板。香港复康会则通过在深圳建设颐康苑，在为深港两地老年人提供社会福祉的同时，落实深港合作政策。

附录部分以清单列举、表格展现的形式，总结了深圳养老服务相关政策条目、国家及各地区养老服务标准以及深圳养老机构名单，为进一步了解深圳养老服务发展内容提供了指引。

关键词："老有颐养" 养老服务模式 养老政策 养老产业

目 录 ⤵

Ⅰ 总报告

Ⅱ 分报告

Ⅲ 专题报告

Ⅳ　典型案例

Ⅴ 附 录

皮书数据库阅读**使用指南**

总 报 告

General Report

B.1

深圳实践：从"老有所养"
到"老有颐养"

倪赤丹 李 庆*

摘 要： 2019 年，党中央赋予深圳"先行示范区"建设和"老有颐养"
建设的时代使命。从"老有所养"到"老有颐养"，一字之
"变"体现了党中央对深圳率先开创一条富有中国特色的应对老
龄化挑战路径的殷切期盼。本报告在提出以"健康""参与"
"乐活""安养"为核心的"老有颐养"内涵基础上，指出当前
深圳老龄化的密度大、户籍与非户籍人口结构倒挂、"渐富渐
老"、空巢化、慢性病化等特点，总结了深圳在老龄化社会治理
体系、多层次养老服务体系、老年人社会福利体系、养老人才培
训体系、健康养老产业体系等多方面的"老有颐养"建设成就，
提出了深圳"老有颐养"先行示范的机遇和挑战。在此基础上，

---

* 倪赤丹，深圳健康养老学院院长、深圳职业技术学院健康养老研究院院长；李庆，深圳健康
养老学院养老政策与产业研究中心主任，社工师。

本报告提出深圳应抢抓"双区叠加"的政策机遇和老龄化的重要"窗口期",通过"三步走"战略,大力推动理念引领、制度引领、标准引领、科技引领、人才引领"五个引领",为赶超发展、卓越发展和引领发展而奋斗,为探索积极应对人口老龄化的"中国方案"贡献深圳智慧、深圳经验。

关键词: 老有所养 老有颐养 积极老龄化 "五个引领"

人口老龄化是我国 21 世纪的基本国情,积极应对人口老龄化是我国的一项长期战略任务。人口老龄化是经济社会发展和文明进步的重要体现,也给经济社会发展带来严峻挑战。在人口老龄化持续加剧的背景下,我国迫切需要推动高水平养老服务体系建设,解决"老有颐养"问题,确保老年人安享晚年,让所有老年人公平共享发展成果。

本报告以深圳市统计局 2020 年养老服务相关数据为基础,结合深圳市各级政府,尤其是民政局工作报告和相关公开数据与资料,在明晰深圳"老有颐养"内涵的前提下,分析深圳老龄化现状及其发展趋势。同时,本报告基于深圳"老有颐养"创新实践和面临的机遇挑战,提出深圳市推进"老有颐养"先行示范的总体思路和实施路径。

一 "老有颐养"的提出背景、历史传承和基本内涵

(一)"老有颐养"的提出背景

1.我国社会主要矛盾的历史转变

"中国特色社会主义进入新时代,我国社会主要矛盾已经转化为人民日益增长的美好生活需要和不平衡不充分的发展之间的矛盾。"(习近平,2017)习近平总书记在党的十九大报告中对我国社会主要矛盾发生历史性

变化的重大政治论断，为我们准确把握新时代发展的新要求提供了重要依据和实践遵循。经过改革开放后的快速发展，2018 年我国总体上实现小康，2021 年全面建成小康社会。随着社会发展进步和居民收入水平的提升，人民对美好生活的需要日益广泛，且越来越追求物质生活的高品质、精神生活的高品位、社会生活的深参与，其服务需求从简单生活照料需求向多层次、多样性、个性化需求转变，需求结构从生存型向发展型转变，而且对新阶段养老服务供给也提出了更高要求。

2. 我国经济进入高质量发展阶段

党的十九大报告首次提出"我国经济已由高速增长阶段转向高质量发展阶段"。2020 年 7 月，中共中央政治局会议明确指出，我国已进入高质量发展阶段。所谓高质量发展，就是能够更好满足人民日益增长的美好生活需要的发展，是体现新发展理念的发展，是创新成为第一动力、协调成为内生特点、绿色成为普遍形态、开放成为必由之路、共享成为根本目的的发展。改革开放 40 多年来，我国积累了巨大的财富，也形成了完备的产业体系，走出了符合中国国情的市场经济发展道路，这是中国经济进入高质量发展阶段的重要前提。有温度的民生"答卷"，是中国经济迈进高质量发展阶段的重要标志。近年来，我国持续增加民生投入，加快推动各项社会事业发展，居民收入持续提高，并实现全面脱贫，社会保障持续完善，教育、文化、卫生、体育等事业得到加强，为增进民生福祉奠定了坚实基础，也进一步丰富了高质量发展的内涵。

3. 积极应对人口老龄化上升为国家战略

第七次全国人口普查数据显示，我国 60 岁及以上老年人口有 2.64 亿人，占比为 18.70%。在老年人口中，65 岁及以上老年人口有 1.9 亿人，占比为 13.50%。[①] 我国人口老龄化呈现规模大（世界上规模最大的老年群体）、速度快（速度比世界平均水平快）、差异大（东西部不平衡、农村先

---

① 《我国 60 岁及以上人口为 26402 万人占 18.70%　人口老龄化程度进一步加深》，https：// baijiahao. baidu. com/s？ id = 1699430064841118427&wfr = spider&for = pc，最后访问日期：2022 年 3 月 28 日。

老)、高龄化（高龄化速度远高于老龄化的平均增速）和未备先老（老年社会保障体系与人口的快速老龄化及其需求相比还不完善）的特点。为积极应对人口老龄化，2019 年，中共中央、国务院印发《国家积极应对人口老龄化中长期规划》，将积极应对人口老龄化上升为国家中心工作之一。近期至 2022 年，中期至 2035 年，远期展望至 2050 年，到 21 世纪中叶，《国家积极应对人口老龄化中长期规划》都是我国积极应对人口老龄化的战略性、综合性、指导性文件。

深圳一直是我国改革的"试验田"、开放的"窗口"，承担为改革开放先行探索的使命。建设中国特色社会主义先行示范区、创建社会主义现代化强国的城市范例，要求深圳必须全面领先，尤其是在社会领域，深圳需要猛补民生短板，加快推进社会和生活现代化。截至 2020 年底，深圳市户籍老年人口仅 35.9 万人，实际服务管理老年人口超百万人，[①] 尚处于前老龄化阶段。在全国积极推进"老有所养"基本养老服务体系的背景下，2019 年8 月，党中央赋予深圳建设"老有颐养"民生幸福标杆城市的时代使命。从"老有所养"到"老有颐养"，一字之"变"体现了党中央对深圳率先走出一条具有中国特色的积极应对人口老龄化道路的殷切期盼。

（二）"老有颐养"的历史传承

1. "鳏寡孤独废疾者皆有所养"的大同理想

习近平总书记指出："实现中国梦必须走中国道路。这就是中国特色社会主义道路。"[②] 这条道路是从中华民族 5000 多年悠久文明的传承中走出来的，具有深厚的历史渊源和广泛的现实基础。自古以来，中国先贤就以"天下大同"为追求目标。"老有所养"一直是"天下大同"的重要内容。《礼记·礼运》云："故人不独亲其亲，不独子其子。使老有所终，壮有所

---

① 《深圳老年人口管理规模过百万　大力建设四级养老服务网络》，广东之窗，http://www.igdzc.com/guonei/20211203/0324550.html，最后访问日期：2022 年 5 月 9 日。

② 《中国道路是历史和人民的正确选择》，中国共产党员网，http://dangjian.people.com.cn/n1/2022/0321/c117092 - 32379440.html，最后访问日期：2022 年 5 月 9 日。

用，幼有所长，鳏、寡、孤、独、废疾者皆有所养。"这段关于大同社会的经典描述，体现了中国古代先贤们对理想社会的期盼与梦想。

我国养老机构的雏形起源于夏商时期。《礼记·王制》云："夏后氏养国老于东序，养庶老于西序；殷人养国老于右学，养庶老于左学。"这里所说的"序"和"学"，就是夏商时代的养老和教学机构。之后，历代统治阶级基本效法夏商模式，非常重视养老问题。汉唐以降，尤其是宋明以来，养老制度越发完善，从饮食礼、免赋税、轻徭役、定律法、奖罚子孙后代、成立救助机构等多个层面推动我国古代敬老养老福利制度建设，为当代"老有所养"和"老有颐养"实践提供了有益的思想传承和经验借鉴。

2. "老有所养"的当代实践

新中国成立以来，党中央、国务院高度重视养老问题，不断加强领导，推动养老事业发展。党的十七大报告提出"努力使全体人民学有所教、老有所得、病有所医、老有所养、住有所居"。① 这是我们党从全面建设小康社会和构建社会主义和谐社会高度，从解决人民最关心、最直接、最现实的利益问题出发，在社会建设方面提出的目标和做出的承诺。在此基础上，党的十九大报告提出"幼有所育、学有所教、劳有所得、病有所医、老有所养、住有所居、弱有所扶"的"民生七有"新目标。从"五有"到"七有"的转变，意味着民生保障内容得到了丰富和拓展，其背后反映的核心思想是追求覆盖面更广泛且更均衡的民生保障。党的十九届五中全会提出始终把人民对美好生活的向往作为推动共同富裕的奋斗目标，在更高水平上实现幼有所育、学有所教、劳有所得、病有所医、老有所养、住有所居、弱有所扶。② 共同富裕是社会主义的本质要求，是人民群众的共同期盼，老有所养更是其中应有之义。

党的十八大以来，以习近平同志为核心的党中央高度重视老龄工作，将

---

① 《胡锦涛在党的十七大上的报告（全文）》https：//www. chinadaily. com. cn/hqzg/2007－10/25/content＿6205616. htm，最后访问日期：2022 年 5 月 9 日。

② 《中国共产党第十九届中央委员会第五次全体会议公报》，共产党员网，https：//www. 12371. cn/2020/10/29/ARTI1603964233795881. shtml，最后访问日期：2022 年 5 月 9 日。

老龄事业发展纳入"五位一体"总体布局和"四个全面"战略布局,不断推进老龄工作的理论和实践创新。我国的养老服务事业实现了历史性变革和跨越式发展:养老服务政策体系基本成型,以老年人高龄津贴、服务补贴、护理补贴为主体的老年人福利制度基本全覆盖;以国家标准为依托的养老机构服务质量监管体系初步成型;社区居家养老服务改革试点涌现出一批具有推广意义的成功经验;稳步实施的长期护理保险制度试点为国家和各地构建以长期照护为核心的养老服务体系奠定了制度基础;养老服务市场主体活力得到激发、健康养老产业逐渐形成规模,养老服务业人才队伍走向专业化。

3. 积极(健康)老龄化的国际共识

联合国高度关注人口老龄化,并积极采取国际行动。1982 年联合国在奥地利维也纳召开第一次老龄问题世界大会。"健康老龄化"概念在国外最早出现于 1987 年召开的世界卫生大会。1990 年,在哥本哈根世界老龄大会上,世界卫生组织第一次把"健康老龄化"(Healthy Aging)作为一项战略目标提出来,其内涵是"在老龄化社会中,要尽量让多数老年人处于生理、心理和社会功能的健康状态,同时也使社会发展不受过度人口老龄化的影响"(邬沧萍、姜向群,1996)。健康老龄化理论主要是基于老年人自身的身心需求来构建的,对于维护老年人口的基本健康和提高其生活质量具有积极的社会意义。但是,该理论暗含着两个消极观点:一是将老年人视为社会的负担而非社会的宝贵财富;二是从老年人需要的视角,而非老年人社会权利的视角,来看待老年人的健康。

20 世纪 90 年代末,国际社会以社会权利理论为基础,提出了比健康老龄化更全面、更概括的积极老龄化的概念和理论。1997 年,西方七国首脑丹佛会议首次提出"积极老龄化"(Active Aging)的概念。1999 年,欧盟召开积极老龄化国际研讨会。同年,世界卫生组织发起"积极老龄化全球行动"。2002 年,积极老龄化理论在第二次老龄问题世界大会上得到接纳,"积极老龄化"基本理念与主要观点被写进大会的《政治宣言》和《老龄问题国际行动计划》,成为影响各国应对和解决人口老龄化问题的新理论和政策参考。积极老龄化的基本含义是"尽可能增加健康、参与和保障机会的过程，从而提高老年人的生活质量"。2002 年，世界卫生组织发布《积极老龄化：政策框架》，提出了积极老龄化的三个支柱，即健康、参与和保障。

2015 年和 2016 年，世界卫生组织先后发布《关于老龄化与健康的全球报告》和《中国老龄化与健康国家评估报告》，重提"健康老龄化"并以新的理念和视角诠释了"健康老龄化"的丰富内涵和政策导向。《关于老龄化与健康的全球报告》将健康老龄化定义为"为发展和维护老年健康生活所需的功能发挥的过程"。相较于以往的健康老龄化强调个体健康状态的维持而言，在《关于老龄化与健康的全球报告》中，世界卫生组织对健康老龄化概念的外延进行了拓展，在健康因素之外，加入了关爱老年友好环境因素，使促进健康老龄化的政策范围进一步扩大为综合性的政策体系。传统的健康老龄化理念优先且单纯地考虑老年人的个体健康促进，而发展的健康老龄化理念则需要我们发展以老年人为中心的综合性"医疗、照护与环境"公共卫生服务体系，为老年人提供生命历程中所需的各项健康支持，最终不仅改善老年人的身体健康，也促进老年人的能力发挥。2019 年，世界卫生组织执委会通过《2020—2030 年健康老龄化行动十年》。

"老有颐养"是对我国古代"鳏、寡、孤独、废疾者皆有所养"大同理想的继承和发扬，是对我国社会主义初级阶段"老有所养"目标的升华和超越，是新阶段我国迈向共同富裕新征程中养老服务目标的高度凝练和集中表达。

（三）"老有颐养"的基本内涵

追溯"鳏、寡、孤独、废疾者皆有所养"的文化渊源，结合积极（健康）老龄化的国际共识和"老有所养"的当代实践，切身考量人民群众日益增长的美好生活需要，从全生命周期的视角出发，"老有颐养"的内涵可以概括为"健康"、"参与"、"乐活"和"安养"四个维度（皮勇华、倪赤丹，2021）。

1. 健康是"老有颐养"的基础

习近平总书记强调，"人民身体健康是全面建成小康社会的重要内涵，是每一个人成长和实现幸福生活的重要基础"①。健康不仅仅是没有疾病和虚弱的状态，还包括躯体健康、心理健康、社会适应良好和道德健康。② 健康具有两层含义：一是静态的全人健康，不仅包括身体健康，还包括心理健康、健康的人际关系和健全的人格；二是动态的全程健康，从全生命周期的角度，预防和减少慢性疾病、重度残疾，减少对医疗服务和康复护理的依赖，使老年人可以享有身心健康、较长时间的高质量老年期生活。为此，政府和社会应当建立覆盖全面、综合连续的健康服务体系。

2. 参与是"老有颐养"的核心

积极的社会参与是保持健康的外在体现和实现健康的基本路径，参与具有以下三层含义：一是老年人享有社会参与的权利，是经济社会建设的重要力量，应在制度层面完善支持老年人社会参与的政策；二是拓展老年人社会参与渠道，支持老年人全面参与经济、文化、社会等各个领域建设；三是营造支持老年人社会参与的软硬件环境，创建老年友好城市和老年友好社区，营造养老、孝老、敬老的社会环境，让老年人参与共建并共享社会经济发展成果。

3. 乐活是"老有颐养"的关键

要用积极的观念看待老年人、老年生活和老龄社会。乐活具有以下两层含义：一是从老年人个体来看，老年期生活充满了希望与活力，而不是衰老与死亡，中老年人应提前规划老年生活，为进入老年期提前做好健康、财富和心理准备，并根据自身能力和意愿以积极的姿态参与家庭、社区和社会建设，促进个人的全面发展，让生活更加丰富，让生命富有意义；二是从老年人群体来看，老年期生活是老年人群体内心充盈、健康快乐、充满活力的全新体现，老龄社会不是死气沉沉，而是长幼有序、参与有节、健康有为、充满动能的社会场景。

---

① 《习近平：人民身体健康是全面建成小康社会重要内涵》，http：//china. cnr. cn/news/201308/t20130831_ 513468646. shtml，最后访问日期：2022 年 5 月 9 日。
② 参见世界卫生组织（WHO）对健康的定义，百度文库，https：//wenku. baidu. com/view/c7ac9215a48da0116c175f0e7cd184254a351b03？ aggId ＝1764552300d8ce2f0066f5335a8102d277a2615f。

4. 安养是"老有颐养"的保障

在老年人不能维持健康和保护自己的情况下，国家和社会政策应有相关措施确保提供全方位的照料和保障，同时家庭和社区也应为老年人提供支持和帮助，做到内安其心、外安其身。安养包含以下三层含义：一是家庭发挥养老基础作用，子女应履行赡养义务，当然，政府也要完善家庭发展政策，支持家庭承担养老功能；二是政府健全基本养老服务制度，重点保障失能、失智老年人长期照护需求的满足，确保人人享有基本养老服务；三是大力发展互助养老、慈善助老和老年志愿服务，满足多层次服务需求。

简言之，"老有颐养"的内涵可以概括为"全人健康、全域参与、全龄乐活、全面安养"。

二　深圳的老龄化现状、主要特点与发展趋势

（一）深圳的老龄化现状和主要特点

1. 总体处于前老龄化阶段

根据"七普"数据，深圳市 60 岁及以上常住老年人口为 94.07 万人，占比为 5.36%；65 岁及以上常住老年人口为 56.52 万人，占比为 3.22%（见图 1），不符合老龄化社会标准（60 岁及以上常住老年人口占总人口的比例达到 10%，或者 65 岁及以上常住老年人口占总人口的比例达到 7%），尚未步入老龄化阶段。从各区（新区、合作区）分布情况来看，仅有龙岗区 60 岁及以上常住老年人口规模超过 20 万人，宝安区、福田区、南山区、龙华区 60 岁及以上常住老年人口规模均超过 10 万人，深汕合作区 60 岁及以上常住老年人口不足 0.9 万人（见图 2）。

2. 低龄活力老人占七成

根据"七普"数据，从年龄结构分析，深圳 60～69 岁常住低龄老年人口约占常住老年人口的 69.69%，较全国低龄老年人口平均比例 55.83% 高

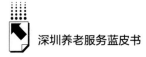

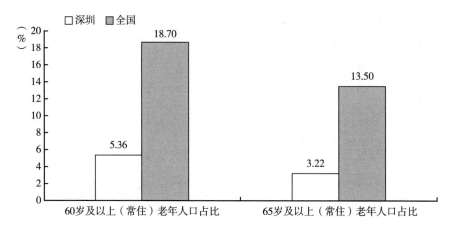

图1 深圳及全国60岁及以上（常住）老年人口和65岁及以上（常住）老年人口占比情况

说明：深圳为常住老年人口。

资料来源：《第七次全国人口普查公报（第五号）——人口年龄构成情况》，http：//www. stats. gov. cn/tjsj/tjgb/rkpcgb/qgrkpcgb/202106/t20210628_ 1818824. html；《深圳市第七次全国人口普查公报》，http：//www. sz. gov. cn/zfgb/2021/gb1199/content/post_ 8806392. html。

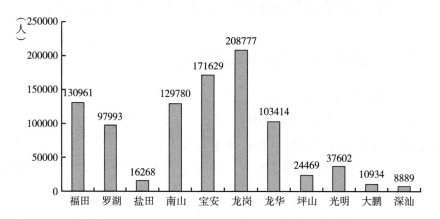

图2 深圳市各区（新区、合作区）60岁及以上常住老年人口规模

资料来源：《深圳市第七次全国人口普查公报》，http：//www. sz. gov. cn/zfgb/2021/gb1199/content/post_ 8806392. html。

出约14个百分点（见图3），老年人口结构整体"年轻"，低龄活力老人社会参与需求旺盛。

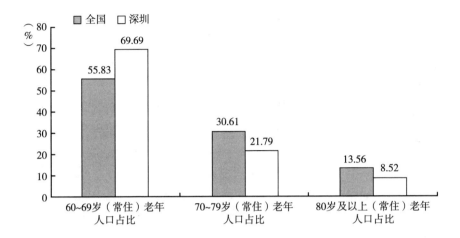

图3 深圳和全国（常住）老年人口年龄结构比较

说明：深圳为常住老年人口。

资料来源：《第七次全国人口普查公报（第五号）——人口年龄构成情况》，http://www. stats. gov. cn/tjsj/tjgb/rkpcgb/qgrkpcgb/202106/t20210628_ 1818824. html；《深圳市第七次全国人口普查公报》，http://www. sz. gov. cn/zfgb/2021/gb1199/content/post_ 8806392. html。

3. 老年人口分布密度高

根据"七普"数据测算，深圳常住老年人口为471人/公里²，仅次于上海（917人/公里²），超过广州（287人/公里²）和北京（262人/公里²）。老年人口分布密度高，对养老服务设施布局和空间用地保障提出了更高要求。

4. 户籍与非户籍人口结构倒挂明显

深圳常住老年人口约为户籍老年人口的2.62倍，而北京的这一数据为1.14倍，上海为1.09倍，广州为1.18倍（见图4），深圳户籍老年人口与非户籍老年人口结构倒挂明显，公共服务均等化背景下养老服务面临较大挑战。

5. "渐富渐老"特征明显

发达国家进入老龄化社会时，人均GDP约为1万美元；进入深度老龄化社会时，人均GDP约为2万美元；进入超级老龄化社会时，人均GDP约

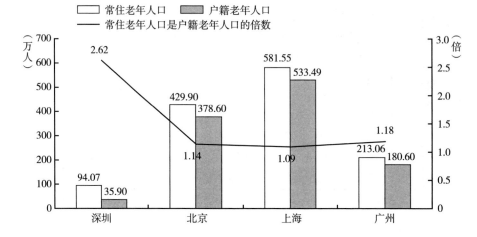

图 4　深圳与北、上、广常住老年人口与户籍老年人口的规模比较

资料来源：《第七次全国人口普查公报（第五号）——人口年龄构成情况》，http：//www. stats. gov. cn/tjsj/tjgb/rkpcgb/qgrkpcgb/202106/t20210628_ 1818824. html；《深圳市第七次全国人口普查公报》，http：//www. sz. gov. cn/zfgb/2021/gb1199/content/post_ 8806392. html。

为 4 万美元。截至 2020 年底，深圳人均可支配收入为 64878 元；① GDP 达到 2.77 万亿元，人均 GDP 达到 15.76 万元，② 按上年平均汇率折算，约为 2.28 万美元，深圳"渐富渐老"特点突出。

（二）深圳老龄化的发展趋势

1. 人口老龄化进程加快，预计"十五五"期间步入老龄化社会

根据深圳大学中国经济特区研究中心 2016 年开展的"深圳市老年人口及发展趋势预测研究项目"的相关报告，预计到 2029 年深圳常住老年人口将达到 149 万人（占比为 10%），届时深圳将正式步入老龄化社会。我国从轻度老龄化社会（60 岁及以上人口占比超过 10%）步入中度老龄化社会（60 岁及以

---

① 《2020 年深圳市经济运行情况》，广东省人民政府，http：//www. gd. gov. cn/zwgk/sjfb/dssj/content/post_ 3220963. html，最后访问日期：2022 年 5 月 9 日。
② 《2020 年深圳居民人均可支配收入为 64878 元》，https：//m. gmw. cn/baijia/2021 – 02/02/1302087175. html，最后访问日期：2022 年 5 月 9 日。

上人口占比超过 20%）预计用时约 22 年，而深圳这一过程预计用时仅 10 年时间，远快于全国平均水平（见图 5）。深圳亟须未雨绸缪，提前应对。

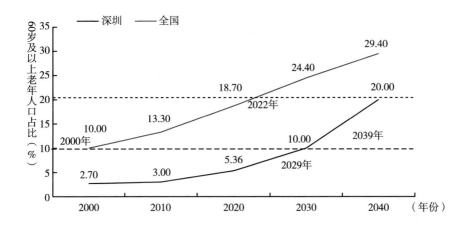

图 5 深圳与全国人口老龄化的进程比较

2. 高龄化与慢性病化叠加，高龄照护需求凸显

老年人是慢性病的高发人群，国家卫健委数据显示，2019 年，我国超过 1.8 亿老年人患有慢性病，患有一种及以上慢性病的比例高达 75%。[①] 根据深圳市卫健委公布数据，2020 年深圳人均预期寿命 81.54 岁，预计 2030 年增至 83.73 岁（见表 1）。人均预期寿命的提高将使失能率提高，高龄照护需求将急剧增长。

表 1 深圳与全国人均预期寿命比较

单位：岁

	2019 年	2030 年
全国	77.30	79.00
深圳	81.45	83.73

[①] 《我国超 1.8 亿老年人患有慢性病 健康预期寿命仅为 68.7 岁》，央广网，https://baijiahao.baidu.com/s?id=1640396630483573201&wfr=spider&for=pc，最后访问日期：2022 年 5 月 9。

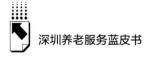

3. "独一代"父母迈入老年期，加剧空巢化趋势

根据"七普"数据，深圳平均家庭户人口为 2.25 人，少于全国的 2.62 人（见表2），家庭养老功能日趋弱化，社会照护需求持续扩大。据统计，我国空巢老年人（老年夫妇户、独居老人户）比例超过 50%。"十四五"时期，随着第一代独生子女父母步入老年行列，空巢问题将进一步加剧，尤其是深圳作为移民城市，"独一代"空巢化问题将更加凸显。

表2　深圳与全国平均家庭户人口比较

单位：人

	"六普"数据	"七普"数据
全国	3.10	2.62
深圳	2.12	2.25

三　深圳"老有颐养"的创新实践与主要成就

（一）深圳推动"老有颐养"的创新实践

1. 构建"1 + N + X"养老服务政策体系框架

近年来，深圳高度重视养老工作，市委、市政府将发展养老服务业作为重要社会事业、民生工程和实现可持续全面发展的重要内容来抓。2019 年以来，为贯彻落实中央意见精神，加快推进"老有颐养"建设，深圳先后出台了《深圳市人民代表大会常务委员会关于构建高水平养老服务体系的决定》《深圳市构建高水平"1336"养老服务体系实施方案（2020—2025年)》《深圳经济特区养老服务条例》等文件。自此，深圳形成了以《深圳经济特区养老服务条例》为总纲，以《深圳市构建高水平"1336"养老服务体系实施方案（2020—2025 年)》《深圳市养老设施专项规划（2011—2020)》等中长期规划为基础，以《深圳市养老服务设施用地供应暂行办法》《深圳市公办养老机构建设和运营指引（试行)》《深圳市公办养老机构入住评估轮候管理办法（试行）》《关于全面放开养老服务市场提升养老服务质量的若干措施》《深圳市民办养老机构资助办法》《深圳市医养结合试点工作方案》等 20 余个文件为配套的"1 + N + X"的政策体系，内容覆盖土地、财政、金融、保险、税费、医疗、人才、产业等方面，推动了深圳养老服务的快速发展。

2. 出台养老设施专项规划，消除养老服务"痛点"

针对大城市养老空间资源紧张，养老设施建设用地难、土地政策较少等问题，深圳出台《深圳市养老设施专项规划（2011—2020）》，共规划 70 块土地用于养老设施建设，且落实到具体地块、写入法定图则，为养老服务发展提供了用地保障。在此基础上，深圳配套出台了《深圳市养老服务设施用地供应暂行办法》，明确养老服务设施用地的土地供应路径，顺应形势发展，对标国内行业标准，两次调整社区居家养老服务设施配建面积。深圳市人民政府办公厅下发了《关于印发深圳市社区配套和公共服务用房清理移交工作方案的通知》，确保养老服务设施配套用房在住宅小区首期建设中同步建设、同步验收、同步交付使用。据深圳市民政局数据，截至 2020 年底，全市建成床位数 13132 张，养老机构 59 家；社区层面建成街道长者服务中心 10 家、社区老年人日间照料中心 112 家、星光老年之家 600 家、长者饭堂及助餐点 263 家。居家养老消费券定点服务机构 66 家，网点 200 多个。

3. 实施事业和产业并举的养老服务业发展路径

为充分激发社会活力，加快推动养老服务发展，早在 2014 年深圳就率先提出养老事业和养老产业协同发展的规划目标，社会资本由此快速进入养老产业。深圳通过精简审批环节、完善价格形成机制、明确公办养老机构兜底保基本职能、推进公办养老机构改革等一系列措施，保障了基本养老服务需求的满足，繁荣了养老市场，初步形成了低端有保障、中端有扶持、高端有引导的养老服务业发展格局，全市九成以上社区养老服务设施交由社会力量运营，全市由社会力量建设或运营的养老机构床位数提高至七成。深圳市发布了《深圳市老年人专用智能产品与服务发展行动计划（2015 - 2017年）》，依托本地信息技术、人工智能、生物医学工程等方面的产业优势，统筹生命健康产业专项资金,支持老年人专用智能产品和服务发展,培育形成新的经济增长点。深圳支持办好深圳国际老龄博览会,专设养老助老科技产品展区,展示各类企业研发生产的科技助老、智慧养老产品和服务项目。2020年,深圳发布了扶持政策清单,汇聚51条专项扶持政策,设立50亿元专项养老信贷额度。在相关政策的引导下,深圳老年人专用智能产品产业快速发展,一批相关企业和产品跻身国内行业前列。2020年,深圳市前海安测信息技术有限公司、康美健康云服务有限公司、深圳市普门信息科技股份有限公司、深圳壹零后信息技术有限公司四家企业荣获工业和信息化部、民政部、国家卫健委联合颁发的"智慧健康养老应用试点示范企业"称号,深圳市普门科技信息股份有限公司的光子治疗仪入选第四批优秀国产医疗设备产品目录以及国家中医药管理局中医诊疗设备采购名录。

4. 探索公办养老机构社会化改革的多元化机制

为推动公办养老机构社会化运营,2018年底由深圳市政府全额投资在国内率先建成市级新型事业单位的养老护理院,建立了以理事会为核心的政府主导、社会运营、专业指导、基金会参与的现代法人治理结构,实行以事定费、自主设岗、社会化用人配置资源等机制,探索公办养老机构社会化改革新机制。此外,深圳携手世界500强企业万科集团,已完成福田、南山2家区级社会福利中心PPP项目建设,构建了区福利中心质量标准化体系,充分发挥公办养老机构的社会示范效应;完成3家原特区外街道敬老院社会化改革试点,目前正在探索推进3家区级养老院PPP项目改革。深圳市通过体制机制创新,进一步优化了公办养老机构服务供给模式,提升了供给质量,探索了养老服务多元化参与、市场化配置的新路子。

5. 探索以医疗体制改革打造医养结合的罗湖模式

为破解医养"两张皮"难题,罗湖区社会福利中心于2010年率先在中心内建立老年护理院,2014年又与罗湖区人民医院合作,在中心成立首家以提供养老服务为主的老年病专科医院——罗湖区人民医院老年病分院,开创"医养护"专业化、综合化服务新模式。通过多年的实践探索,罗湖区社会福利中心逐步形成了以"三种融合"为基础的医养服务模式。一是管理融合，实现老年病分院对院内的社康中心、老年人日间照料中心、区级居家养老服务中心的一体化管理。二是服务融合，实现入住老人"小病不离床，大病不出院"，并根据区域特点，重点打造"老年性认知障碍病房"及"关爱病区"两大病区。三是资源融合，2018年罗湖区社会福利中心承接运营由村股份公司出资建设的黄贝岭养护中心，实现了公立医院资源与社会资本的融合，不仅满足了本村老人"养老不离村、看病不离床"的需求，也为其他社区解决养老问题提供了范本。2017年，罗湖区"医养护"一体化养老服务入选全国医养结合工作典型案例（共七个入选）。截至2020年底，深圳共有医养结合型养老机构46家，所有养老机构均能以不同形式为入住老年人提供医疗服务；超过95%的社区老年人日间照料中心等社区养老服务机构与社区健康中心建立医养结合机制；全市65岁及以上老年人家庭医生签约服务覆盖率达到78.8%，家庭病床累计建成11716张，每年为60岁及以上老年人开展1次免费体检，[①] 100%的公立医院为老年人提供就医绿色通道，通过社区首诊、双向转诊以及医养结合等方式为老年人在就诊、转诊、检查、住院等方面提供便利。

6. 成立全国首家专业养老人才培训学院

为推动深圳养老服务综合改革创新，借鉴国外"双元制"职业教育模式，2018年6月8日，由深圳职业技术学院全额出资，深圳市民政局与深圳职业技术学院共建的深圳健康养老学院（以下简称"健康养老学院"）正式挂牌成立，成为全国首家由民政部门与地方高校合作共建的专业养老学院。深圳健康养老学院自成立以来，积极开展养老人才培养，在招商局慈善基金会的资助下，启动"乐龄伙伴"中国养老创新家项目，每年面向全国招收20名养老创业者、高层管理人员，每人给予10万元学费资助，培养高层级养老服务管理人才。将"家庭护老者"能力提升与支持计划列入市政府民生实事项目，每年培训1万名家庭护老者。此外，深圳将养老服务人才

---

① 《全市65周岁以上老年人家庭医生签约服务覆盖率为78.8%；家庭病床累计建床11716张》，深圳新闻网，http://health.sznews.com/content/2019 - 12/19/content_22715397.htm，最后访问日期：2022年5月9。

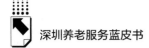

纳入全市中长期人才发展规划，建设深圳养老人才产学研培养基地；市区两级与境内外教育培训机构开展交流合作，与日本微风介护养老机构、德国蕾娜范集团等合作开展养老机构管理人员培训，各区每年举办辖区养老护理员技能培训。2019年至今，全市累计培训养老服务人才近4万人次。

7. 建成全国领先普惠性老年社会福利体系

一是建立高龄老人津贴制度。从1999年开始，深圳为百岁老人提供每月500元营养补贴；2011年，向80岁及以上的户籍老年人发放高龄老人津贴；2014年，宝安区和南山区将领取高龄津贴的范围扩大至70岁及以上的户籍老年人；自2019年10月起，为70岁及以上户籍老年人发放200元至1000元不等的高龄老人津贴。二是实施敬老优待。2000年，深圳市人民政府办公厅发布《关于我市老年人享受敬老优惠待遇的通知》，实施敬老优待政策并免费办理敬老优待证；2003年，敬老优待政策覆盖到常住深圳的非户籍老年人；2019年，范围扩大至深圳市60岁及以上的全体老年人（包含港澳台在深老年人），敬老优待覆盖范围全国最广。[1] 发行智慧养老颐年卡，截至2020年末，颐年卡发放已突破60万张。[2] 三是开展"银龄安康行动"项目。从2009年开始，深圳市为80岁及以上户籍高龄老人购买意外伤害保险；目前，已为60岁及以上户籍高龄老人统保意外伤害及意外医疗保险，老人最高可获得10万元保险赔偿，有效减轻了老年人的经济负担，提高了老年人抵御风险的能力。四是开展"银龄行动"和"幸福老人计划"项目。鼓励老年人积极参与社区建设、以老助老等公益活动，由福彩公益金资助全市基层老年社会组织，开展老年文体、老年健康、老年文化学习等活动。截至2020年末，深圳市共有近4万名老年志愿者、600多支社区老年志愿服务队、1000多个老年活动项目，全年参与活动的老年人有30多万人次。

---

① 《住深港澳台老人 同享8项敬老优惠来源》，深圳市民政局官网，http：//mzj. sz. gov. cn/cn/xxgk_ mz/mtgz/content/post_ 3037720. html，最后访问日期：2022年5月9日。

② 《深圳智慧养老颐年卡发卡突破60万（截至2020年12月22日）》，深圳热线，http：//life. szonline. net/contents/20220101/202201131572. html，最后访问日期：2022年5月9日。

8. 提出打造"乐活养老"服务模式

针对深圳老年人口以低龄活力老人为主的特点，2019 年深圳市人大常委会通过《关于构建高水平养老服务体系的决定》，明确提出打造"乐活养老"服务模式，在加强老年健康教育和老年疾病防治、引导老年社会参与等方面提出了方向性的指引；同时，提出建立"时间银行"制度，鼓励和支持互助养老，即低龄、健康老年人为高龄、失能老年人提供助老服务，发挥余热，老有所为，提高他们的社会参与度，这些老年人在需要照顾时可换取相应的养老服务。这是首次在政府政策文本中明确提出"乐活养老"的概念与模式，既落实了积极老龄化的相关理念，也切合了深圳老年人相对年轻的特点，因此，倡导对老年人社会价值的再开发，具有鲜明的时代特点与城市特质。

（二）深圳推动"老有颐养"的主要成就

1. 养老政策从"碎"到"整"，初步奠定了老龄化社会治理体系的制度基础

作为全国最年轻的城市之一，在社会主义先行示范区建设背景下，深圳市委、市政府主动谋划，积极应对，在国家、广东省相关政策框架内，结合深圳老龄化的特点与可持续发展的要求，注重加强顶层设计，逐步形成了以 1 个《深圳经济特区养老服务条例》为总纲、以 N 个专项规划为基础、以若干个规范性文件为配套的"1＋N＋X"养老服务政策体系，先后出台 20 余项政策，从用地保障、财政投入、金融支持、保险产品、税费优惠、医疗支撑、人才扶持、产业促进等方面做出了系统性、整体性的制度安排，推进了深圳经济社会协调发展，初步搭建了深圳老龄化社会治理体系的基本框架，奠定了老龄化社会治理的制度基础，提升了深圳老龄社会治理能力。

2. 服务设施从"散"到"序"，初步夯实了多层次养老服务体系的硬件基础

在不断深入探索过程中，深圳逐步改变了过去养老服务设施零散布局的乱象，形成了从过去"哪里有地方就建哪里""哪里容易建就建哪里"，到

现在形成了明确的"哪里有需求才建哪里""功能错位、分级建设"的建设安排。市级层面，深圳加快推进"全生命周期"养老设施建设，先后建成市养老护理院、市社会福利中心老人颐养院，加快推进市老龄综合服务中心、市康复医院、市生命主题文化园等项目。区级层面，5个区级养老院已完成新建或改建，5个区级养老院正在加快施工。街道层面，社区老年人日间照料中心、社区小型养老院、家庭养老床位等设施竞相建成，逐步形成了多层次的养老服务设施网络，夯实了养老服务发展的硬件基础。

3. 服务供给从"有"到"优"，初步形成了星级养老机构示范引领的供给格局

深圳出台《深圳市养老服务投资扶持政策措施清单》，通过优化养老服务营商环境、拓宽融资渠道、提高民办养老机构资助标准、实行养老机构星级评定奖励、推进公办养老机构社会化改革、加大社区养老设施财政扶持力度等系列举措，鼓励社会资本投资养老服务，激发了社会活力，招商、华润、万科、国寿、深业、前海人寿等大型企业布局养老领域，福安、创乐福等一批本土品牌立足深圳、面向全国开展连锁化经营。涌现了罗湖区人民医院老年病分院、招商蛇口观颐之家、深圳市养老护理院、3H共享之家等一批高标准养老服务机构，全市19家养老机构获得广东省星级评定，其中五星级7家、四星级4家，初步形成了以星级养老机构示范引领的养老服务供给格局，丰富了高品质养老服务的市场供给。

4. 医养结合从"堵"到"畅"，初步形成了居家、社区和机构相衔接的服务机制

深圳以推动国家医养结合试点、安宁疗护试点工作为抓手，着力打通医养结合"堵点"，消除"痛点"，通过出台《深圳市医养结合试点工作方案》《深圳市医养融合服务规范》等政策及规范，构建"养为核心，医为配套"的医养结合服务体系；推动医养设施临近规划设置，规定社区老年人日间照料中心和社区健康服务中心两类服务设施宜临近设置；加大财政扶持力度，对养老机构已开设、新开设医疗机构和医疗机构利用非政府资金举办养老机构的医养结合机构给予一次性资助。畅通医养结合的机制，初步形成

了居家、社区、机构相衔接的多层次医养结合机制，为养老服务高质量发展提供了重要支撑。

5.人才培养从"杂"到"专"，初步建立了以职业化为主体的养老服务从业人员队伍

深圳通过成立健康养老学院，探索"双元制"养老人才培养模式，打造养老人才产学研培养基地等系列举措，破解了养老服务培训各自为政、培训市场质量不一的局面，规范了养老服务人才培训，推动了养老服务人才职业化、专业化发展；实施"家庭护老者能力提升计划"，提升了家庭照护者的能力，壮大了养老服务队伍，初步建立起以职业化养老人才队伍为主体，以家庭护老者和互助养老队伍为补充的多元化养老服务队伍。

6.科技助老从"小"到"特"，逐步成为驱动老年健康产业发展的新增长点

近年来，依托深圳科技创新优势，互联网、物联网、人工智能、生物科技等企业纷纷进入老年健康产业，智能家居、远程看护、智能穿戴产品等得到了快速发展，业已成为深圳大健康产业新的经济增长点。深圳大力推动科技助老产品应用，全市共有6家科技公司、11个街道入选国家智慧健康养老应用试点示范企业、街道，宝安区和龙华区入选示范基地；为全市6300余名老年人免费配备了智能呼援设备，紧急情况下可以一键链接专业服务。

7.政策覆盖从"特"向"普"，逐步构建了普惠性的老年社会福利体系

深圳市委、市政府高度重视老年社会福利体系建设，逐步扩大政策对象覆盖范围：高龄老人津贴从保障百岁老人到70岁及以上老人全覆盖，津贴标准位居全国前列；敬老优待范围从户籍老人逐步扩大到60岁及以上全体老年人（包含港澳台在深老年人），覆盖范围全国最广；意外伤害保险从保障80岁及以上户籍高龄老年人扩展到60岁及以上户籍老年人，逐步构建了普惠性的老年人社会福利体系。

8.敬老氛围从"淡"到"浓"，逐步营造了孝亲敬老宜居友好的社会环境

近年来，深圳通过完善高龄老人津贴制度、持续扩大老年优待政策覆盖范围、实施幸福老人计划和老年人家庭适老化改造等，高龄津贴标准全国最高，老年优待政策覆盖范围全国最大，在敬老氛围营造和老年宜居环境改善方面取得了良好的成效。深圳努力打造"志愿者之城"和"慈善之城"，在为老志愿服务、社区互助养老、慈善助老等方面成效明显，社会孝老敬老氛围日益浓厚。

四　深圳推进"老有颐养"建设面临的机遇与挑战

（一）深圳推进"老有颐养"建设的发展机遇

1. 养老服务迎来"双区叠加""双区驱动"的重大政策机遇

立足新阶段，"双区叠加"和"双区驱动"的重大政策机遇，特别是《深圳建设中国特色社会主义先行示范区综合改革试点实施方案（2020—2025年)》的发布，为深圳在更高起点、更高层次、更高目标上推进改革开放，为全面强化"一核一带一区"主引擎作用提供了重要政策支撑，也为深圳推进高水平养老服务体系建设，实现"老有颐养"提供了有利的政策环境。与此同时，在国际环境趋于复杂的背景下，老龄事业"促发展"的任务更为迫切，客观上需要以保障老年群体民生来稳预期、扩内需、促发展，形成"保民生、促发展"的良性互动，助力建设发展新格局。在疫情防控常态化的背景下，减税降费等激发社会领域投资的政策可能上升为中长期的制度安排，成为刺激养老产业供给侧发展的重要手段。

2. 市场活力和科技优势为深圳实现"老有颐养"提供了重要支撑

市场化，是从未改变的"深圳基因"。深圳经济特区自成立以来，一直坚持营造优胜劣汰、公平竞争的市场环境，充分发挥市场在资源配置中的决定性作用，配合高度的对外开放，让深圳迸发出无限的发展活力。依靠市场化改革，40多年来深圳在多个领域成为"吃螃蟹第一人"，市场化环境是深圳最大的竞争优势。创新是引领发展的第一动力。改革开放40多年来，深圳科技创新实力显著增强，为深圳经济社会发展提供了有力支撑。随着"新基建"发力，数字经济成为引领新阶段经济发展和打造国际竞争新优势的重要力量。在"科创双中心"发展布局下，信息技术、人工智能等核心领域关键科学技术的发展，将丰富智能健康养老服务产品供给，为深圳养老服务提质增效和健康养老产业转型升级提供更加有力的信息化技术和原创性技术创新支持。高度市场化的环境和国际领先的科技优势，为深圳构建高水平养老服务体系，加快推进"老有颐养"提供了有力支撑。

3. 其他国家和地区的养老实践为深圳力争"后来居上"提供了重要借鉴

尚未进入老龄化社会为深圳提前谋划、实现"有备而老"提供了重要的窗口期，同时，深圳也具备更好的"后发优势"。老龄化先发国家和地区已经形成了比较完善的社会养老服务体系，实现了"去机构化"的转型发展，形成了以居家和社区为基础的整体服务框架，建立了以公共筹资占较大份额的养老服务筹资模式，并将预防老化作为重要政策目标，促进社会服务和医疗服务的整合。在全球经济增速放缓、老龄化持续加深和福利刚性约束背景下，老龄化先发国家和地区普遍面临"制度可持续"的困境，在公共资金有限的情况下，服务覆盖的"广度"和"深度"均在集中收缩。在积极应对人口老龄化上升为国家战略的背景下，深圳养老服务发展与北、上、广等城市既同处于相同的政策背景下，又分处于老龄化的不同阶段。前老龄化阶段的深圳同样面临着机制不顺、人力不足、质量不高等共性问题，也面临着需求不旺等个性问题，因此，深圳既要充分借鉴北、上、广以及发达国家应对人口老龄化的成熟经验，也要结合自身实际，探索一条具有"深圳特色"的养老服务发展道路。在构建高水平养老服务体系、实现"老有颐养"的使命驱动下，深圳既有"拿来主义"的魄力，也有高瞻远瞩的视野，更有"敢为人先"的精神。

（二）深圳推进"老有颐养"建设面临的主要挑战

1. 对深圳养老事业认知偏差与"老有颐养"的定位未达成共识带来的挑战

一是视老年人为"负担"的观念依然普遍，亟待树立"积极老龄观"。并非所有老年人都需要"养"起来，据"七普"数据，失能、失智老年人在全体老年人中的占比仅为 10% 左右，其余约 90% 的老年人是"资源"和"财富"，需要"用"起来和"动"起来。我国平均退休年龄不到 55 岁，从百岁人生的角度，渐进式延长退休年龄，提升老年人社会参与度，相对增加生产性人口，是积极应对人口老龄化的必然选择。二是规划老年生活的意识尚未完全形成，老年期是人生发展的重要阶段，人人都要面对老年生活，需要从全生命周期的角度提前规划老年生活，做好财富、健康、精神等方面准备，只有这样，才能更好地安享老年生活。三是视老龄化为问题的观念亟待破除，人口老龄化是经济社会发展进步的产物，既有挑战也有机遇，"银发经济"将成为经济内循环的重要支撑点。

2. 基本公共服务均等化面临户籍与非户籍老年人口严重倒挂的挑战

根据"七普"数据，深圳 1756 万常住人口中，户籍人口 587.4 万人（占比为 33.5%），常住人口是户籍人口的约 2 倍，常住老年人口约是户籍老年人口的 2.62 倍。综合比较北、上、广、深四个城市，唯有深圳户籍人口占比未达到 50%。中共中央、国务院印发的《深圳市建设中国特色社会主义先行示范区综合改革试点实施方案（2020—2025 年）》明确提出，鼓励根据实际扩大公共服务范围，提高服务标准，稳步推进基本公共服务常住人口全覆盖。随着来深建设者市民化进程的加快，深圳基本公共服务压力将持续加大，基本养老公共服务均等化面临重大挑战。

3. 养老服务发展不平衡不充分面临政策高要求与市民高期待的挑战

国家对深圳建设中国特色社会主义先行示范区提出了"七有"目标和打造民生幸福标杆城市的战略定位，要在实现"老有颐养"方面先行示范。国家政策层面对深圳养老工作提出了高要求，需要深圳对标最优最好，推动养老服务从"跨越发展"到"卓越发展"。伴随着老年群体代际更替，60后"新生代老年人"陆续步入老年行列，以及收入水平的提升，老年人需求结构总体上呈现由生存型向发展型和享受型转变，由物质保障型向服务型、精神文化型转变。老年群体更加渴望丰富多彩、有尊严的晚年生活。这对发展多层次、个性化、品质化、精准化的养老服务供给提出了更高要求。

4. 传统服务模式面临后疫情时代需求结构与供给方式变化的挑战

后疫情时代，养老服务发生了诸多变化：一是民众更加关注健康服务，老年人对老年健康服务和产品的需求明显增加；二是娱乐方式的转变，民众娱乐生活从线下为主，转到"线上"和"线下"相结合，老年人线上消费习惯快速形成；三是随着互联网、物联网、5G 技术的发展，远程医疗、远程看护等服务迎来快速发展期。

五 深圳推进"老有颐养"的总体思路和发展策略

（一）"十四五"及2035年远景发展目标

人口老龄化和经济社会互动协调、良性发展，全面建成不分年龄、人人共享、充满活力的"不老社会"是我们追求的目标。

——到 2025 年，应对人口老龄化的制度框架初步建立，高水平"1336"养老服务体系基本形成，人人享有基本养老服务，老年人及其家庭获得感、幸福感不断提升。

——到 2030 年，应对人口老龄化的制度框架更加科学有效，高质量、可持续的养老服务模式基本形成，养老服务水平走在全国前列。

——到 2035 年，与经济社会发展水平相适应的可持续养老服务模式成熟完备，人人享有高品质的颐养服务，全球"老有颐养"民生幸福标杆城市基本建成。

（二）深圳推进"老有颐养"的发展策略

坚持"理念引领"。我国已经进入并将长期处于人口老龄化社会。人口老龄化是我国的基本国情，积极应对人口老龄化的挑战，是我国的一项长期战略任务。深圳作为移民城市，与国内其他城市处于不同的老龄化发展阶段，在"老有颐养"使命的驱动下又肩负着更高的发展目标，不能简单照搬国内其他城市的经验模式，需要在充分借鉴国内外有益经验的基础上，立足深圳实际，走出一条适应时代要求、符合发展规律、反映人民意愿、具有中国特色的老龄化应对之道。因此，深圳亟须加快推动养老智库建设，在学习贯彻习近平关于老龄工作重要论述的基础上，加强对人口老龄化的前瞻性和战略性研究，加快探索老龄社会的特点与规律，为应对人口老龄化、实现"老有颐养"提供理论和理念指导。加快推进老龄创新服务中心建设，打造本土理论指导下养老服务实践创新的"深圳样板"。

推动"制度引领"。立足初级阶段基本国情，尽力而为，量力而行，妥善处理人口老龄化背景下福利刚性和经济发展波动的关系，统筹推进"健康深圳"和"老有颐养"建设，努力走出一条低成本、高成效、可持续的老龄社会治理之路。一是构建"老有颐养"指标体系。对标国际一流，编制"老有颐养"发展和评价指标体系，明确近期和远期的发展目标，以指标评价为抓手，压实政府各部门的工作任务。二是加快建立基本养老服务制度。发布基本养老服务清单，编制基本养老服务设施专项规划，构建长期照护服务体系，稳步推进基本养老服务均等化，重点保障失能、失智人员长期照护需求。三是开展老年友好示范社区建设。加快推进"0580"家庭适老化改造，推进住宅公共设施无障碍建设，推动医养康养结合，提升老年人社会参与度，开展"智慧助老"行动，破解"数字鸿沟"。健全家庭养老支持政策，推进家庭护老者培训，推动家庭养老床位建设，支持家庭承担养老功能。

实现"科技引领"。持续加大养老领域科技研发力度，依托深圳科技创新和会展服务优势，引导一批高新技术、5G技术服务健康和老龄产业，加快建设"银发科技实验室""养老服务大数据研究中心"，对标德国纽伦堡、日本大阪ATC忘年中心，举办"乐龄科技博览会"，深化老年产品市场供给侧结构性改革，形成数字赋能养老服务治理现代化的解决方案，培育一批健康养老产业龙头企业。依托相关领域的科技发展，减少重度失能人员、慢性疾病患者，提高疾病治愈率，延长居民预期寿命；发展替代性和补偿性辅助器具，降低失能风险，维持和提高老年人自理能力和社会参与能力；提高照护效率，依托照护机器人、外骨骼技术等，解决照护人力不足难题。

实现"标准引领"。对标国际一流，加强养老服务标准研究，构建深圳"老有颐养"养老服务标准体系，推动养老服务标准全领域、全流程、全周期覆盖，以标准引领养老服务高质量发展。一是加快推动老年统一评估标准建设，守好基本养老服务制度"关口"，精准提供兜底养老服务、普惠养老服务和老年优待服务，提高财政资金使用效益。二是完善基本养老服务"深圳标准"，完善基本养老服务标准、产品标准和设施标准，在大力推动地方标准制修订的同时，支持市场主导的团体标准和企业标准的制定和实施。三是对标国际一流养老服务标准体系，打造养老服务"深圳品牌"，推动"深圳品牌"和管理模式输出，加快"老有颐养"标准的国际化进程，提升标准国际影响力和竞争力。

实现"人才引领"。一是开展"一流专业"建设，对标国际一流，推动高等学校、职业院校、技工学校开设养老服务相关专业，培养养老服务专业人才。二是高标准构建养老服务职业化体系，畅通养老护理人员岗位上升通道，健全养老护理人员薪酬体系，实现职业证书与薪酬挂钩。三是创新人才培养模式，创新"双元制"人才培养模式，打造专业化养老服务人才基地。四是打造本土养老培训品牌，坚持品牌引领，建立健全培训机制。五是培养老年社会工作者、志愿者队伍，支持慈善组织、公益团体等为老年人提供专业服务，丰富老年服务供给。

（三）"老有颐养"建设"三步走"的建议

1. 到2025年，补齐短板，对标先进，实现"跨越发展"

出台基本养老公共服务清单，厘清政府社会市场权责边界。在《"十三五"推进基本公共服务均等化规划》等文件指导下，借鉴先行地区经验，结合深圳实际，界定养老服务中政府、社会、市场的权责边界，明确基本养老公共服务项目、服务对象、服务方式、服务标准和责任主体，拟设置四大类18项基本养老公共服务项目，做到清单之内项目以政府责任为主，清单之外项目以社会、市场责任为主，构建政府主导、社会参与、市场运作的基本养老公共服务格局。建立基本养老公共服务清单发布制度，根据经济发展

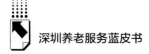

水平和老年人需求，适时调整清单项目并定期发布，建立基本养老公共服务清单定期发布机制和动态管理机制。

创新城市土地空间供给方式，建设嵌入式综合型养老服务设施。贯彻落实《深圳经济特区养老服务条例》《深圳市构建高水平"1336"养老服务体系实施方案（2020—2025年)》，完善六个层级养老服务网络，加大养老服务设施供给，加快推进民政"9＋3"民生设施规划建设，稳步推进街道长者服务中心、社区长者服务站点建设。创新城市土地空间供给方式，开展社区配套养老用房"四同步"（同步规划、同步建设、同步验收、同步交付）督查项目，建设嵌入式综合型养老服务设施，保障社区养老服务空间，为老年人提供便捷优质养老服务。探索利用存量资源加大养老服务设施供给，加强对政府和事业单位的空置房屋，国有企业的闲置资源、符合改造条件的工业园及旧厂房等场所的整合和利用，明确实施路径，优化操作流程，保障设施改造和服务供给。

前瞻性建设智慧养老服务平台，夯实"数字治理"基础。坚持科技支撑，发挥深圳先进科技优势，夯实养老服务"数字治理"基础，实施"互联网＋养老"工程，建立全市统一智慧养老服务平台。鼓励、支持优秀科技企业参与养老服务智能化建设，依托互联网、物联网、云计算、大数据、智能养老设备等，利用5G、AR、8K等先进技术，前瞻性打造具有深圳特色的综合智慧养老服务平台，实现老年人口统计数据查询、健康状况统计评估、养老服务需求审批、养老补贴管理、照料中心运营监控、医养结合服务等平台功能，促进需求方、服务提供方、管理部门、监护方的信息共享，实现"智能化服务、大数据应用、全流程监管"，有效提升养老服务管理的智能化、信息化、精准化、科技化水平。

积极开发老龄人力资源，健全老有所为的社会参与机制。借鉴日本等国家鼓励老年人就业措施，倡导积极老龄化，鼓励健康活力老年人再就业。探索并逐步实施渐进式延迟退休制度，加强老年人劳动权益保障；健全老年教育体系，加强对老年人的就业技能培训，提升老年人就业能力；建立老年人就业信息发布制度，重点关注餐饮、零售、家政等非技术性、低体力劳动行业就业信息，实现老年人与企业之间职业供需对接；制定雇用老年人企业奖补制度，鼓励企业为老年人提供适合的就业岗位和采取弹性工作机制。

构建深圳养老服务标准体系，提升养老服务供给质量。根据《深圳市人民政府打造深圳标准构建质量发展新优势行动计划（2015—2020年）》《2019年深圳标准建设工作方案》等文件精神，强化养老服务标准化研究，完善养老服务基础通用标准、服务提供标准、服务管理标准和服务保障标准四个子体系，结合标准体系框架，分析养老服务现行标准分布情况，加快推进养老服务基础标准、重点标准、缺失标准、创新标准的研究和制定，推动养老服务标准全领域、全流程、全周期覆盖，实现深圳养老服务有标可依。同时，引导养老服务标准导入各养老服务机构，推进标准实施，强化标准实施监管，切实做到"以标准促质量"。

高水平建设健康养老学院，打造养老服务人才培养高地。高水平建设深圳健康养老学院，强化学院建设对深圳养老服务的功能支撑：完善"以事定费""以事定岗"等管理模式，为深圳乃至全国深化体制改革提供可借鉴方案；加强"老年服务与管理"专业学生培养工作，创新"双元制"人才培养模式，为深圳养老服务人才教育工作提供样板；丰富学院功能主体，建设深圳健康养老学院附属养老院。

2.到2030年，厚植优势，创新实践，实现"卓越发展"

持续完善综合政策体系，形成科学应对老龄化"深圳方案"。以大数据为依托，以政策评估为依据，持续优化政策，形成更为综合的政策体系。持续开展基线调查和追踪调查，动态掌握全市老年人口结构变化和关键指标变化，精准配置养老资源，真正实现以需求为导向的养老服务供给模式。优化养老服务扶持政策和评估机制，实现养老服务供给以维护老年人的体面与尊严为追求。推进金融、保险、房地产、税费等各项政策改革，全面促进老龄化社会发展。

建立社区养老生活圈，打造在地安老"城市样板"。一是打造社区综合照护服务设施，提供融合医疗、护理、养老等服务定制化、整合式服务，让老年人留在熟悉的社区中"在地安老"，最大化保持老年人的社会交往空间

和身心活力。二是持续打造国际老年友好城市,"在地安老"离不开老年宜居的物理环境和公共服务,离不开完善的社区为老服务设施,离不开配套的居家养老支持系统。进一步优化公共空间的适老化环境,丰富为老服务设施和服务内容,形成"老年友好城市"标准。三是建立和完善包括健康教育、预防保健、疾病诊疗、康复护理、长期照护、安宁疗护等在内的综合性的、连续性的老年健康服务体系。

推动粤港澳大湾区异地养老服务合作,构建沿深养老服务"一带一圈"。对标长三角养老服务一体化,依托都市圈轨道交通和站城一体化发展、深中通道开通,深莞惠融合加速,在深莞惠融合地带打造"沿深养老服务带",鼓励企业发展综合性养老社区、度假型养老社区,引导和鼓励异地养老,解决深圳等地区养老空间不足的问题。与此同时,推动与广西、江西、湖南等省份的合作,打造粤港澳大湾区服务圈,立足粤港澳大湾区养老服务合作辐射周边省市,形成湾区养老示范效应。

创新科技智能养老应用,打造健康养老"产业高地"。持续加大科研和产业扶持力度,强化科技创新能力。引导一批高新技术、5G 技术服务健康服务业和老龄产业,发展生物医药、康复辅具、信息技术、机器人、AI 技术等健康养老产业,在宝安、光明等地区形成有一定规模效应的"老龄科技产业带"。利用深圳在粤港澳大湾区的地理优势和科技引领优势,打造湾区健康养老"产业高地",服务"一带一路"发展。

引导多方力量共同参与,打造"慈善为老"典范城市。依托深圳市慈善总会,设立"慈善为老"专项基金,接收社会各界捐赠,倡导社会责任意识,引导鼓励个人、法人和其他组织设立慈善为老基金,用于推动深圳养老服务设施建设、修缮,加大老年人教育、医疗、住房等方面的投入,帮助特殊困难老年人改善生活条件。支持慈善组织、公益团体、专业社会工作机构等为老年人提供专业服务,满足老年人多样化服务需求,进一步打造"慈善为老"典范城市。

建立多元参与的老年金融服务体系,构建可持续发展"深圳模式"。完善老年金融相关政策法规,规范老年金融市场,保障老年人财产安全;优化老年金融产品供给体系，发挥银行金融媒介、商业保险公司风险管理等优势，鼓励、引导市场参与老年金融服务，开发更多风险低、保值功能优异的金融产品，满足中老年群体投资需求；强化科技支持，结合老年人特点，提升老年金融技术和产品的简易性、可及性；加大金融普惠教育力度，全面提高全市居民的金融素养，提高居民金融投资能力。

3. 到2035年，打造典范，树立标杆，实现"引领发展"

着力科技赋能，打造全球乐龄科技产业研发与交易中心。将技术创新作为积极应对人口老龄化的第一动力和战略支撑，实施科技赋能战略，促进生物技术和信息技术融合发展、加强老年辅助技术研发和应用，融合移动互联网、大数据、可穿戴、云计算等新一代信息技术，发展以主动健康技术为引领的信息化老年健康服务，建成全球乐龄科技产业研发与交易中心。充分发挥科技创新引领带动作用，依靠科技创新引领产业升级，成为经济社会发展新引擎和转变经济增长方式的重要支撑。

着力标准引领，树立"颐养深圳"标准国际品牌。实施标准引领战略，一是加强"老有颐养"标准研究，建立健全标准体系；二是推动标准国际认证，完善与经济社会发展水平相适应的，以地方标准为基础、团体标准为引领、企业标准树"典范"的"颐养深圳"标准体系；三是开展标准国际对话，树立"颐养深圳"国际品牌，提高标准国际影响力。

着力文化引领，建成国际"老年消费"目的地城市。弘扬中医国粹，打造"中医药创新之都"高地，依托深圳雄厚的产业基础和独特的区位优势，打造国际中医医疗中心、中医科教中心、中医药文化交流中心、中医药产业中心和中医药大数据中心，形成中医和传统文化国际交流的重要枢纽。

着力制度引领，为全球综合应对老龄化提供方案。强化制度创新，形成完备健全的综合应对人口老龄化的制度体系，打造"老有颐养"民生幸福"城市标杆"，充分彰显中国特色社会主义制度的优越性，为国内特大型城市应对人口老龄化提供"深圳经验"和"智力支持"，为全球综合应对人口老龄化提供"中国方案"。

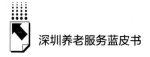

参考文献

皮勇华、倪赤丹，2021，《老有颐养　积极应对人口老龄化的深圳路径》，《中国民政》
　　第 11 期，第 47 ~ 48 页。

邬沧萍、姜向群，1996，《"健康老龄化"战略刍议》，《中国社会科学》第 5 期，
　　第 52 ~ 64 页。

习近平，2017，《决胜全面建成小康社会　夺取新时代中国特色社会主义伟大胜利——
　　在中国共产党第十九次全国代表大会上的报告》，http：//www. china. com. cn/19da/
　　2017 - 10/27/content_ 41805113. htm，最后访问日期：2022 年 3 月 28 日。

分 报 告
Topical Reports

B.2

深圳机构养老服务发展报告

胡晓乐　陈 丹*

摘　要: 近年来,我国65岁及以上人口数量增长迅猛。深圳作为一个以年轻移民为主的新兴城市,目前尚未进入老龄化阶段。但随着早期移居深圳的人群逐步迈入老年,以及越来越多的随迁老人涌入,深圳老龄化问题逐渐成为民生领域的一大课题。本报告以深圳机构养老为研究对象,在概述机构养老的概念界定、主要类型、相关主体和地位作用的基础上,梳理了全国及深圳机构养老的发展现状,挑选了深圳两家重点养老机构进行介绍。本报告通过分析得出,目前深圳机构养老存在养老服务供求错位、定位不明确,政策制度等的精准性和可操作性不够,部分机构养老服务质量偏低,各区养老机构存在结构性失衡以及专业人才资源相对短缺的问题。根据存在的问题,本报告提出了系列对策建议,如

---

* 胡晓乐,深圳健康养老学院办公室主任、老年教育研究中心主任;陈丹,深圳健康养老学院研究员。

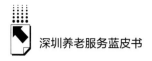

调整供给使之与需求有效衔接、提高养老服务政策的可操作性和精准性、明确规范养老服务标准并加强监管、科学合理布局养老机构以及培养专业的人才服务队伍。

关键词： 人口老龄化　机构养老　供求矛盾　服务质量　结构性失衡

一　机构养老发展概述

（一）机构养老的界定

机构养老是以社会机构为养老场所，依靠国家和亲属的支持或老年人的自助，由养老机构提供养老服务的养老模式。其中，养老机构是指为老年人提供生活照料、膳食、清洁卫生、健康管理、文体娱乐等综合服务的机构，其可以是独立法人，也可以是医疗机构、企事业单位、社会团体或组织、综合社会福利机构所属的部门或分支机构。根据其功能类型可分为养老院和老年护理院。

养老院：专门为老年人养老而设立的社会养老服务机构，设有日常生活、文化娱乐、医疗保健等多项服务设施。社会福利院的养老部门属于养老院范畴（见《城镇老年人设施规划规范》GB50437—2007）。

老年护理院：为无自理能力的老年人提供医疗、保健、康复、护理、住房等配套服务设施的养老机构（见《城镇老年人设施规划规范》GB50437—2007）。

关于养老院和老年护理院的功能配备及服务的老年人群体详见表1。

表1　养老机构概念界定

设施类型	功能配备	服务的老年人群体
养老院	生活、餐饮、文化娱乐、医疗和户外活动，应设置普通、半护理和全护理床位	主要是自理、部分自理、完全不能自理的老年人

设施类型	功能配备	服务的老年人群体
老年护理院	具备康复、保健、医疗、护理等养老配套设施,包括医疗、生活、心理、临终关怀等服务,设有半护理和全护理床位	主要是部分自理、完全不能自理需要长期照护的老年人

（二）养老机构的主要类型

1. 公办养老机构

公办养老机构是由国家以及政府兴办,不以营利为目的。经过县级人民政府以上的编制管理部门登记为法人,享有政府财政预算和行政编制,在资金和人事安排上都由政府决定。公办养老机构实质上是一个向老年人提供各项日常生活所需和相关帮助的组织。

2. 公建民营养老机构

公建民营养老机构是指由各级政府和公有制单位设立,所有权性质不变,运营权分离的养老机构。该类机构与政府行政部门脱钩,按照市场经济发展要求进行重组、改组和创新,并交由非政府组织或社会力量管理和运作。主要分为三种模式,即承包式、租赁式和合营式,三种模式的情况详见表2。

表2　公建民营养老机构运营模式及主要内容

运营模式	主要内容
承包式	将养老机构的经营权转移给企业、社会组织或个人,政府将根据协议收取一定的承包费,监督相关服务和运营
租赁式	将养老机构的资产出租给企业、社会组织或个人。政府根据合同约定向企业、社会组织或个人收取租金,并监督所租赁的资产不受损失
合营式	将养老机构的建设和运营交由企业、社会组织或个人负责。根据政府和企业、社会组织或个人的资本和资源投资比例及产能优势,分配相应的权利和义务,通过协议确定双方相应的责任范围,形成合作关系。企业、社会组织或个人根据投资相应地得到回报

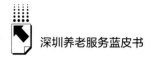

公私合作，也即政府和企业、社会组织或个人合作（Public-Private-Partnerships，PPP）模式。《国家发展改革委关于开展政府和社会资本合作的指导意见》（发改投资〔2014〕2724号）将其定义为政府为增强公共产品和服务供给能力、提高供给效率，通过特许经营、购买服务、股权合作等方式，与社会资本建立的利益共享、风险分担及长期合作关系。PPP模式下的机构养老服务可指政府择优选择社会资本，通过特许社会资本经营养老机构、与社会资本股权合作共建养老机构或向社会资本方购买机构养老服务等方式，向社会提供机构养老服务。总结过去PPP模式在机构养老中的发展可以发现，目前机构养老PPP项目的主要运作模式有BOT模式、BOO模式、TOT模式和O&M模式等。

（1）BOT（建设–运营–移交）模式

这是目前机构养老领域发展最为成熟的模式。在这种模式下，政府授予社会资本一定的特权，允许社会资本在特定时间内建立和运营养老机构。项目合作期满后，项目将免费移交给政府。

（2）BOO（建设–拥有–运营）模式

BOO（建设–拥有–运营）模式与BOT模式有许多相似之处，在机构养老中也占有重要地位。它们都是通过公私合作机制获得政府授权，然后从事授权项目的建设和运营。两者最大的区别在于，BOO模式下的项目所有权不再转移给政府。

（3）TOT（转让–运营–移交）模式

社会通过政府接收已完工的设施，吸引社会力量共同加入，一起完成之后的建设和运营任务。在该方式下，社会资本必须具备政府规定的相应标准，而且可以结合BOT模式等一些其他模式开展服务。

（4）O&M（委托运营）模式

此模式适用于一些缺乏运营管理方面的能力和经验的公办养老机构。为了提升养老机构运营效率以及提供更加优质的养老服务，引入养老领域经验丰富、业绩优良的社会资本，可以更加有效地满足社会养老需求。

3. 民办养老机构

民办养老机构是指由国家机构以外的社会组织或个人举办的，为老年人提供住养、生活照料、康复护理等养老服务的机构。在民政部门登记注册后，具备独立法人资格，自筹资金、自主经营、自负盈亏。

（三）机构养老的监管及市场主体

1. 行政监管部门

对养老机构进行监督管理的政府部门有发展改革部门、民政部门、财政部门、人力资源和社会保障部门、自然资源部门等，各部门相应的监管职责情况详见表3。

表3　养老机构的行政监管部门及其职责

监管部门	监管职责
发展改革部门	负责中央预算投资支持的养老服务项目建设资金管理和普惠养老项目评估
公安部门	对扰乱养老服务机构工作秩序、侵犯老年人人身权和财产权的违法犯罪行为进行查处
民政部门	监管养老服务机构的日常管理、运营安全、服务卫生和服务质量等事项,推进养老服务标准体系建设,以及机构的登记管理、业务指导等
财政部门	会同发展改革部门、民政部门依法对养老服务机构建设补助资金、经营补助资金的使用情况和政府购买养老服务的情况进行监督管理
人力资源和社会保障部门	与民政部门共同制定和完善国家老年护理护士职业技能标准,做好院外职业技能等级证书的监管;推动社会保障卡的应用,推动养老社会保障公共服务信息共享
自然资源部门	对养老服务机构的规划用地进行监督检查
生态环境部门	负责养老服务机构环境影响评价的审批或备案,监督检查其污染物排放情况
住房和城乡建设部门	监督管理养老服务设施的建设质量和安全,以及建设标准和规范的实施
卫生健康部门	负责养老服务机构设立医疗机构的审批或备案,监管医疗机构的执业活动和医疗卫生服务质量,指导医疗卫生应急救援工作,收集、汇总、存储、应用和共享老年人基本健康和医疗数据
应急管理部门	要求将养老服务安全生产监督管理纳入本级政府有关部门和地方人民政府的年度安全生产考核。消防救援机构依法监督检查养老服务机构的消防工作
审计部门	对财政资金使用情况和政府依法购买养老服务情况进行监督检查

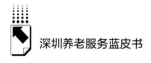

监管部门	监管职责
市场监督部门	查处养老服务机构不执行政府定价、政府指导价、不按规定明码标价等价格违法行为,登记管理营利性养老机构,监督检查机构的专用设备和食品安全
医疗保障部门	对医疗机构医疗保险基金的使用情况进行监督管理
银行保险监督管理部门	监督管理银行保险金融机构有序参与养老服务市场,指导和督促其对涉嫌非法集资的风险行为展开调查

2. 行业自律组织

深圳市养老服务业协会是经深圳市民政局批准成立的地方性、行业性、非营利性社会组织。该协会由深圳市从事养老服务业的民间和非政府机构、企事业单位(其他经济组织和个体工商户)自愿组成。其业务范围是协助会员制定和实施行业标准,推动行业技术进步和技术创新;开展市场评估,收集和发布行业信息,推广行业产品或服务;协调会员之间、会员与非会员之间、会员与消费者之间在生产经营活动中的纠纷;在价格管理部门的指导下,监督行业内产品或服务的定价,协调会员之间的价格纠纷,维护公平竞争。深圳市养老服务业协会的成立,标志着深圳市养老服务业的发展进入了一个新阶段。

3. 养老服务的供给主体

(1)政府

政府通过直接提供养老服务或者通过政府采购间接提供养老服务,从而承担社会养老保障责任。政府作为一个以社会公共利益为首要目标的公共部门,具有非竞争性且不以营利为根本目的,这导致政府公共产品的供给能力不足,财政资源以及机构养老专业化程度都不高,无法把握机构养老市场的真实需求,进而容易引发"政府失灵"等问题。

(2)非营利组织

非营利组织是指营利组织和政府组织以外的非营利、非政府组织或部门。早在20世纪,发达国家的非营利组织就已经成为养老服务领域的重要力量。然而,随着各国养老服务的发展,大多数非营利组织都会遇到资金瓶颈，从而导致服务不足、服务对象有限、对政府依赖性强等问题。

（3）社会资本

社会资本是指在养老服务体系中以公办民营、社会团体、民办民营性质存在，除去公办公营性质机构，且非国家拨付的资本。在机构养老中，社会资本主要参与养老相关产品的提供与设计，养老机构的设立、运营及管理等方面。

4. 养老服务需求主体

对养老服务存在需求的主要是老年人。根据自理能力等，老年人可具体分为自理老人、半失能老人、完全失能老人、失智老人等（见表4）。

表4　养老服务需求主体

老人类型	具体特点
自理老人	指头脑清醒，身体健康，能穿、吃、住、行，能参加集体活动的老年人
半失能老人	指身体活动不方便的老年人，但可以吃饭和上厕所，大脑完全清晰，在穿衣、吃饭、住和行方面需要他人的帮助
完全失能老人	指身体不健康，行动不便，大脑模糊，排便意识不强，睡眠正常，但服从管理的老年人
失智老人	具体表现为记忆减退、注意力分散、知觉能力丧失或减弱、情绪波动平缓、语言能力和思维能力在一定程度上减弱

5. 其他相关主体

（1）机构养老产业上游企业

机构养老产业上游企业主要是指养老金融企业，养老设施及辅助用品、养老智能产品生产企业等。其中养老金融企业包括银行、保险、基金等，各金融机构纷纷推出个人养老金融产品。例如，基金公司提供了养老目标基金，银行推出了养老金融产品和养老储蓄产品，保险公司开发了养老年金产品、养老安全管理产品和递延所得税养老保险。养老设施及辅助用品企业提供了特殊护理床、特殊残疾人桌椅、特殊餐具、特殊文化用品、特殊通信设备等。养老智能产品企业提供了远程监控、腕式血压计、手表GPS定位器、

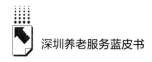

智能手表等。

（2）机构养老产业中游企业

机构养老产业中游企业主要是指处于养老产业链核心的养老地产企业和综合医疗管理服务机构。其中，养老房地产是一个以老年人为目标客户群体，进行建筑设计、配套设施和服务跟进的房地产项目。养老房地产企业除了为老年人提供生活空间外，还为老年人提供家政、餐饮、娱乐、休闲、社交、康复、医疗、护理等服务。综合医疗管理服务机构包括医院、健康中心、疗养院、门诊部、诊所、医疗机构和急救站等，为老年人提供健康和医疗服务。

（3）机构养老产业下游企业

机构养老产业下游企业主要是指处于产业链下游环节的护理人员培训机构、老年教育机构和文化生活机构等。其中，护理人员培训机构是指对养老机构护理人员进行专业培训的机构，旨在通过培训提高养老护理人员的整体素质和养老服务质量；老年教育机构是指为老年人继续学习提供相应的教育活动，主要包括营养保健、音乐舞蹈、手工艺、园艺、文化知识、职业培训、退休生活适应等；文化生活机构是指根据老年人的不同兴趣爱好，为老年人开展科学、健康、形式多样的文化体育活动，丰富老年人的精神文化生活。

（四）机构养老在养老体系中的地位和作用

近年来，随着养老服务供给侧结构性改革的深入，机构养老在我国的发展取得了巨大进步，正逐步成为人口老龄化不断加剧背景下一种非常重要的养老方式。根据民政部统计数据，中国养老床位数从 2009 年的不足 300 万张增加到 2020 年的 821 万张，增长约 1.7 倍，其中 2020 年的养老机构床位数为 488.2 万张，社区养老床位数为 332.8 万张。[1] 与家庭养老和社区养老

---

[1] 《2009 年度中国老龄事业发展统计公报》，https：//www.cn‐healthcare.com/articlewm/20211020/content‐1275761.html，最后访问日期：2022 年 5 月 9 日。

不同，机构养老可以为老年人，特别是半失能和完全失能老年人提供更专业、更系统的养老服务，是基于"居家为基础、社区为依托、机构为补充、医养相结合"的养老服务体系的重要组成部分。根据相关政策和规划，我国养老推行"9073"模式，也就是老年人中 90% 居家养老，7% 为社区养老，剩下 3% 为机构养老。

二　全国机构养老发展现状

根据民政部统计数据，截至 2020 年底，全国共有各类养老机构和设施 32.9 万个，较上年增加 12.5 万个，同比增长 61.27%；养老床位合计 821 万张，较上年增加 46 万张，同比增长 5.94%（见图 1）。其中，各类养老机构和设施包括注册登记的养老机构以及社区养老机构和设施两部分，本报告中的养老机构主要是指注册登记的养老机构。

图 1　2015～2020 年全国养老机构和设施及养老床位数

资料来源：民政部历年《民政事业发展统计公报》。

根据民政部统计数据，截至 2020 年底，全国共有注册登记的养老机构 3.8 万个，比上年增加 0.4 万个，同比增长 11.8%；注册登记的养老机构床位 488.2 万张，比上年增加 49.4 万张，同比增长 11.3%（见图 2）。

图 2　2015～2020 年全国注册登记的养老机构数及养老床位数

资料来源：民政部历年《民政事业发展统计公报》。

截至 2020 年底，全国注册登记的养老机构中，社会福利院为 1524 个，养老床位数为 37.7 万张；特困人员救助供养机构为 17153 个，养老床位数为 174.8 万张；其他各类养老机构为 19481 个，养老床位数为 275.7 万张（见表 5）。

表 5　2020 年全国注册登记的养老机构数量及养老床位数

机构类型	机构（个）	床位（万张）
社会福利院	1524	37.7
特困人员救助供养机构	17153	174.8
其他各类养老机构	19481	275.7
合计	38158	488.2

资料来源：民政部《2020 年民政事业发展统计公报》。

根据 2020 年底全国注册登记的养老机构数量可知，社会福利院占养老机构总数的 3.99%，特困人员救助供养机构占养老机构总数的 44.95%，其他各类养老机构占养老机构总数的 51.05%（见图 3）。

根据 2020 年底全国注册登记的养老机构床位数量可知，社会福利院的床位数占养老机构床位总数的 7.72%，特困人员救助供养机构的床位数占

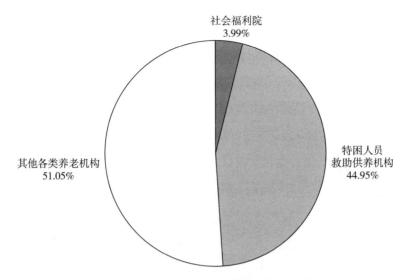

图3 2020年全国注册登记的养老机构占比情况

资料来源：民政部《2020年民政事业发展统计公报》。

养老机构床位总数的35.80%，其他各类养老机构的床位数占养老机构床位总数的56.47%（见图4）。

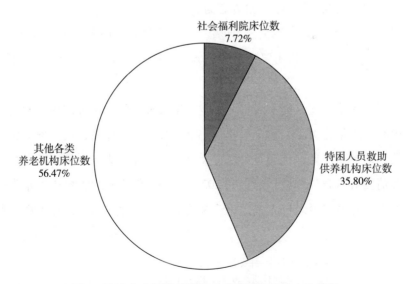

图4 2020年全国注册登记的养老机构床位占比情况

资料来源：民政部《2020年民政事业发展统计公报》。

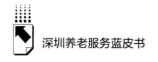

三 深圳市机构养老发展现状

（一）深圳市机构养老的政策环境

1. 打造民生幸福标杆，完善社会保障体系

2019 年 2 月，中共中央、国务院发布《粤港澳大湾区发展规划纲要》，提出深化养老服务合作；支持香港和澳门投资者在珠江三角洲九个城市通过独资、合资、合作等方式设立养老服务机构和其他社会服务机构，为香港和澳门居民及广东老年人提供便利条件。推进医养结合，建设一批区域性健康养老示范基地。① 2019 年 8 月，中共中央、国务院发布《关于支持深圳建设中国特色社会主义先行示范区的意见》，提出构建优质均衡的公共服务体系，构建全覆盖、可持续的社会保障体系，在公众的支持下，实现幼有善育、学有优教、劳有厚得、病有良医、老有颐养、住有宜居、弱有众扶的战略定位。②

2. 完善养老服务体系，促进养老高质量发展

2019 年 4 月，国务院办公厅印发《关于推进养老服务发展的意见》（国办发〔2019〕5 号），指出要打通"堵点"，消除"痛点"，消除发展障碍，完善市场机制，不断完善居家养老、社区养老、机构养老、医疗养老相结合的养老服务体系，建立健全高龄、失能老年人长期照护服务体系，构建以信用为核心、质量为保障、放权与监管并重的服务管理体系，大力推动养老服务供给结构不断优化，社会有效投资大幅增加，养老服务质量不断提高，养老服务消费潜力充分释放，确保到 2022 年，在确保人人享有基本养老服务的基础上，有效满足老年人多样化、多层次的养老服务需求，显著提升老年

---

① 《粤港澳大湾区发展规划纲要》，http：//www. gov. cn/zhengce/2019 – 02/18/content_5366593. htm#1，最后访问日期：2021 年 12 月 1 日。
② 《中共中央　国务院关于支持深圳建设中国特色社会主义先行示范区的意见》，http：//www. nbd. com. cn/articles/2019 – 08 – 18/1363950. html，最后访问日期：2021 年 12 月 1 日。

人及其子女的获得感、幸福感和安全感。①

3. 构建高水平养老服务体系，多管齐下实现"老有颐养"

2019 年 10 月，为积极应对人口老龄化，满足老年人多层次、多样化的养老服务需求，深圳市第六届人大常委会第三十六次会议通过《深圳市人民代表大会常务委员会关于构建高水平养老服务体系的决定》，包括高起点建设养老服务体系，多元化扩大养老服务供给，多层次建设养老服务网络，高标准规划养老服务设施，大力推动居家、社区和机构养老服务协调发展，全面促进医养康养相结合，创新发展智慧养老，深入推进乐活养老服务，积极营造孝亲敬老的社会氛围，加强养老服务队伍专业化建设以及强化养老服务体系建设的保障措施，从多个维度实现"老有颐养"。②

4. 打造"1336"养老服务体系，推动老龄化治理现代化

2020 年 6 月，深圳市政府召开常务会议，审议并通过了《深圳市构建高水平"1336"养老服务体系建设实施方案（2020—2025 年）》，提出到 2025 年，全面形成与人口老龄化进程相适应，与中国特色社会主义先行示范区养老服务体系的经济社会发展水平相协调的"1336"养老服务体系。围绕七大策略，实施 17 项工程，开展 67 个项目，其中涉及机构养老的项目包括养老服务机构连锁化、品牌化培育项目，公办养老机构改革试点项目，养老机构创"星"项目，失智照护专区建设项目，养老机构风险整治项目，养老服务机构应急管理标准制定项目和养老服务机构诚信体系建设项目等。③

5. 推动养老服务法制化建设，保障养老服务可持续发展

2020 年 10 月，深圳市第六届人民代表大会常务委员会第四十五次会议

---

① 《国务院办公厅关于推进养老服务发展的意见》，http://www.gov.cn/xinwen/2019-04/16/content_5383320.htm，最后访问日期：2021 年 12 月 1 日。

② 《深圳市人民代表大会常务委员会关于构建高水平养老服务体系的决定》，http://www.sz.gov.cn/szsrmzfxxgk/zc/gz/content/post_9453705.html，最后访问日期：2021 年 12 月 1 日。

③ 《深圳市构建高水平"1336"养老服务体系建设实施方案（2020—2025 年）》，http://www.sz.gov.cn/gkmlpt/content/7/7850/post_7850353.html#731，最后访问日期：2021 年 12 月 1 日。

通过了《深圳经济特区养老服务条例》，标志着深圳养老服务法治化治理进入新时代。《深圳经济特区养老服务条例》从规划和建设、家庭和社区养老服务、机构养老服务、医养康养结合、保障措施、监督管理等方面为深圳市养老服务领域提供了法律依据。在机构养老方面，规定市、区人民政府按照养老服务设施布局专项规划的要求，投资建设养老机构；鼓励社会力量举办多层次、多类型的养老机构，可通过受托管理、合资、合作等方式参与或承接运营政府投资举办的养老机构。

6. 做好养老服务规划引领，提供养老服务政策保障

2021年6月，深圳市发展和改革委员会发布《深圳市国民经济和社会发展第十四个五年规划和二〇三五年远景目标纲要》，提出持续将财政支出近七成投向民生领域，养老服务体系基本建成，社会保障水平稳步提高；实施扩大内需促进消费计划，放宽服务消费领域准入条件，提升养老等领域消费品质；以标准化、品牌化建设为引领，加快发展养老服务业，加强公益性、基础性服务业供给，建设老年友好型城市。同时，不断完善居家、社区和机构相协调、医疗卫生相结合的养老服务体系，构建多层次、多元化、综合养老服务全面协调发展的养老服务供给格局，提供基本养老服务和非基本养老服务，打造"15分钟养老服务圈"。深圳市"十四五"规划的颁布，为深圳市养老机构的发展提供了充分的政策保障。

（二）深圳市机构养老的经济环境

根据深圳市国民经济和社会发展统计公报数据，2020年，深圳实现地区生产总值27670.24亿元，比上年同比增长2.8%；与2015年相比，增加10167.25万元，增长58.1%（见图5）。自2015年以来，深圳市地区生产总值在稳步增长，但增速有所放缓。

分区域来看，2020年地区生产总值位居前三的分别是南山区、福田区和龙岗区（见表6、图6）。其中，福田区是全市老龄化程度最高的区域，也是养老机构数量最多的区域。

图 5　2015～2020 年深圳市地区生产总值

资料来源：深圳市统计局历年《深圳市国民经济和社会发展统计公报》。

表 6　2015～2020 年深圳市各区（新区、特别合作区）地区生产总值统计

单位：亿元

地区	2015 年	2016 年	2017 年	2018 年	2019 年	2020 年
福田区	3256.24	3561.44	3820.56	4018.26	4546.50	4754.16
罗湖区	1728.39	1974.07	2161.19	2253.69	2390.26	2375.28
盐田区	487.23	537.68	585.49	612.76	656.48	658.15
南山区	3714.57	3842.37	4601.50	5018.36	6103.69	6502.22
宝安区	2640.92	3003.44	3448.36	3612.18	3853.58	3846.87
龙岗区	2636.79	3177.06	3858.62	4287.86	4685.78	4744.49
龙华区	1635.59	1856.67	2130.16	2401.82	2510.77	2492.86
坪山区	458.07	506.05	605.06	701.66	760.87	801.05
光明区	670.66	726.39	850.12	920.59	1020.92	1100.77
大鹏新区	274.53	307.42	330.02	341.66	351.44	340.35
深汕特别合作区	—	—	47.32	53.13	46.80	54.04
全市	17502.99	19492.60	22438.39	24221.98	26927.09	27670.24

注：部分全市数据因四舍五入计算与各区合计数存在差异。

资料来源：深圳市统计局历年《深圳市国民经济和社会发展统计公报》。

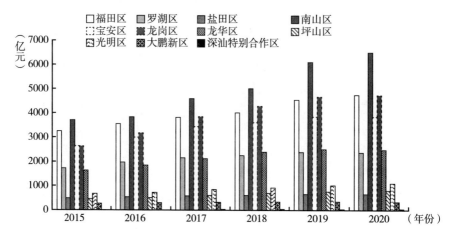

图6 2015~2020年深圳市各区（新区、特别合作区）地区生产总值统计

资料来源：深圳市统计局历年《深圳市国民经济和社会发展统计公报》。

2020年，深圳市居民人均可支配收入64878元，比上年增长3.8%，较2015年增长45.4%；深圳市居民人均消费支出40581元，比上年下降5.9%，较2015年增长25.4%（见图7）。不断增长的地区生产总值和人均可支配收入，为养老产品和服务提供了潜在的购买力。

图7 2015~2020年深圳市居民人均可支配收入和人均消费支出情况

资料来源：深圳市统计局历年《深圳市国民经济和社会发展统计公报》。

（三）深圳市机构养老的社会环境

1. 老年人生活观念在发生转变

随着国内老年人群受教育程度的提高以及经济水平、社会进步等多重因素的影响，老年人的生活观念正在向更加独立自主转变。他们有较强的包括老年教育、休闲娱乐、旅游度假等独立生活需求，并希望能够摆脱传统的束缚，开启更加美好的老年生活。

2. 社会化养老观念深入人心

我国已经将赡养老人的义务和责任列入法律，任何人都不得违反法律拒绝给老人物质及精神上的赡养。但由于更多的年轻人忙于工作，可能会无法及时照顾老人。这使很多人不得不接受社会化养老。

（四）深圳市机构养老发展情况

1. 深圳市机构养老发展现状

截至 2020 年底，深圳市 65 岁及以上常住老年人口为 565217 人，占全市常住人口的 3.22%，表明深圳市总体上尚未进入老龄化社会，但养老机构发展不平衡和发展不足的问题，如有效供给不足、服务质量低等，仍然存在。例如，福田区和罗湖区的 65 岁及以上老年人口近年正在快速增长，人口老龄化形势严峻。福田区和罗湖区地处中心城区，建成度高，地价房租昂贵，可利用土地资源十分有限，缺乏大型养老用地、用房资源，目前两区每千名户籍老年人床位数仍然不足，与"老有颐养"目标有一定差距。

根据深圳统计年鉴数据，2019 年，深圳市养老机构为 47 家，床位数为 10209 张，年末收养人数 4303 人。自 2005 年以来，养老机构及床位数呈现增加趋势，且近几年增幅迅速较大。与 2005 年相比，2019 年养老机构数增加了 80.8%，床位数增加了 249.7%，年末收养人数增加了 83.9%。床位空置率则由 2005 年的 20% 提高到 2019 年的 58%，增长了近两倍，体现出机构养老有效供给与有效需求之间存在失衡的矛盾。详见表 7 和图 8。

表7　2005～2019年深圳市养老机构情况统计

年份	机构（家）	床位（张）	年末收养人数（人）	空置率（%）
2005	26	2919	2340	20
2006	27	3419	2457	28
2007	27	2288	1316	42
2008	29	2797	1530	45
2009	30	3597	1760	51
2010	30	3597	1742	52
2011	30	4597	1869	59
2012	31	5194	2063	60
2013	31	4908	2554	48
2014	31	5996	2448	59
2015	31	6662	2745	59
2016	34	7116	3213	55
2017	35	8247	3384	59
2018	45	9497	3719	61
2019	47	10209	4303	58

注：空置率=（床位数－年末收养人数）/床位数。

资料来源：深圳市统计局《深圳统计年鉴2020》。

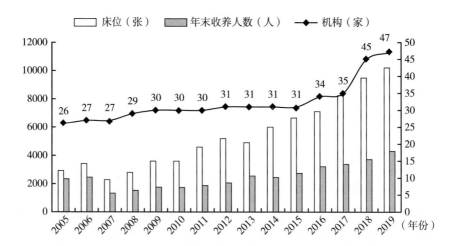

图8　2005～2019年深圳市养老机构情况统计

资料来源：深圳市统计局《深圳统计年鉴2020》。

根据深圳市民政局提供数据，截至2021年6月，深圳市共有59家养老机构，其中市级2家，各区（新区）排名居前三的分别是福田区、宝安区和龙岗区；全市床位数合计11700张，其中市级1100张，各区（新区）排名居前三的分别是宝安区、福田区和南山；全市床位空置率为62%，其中市级76%，各区（新区）排名居前三的分别是坪山区、龙华区和大鹏新区。详见表8和图9。

表8　2021年深圳市各区（新区）养老机构情况统计

区域	机构（家）	床位数（张）	入住人数（人）	空置率（%）
市级	2	1100	266	76
福田区	15	1574	508	68
罗湖区	4	1189	549	54
南山区	7	1537	724	53
宝安区	11	2750	1003	64
龙华区	2	705	126	82
龙岗区	8	1292	604	53
光明区	1	107	58	46
盐田区	3	535	407	24
坪山区	2	140	24	83
大鹏新区	4	771	147	81
合计	59	11700	4416	62

注：机构数包含未登记备案的养老机构。
资料来源：深圳市民政局提供，数据截至2021年6月。

关于养老机构的类型，根据深圳市民政局提供数据，截至2021年6月，深圳市公办养老机构数量为13家，占养老机构总数的22%；公建民营养老机构数量为24家，占养老机构总数的41%；民办养老机构数量为22家，占养老机构总数的37%（见图10）。

关于养老机构的床位运营情况，根据深圳市民政局提供数据，截至2021年6月，深圳市公办养老机构的床位数量为3042张，占全市养老机构床位总数的26%；公建民营养老机构和民办养老机构这些作为社会力量运

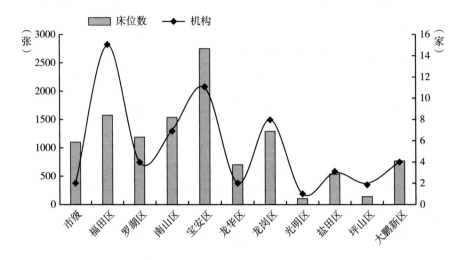

图 9　2021 年深圳市各区（新区）养老机构情况统计

资料来源：深圳市民政局提供，数据截至 2021 年 6 月。

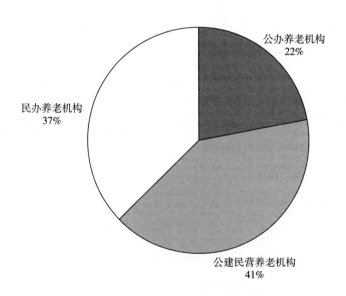

图 10　2021 年深圳市养老机构类型统计

资料来源：深圳市民政局提供，数据截至 2021 年 6 月。

营的养老机构的床位数量为8658张，占全市养老机构床位总数的74%（见图11）。《国务院办公厅关于全面放开养老服务市场 提高养老服务质量的若干意见》（国办发〔2016〕91号）提出，到2020年，政府经营的养老床位占当地养老床位总数的比例不超过50%，而深圳市政府运营的养老床位数量仅占26%，因此远超这一目标。

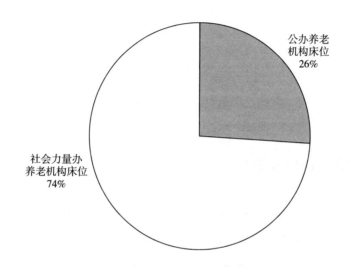

图11 2021年深圳市养老机构床位运营情况统计

资料来源：深圳市民政局提供，数据截至2021年6月。

2.养老机构收费情况

国内的养老市场起步较晚，但市场已经开始分化，初步形成明显的产品梯队。其中，普惠型项目以公办为主，为市场主流产品，月费用为2000～6000元；中高端舒适型及高端品质型项目均有少量供应，以民办品牌型项目为主，月费用为6000～20000元；还有少量高端项目供应，月费用在13000～20000元。由图12可以看出，深圳的养老机构服务价格大多分布在6000元左右。因此，深圳养老市场是以普惠型项目为主。同时，也有一部分为分布于6000～12000元的中高端项目（见图12）。分布在高端项目价格区间的养老机构较为稀少。

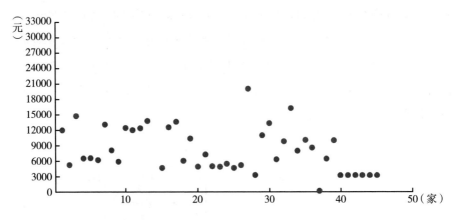

图12　深圳市养老机构服务价格分布情况

资料来源：深圳健康养老学院2021年10月调研统计。

3.财政资金投入情况

从图13可以看出，2015～2019年，深圳市民政局财政预算用于老年福利的支出从545.56万元增加到了4834.78万元，财政支出增长了7.86倍，反映出政府正在加大对养老领域的投入力度。然而，根据深圳市财政局发布的2019年深圳市预算执行情况报告和2020年预算草案，民生支出总计1236亿元，其中社会福利支出仅2亿元，占民生支出的0.16%。一方面，"1336"

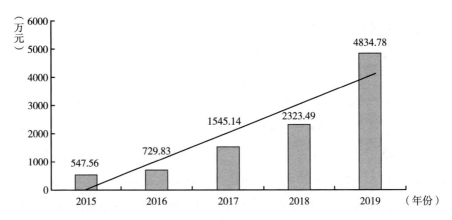

图13　2015～2019年深圳市民政局老年福利支出情况

资料来源：深圳市民政局。

政策需要更多的资金倾斜。从 2021 年起，深圳市政府将用于社会福利事业的彩票公益基金中不低于 55% 的资金用于支持养老服务体系建设，并与一般公共预算安排的养老服务项目资金统筹使用。另一方面，深圳市政府正在通过"政府引导、市场为主"的原则引入社会资本，进一步扩大对养老领域的投资。

四　深圳市机构养老发展存在的问题

（一）机构养老服务供求错位

深圳市机构养老发展整体呈现有效供给无法满足有效需求的现象，主要体现在：一方面，深圳市各区域人口老龄化不断加剧，对机构养老服务的需求不断增加；另一方面，机构养老床位入住率不高，空置率问题一直存在。产生这一现象的主要原因有：一是深圳市机构养老进一步改革之后，民办养老机构发展较为滞后，且社会对民办养老机构固有印象的存在，也使民办机构的空置率居高不下；二是公办养老机构由于体制机制等问题，一直存在运营效率低下、服务质量不高等问题，公办养老机构也在积极探索改革发展的新模式；三是公办民营养老机构存在市场化与政策性、经营性与公益性、社会资本与政府机构之间的利益分配问题；四是养老机构受区域位置、配套设施、服务质量和价格等多方面因素的影响，其所提供服务的定位与市场的有效需求会存在偏离错位。

（二）养老服务政策的可操作性和精准性不足

深圳市机构养老服务政策体系建设已经日趋完善，但是仍然存在部分政策的可操作性不强问题。机构养老服务政策缺乏配套的实施方案，尤其是一些综合性的机构养老政策文件，给政策实施留下了很大的空间。同时，深圳市机构养老服务政策的精准性也存在不足，特别是缺乏结合各地区发展特点的机构养老政策体系。现有的制度不能有效下沉到街道

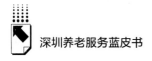

和社区层面，缺乏针对不同地区的分类指导，进而使不同群体和地区的差异化养老服务需求无法得到有效满足。此外，关于机构养老服务的评估体系在全面性、完整性、量化性、合理性和可操作性方面仍需加强。对部分政策执行情况的跟踪检查、监督和评价不够，政策执行的目标和效果难以保证。

（三）机构养老服务质量偏低

深圳部分养老机构，特别是私营养老机构，仍然存在设施简单、功能单一的问题。服务内容仅限于提供食物、住房等简单的生活照料，缺乏健身、文化娱乐、医疗等设施，直接影响老年人入住率。由于缺乏熟练的专业护理人员、齐备的养老配套设施，老年人的生活质量在入住养老机构后往往会出现较大幅度下降。部分机构还可能存在员工素质低下、不认真照护老人的现象。

（四）各区（新区）养老机构存在结构性失衡

深圳有些行政区的老龄化人口很多，但是床位数相对较少，而有的行政区老龄化人口相对较少，但是养老床位很多。正如上文分析的，福田区作为全市老龄化人口最多的区域，其养老机构的床位数量仅排在第二位，位居宝安区之后。大鹏新区人口老龄化率低，但其养老机构的床位数比光明区和坪山区的床位数之和还要多，床位空置率高达81%。而光明区养老机构仅1家，床位空置率达46%。因此，可以看出深圳市的养老机构和床位数存在着区域间分布失衡的问题。

（五）专业人才资源相对匮乏

养老行业不同于一般的服务领域，服务的对象多是半失能及失能老人，因而对护理人员的专业技能要求较高。特别是，随着社会的快速发展和居民收入水平的不断提高，老年人及其家庭成员对养老服务质量的要求越来高。虽然深圳市近年来在机构养老领域的改革取得了一定进展，养老机构的设施标准和服务标准都有了很大的提高，但养老服务从业人员与市场需求仍然有较大差距。深圳市养老机构现有从业人员多是临时人员，缺乏专业水平和职业素养，持证上岗人员比例较低。

五　深圳市机构养老发展的建议

（一）调整供给，使之与有效需求衔接

一是加强公共养老机构为"三无"、贫困、失能、失智老年人和特殊老年人提供基本养老服务的作用；二是加大对民办养老机构的扶持力度，推动养老机构市场化改革，引导市场主体有序参与竞争，不断提高民办养老机构的运营效率和服务质量；三是搞好合理规划布局，包括做好区域需求研究，加强养老机构合理布局，完善配套设施建设，同时做好全市总体规划，避免各类养老机构服务供给同质化、功能单一，避免过于低端和高端，要提供大众化、差异化、多层次的养老服务；四是政府应进一步加强政策及标准的制定，把握好政策性与市场化、公益性与经营性的边界。

（二）提高养老服务政策的可操作性和精准性

进一步完善深圳市机构养老服务政策体系，提高政策的可操作性，在现有机构养老政策基础上，进一步出台机构养老服务政策的配套实施方案。同时，提高深圳市机构养老服务政策的精准性，特别是要将各区域发展特色的机构养老政策制度有效下沉至街道、社区等层面，从而实现对不同区域的分类指导，满足不同人群及地区差异化养老服务需求。进一步完善对机构养老服务的考核体系，提高考核体系的全面性、完整性、量化性、合理性、可操作性等，进一步增强其强制力与约束力。加强对部分政策执行情况的跟踪检查、监督和评价，确保政策执行的目标和效果。

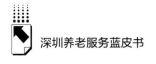
（三）明确规范养老服务标准并加强监管

深圳市需参照《养老机构服务质量基本规范》等规范性标准制定养老机构服务标准。同时，要将服务质量、人员、资金、安全和突发事件等事项作为监管方面的重点，加强监管。强化政府领导和监管责任，夯实养老机构主体责任，积极发挥行业自律作用，有效促进社会监督。加强协同监管和信用监管，发挥标准规范的引领作用。通过多主体、多方位的监管，有效提高养老机构的服务质量。

（四）科学合理布局养老机构

深圳应按区域合理预测老年人口规模，协调优化城市法定规划和养老设施布局，实现区域供需平衡。各地区应在充分调查的基础上，根据当地人口结构、老年人需求及其变化趋势，制定本地养老服务设施规划。合理安排建设顺序，近期以老年人集中的老城区为重点，长期结合城市建设和发展，实现养老设施与新城区建设和旧城更新同步配套管理；适度推进，保留部分土地，应对日益严重的老龄化浪潮。

（五）培养专业的服务人才队伍

一是深圳市地方政府应与高校之间开展合作，开设专门的健康养老专业，除了提升培养养老护理人员的专业技能之外，应结合医养结合等发展趋势，培训养老服务工作人员有关卫生、健康等方面的知识，培养复合型人才，源源不断地为养老服务机构输送专业化和职业化的人才，为养老事业实现多层次发展储备人才。二是养老服务机构也要加强与高校、企业等合作，实现产学研深度融合，打造一支贴近于养老产业及市场的专业化人才队伍，从而更好地服务于养老体系建设。同时，对养老机构现有的工作人员进行多方位的培训，并推动持证上岗。养老机构内部也要加强定期考核，优化内部人才制度，进一步提升养老服务人员的薪酬水平，提升机构养老从业人员的积极性。

参考文献

郑珍烟，2021，《医养结合养老机构 PPP 融资模式构建》，《合作经济与科技》第 12 期，
　　第 2 页。

B.3
深圳居家社区养老服务发展报告

王曼丽　靳　小*

摘　要： 本报告通过文献分析和政策分析，从发展现状、面临形式与挑战、工作展望三个层面讲述了深圳居家社区养老服务发展的现况和问题。本报告认为，2020年深圳居家社区养老服务政策体系、四级养老服务网络、"赋能+支持"体系、"老有颐养"标准体系、"互联网+养老"行动、社会力量参与、老年福利普惠体系初步建立，深圳居家社区养老服务体系建设取得一定成效。然而，当前深圳养老服务体系依然在"双区"建设、户籍结构倒挂、科技和产业变革、"老有颐养"先行示范、服务实施资源配置、供需不匹配、支付能力和家庭照护能力、供给和多层次多样化需求等方面存在机遇和挑战。在此背景下，本报告认为，发展深圳居家社区养老服务体系，应该完善相关政策，进一步完善相关政策、加大制度设计力度、编制居家社区养老专项规划、强化科技赋能、推进综合施策。

关键词： 居家社区养老　资源配置　"老有颐养"

---

* 王曼丽，深圳职业技术学院智慧健康养老服务与管理专业讲师，深圳健康养老学院研究员；靳小，深圳职业技术学院智慧健康养老服务与管理专业讲师，深圳健康养老学院研究员。

一 深圳居家社区养老服务发展现状

（一）构建了法制为"纲"的居家社区养老政策制度框架

1. 养老服务政策体系雏形初显

深圳市委、市政府高度重视养老工作，把加快发展养老服务体系建设作为一项重要的社会事业、民生工程和实现养老服务健康科学可持续发展的重要组成部分，搭建了以《深圳经济特区养老服务条例》为纲领，以《深圳市人民代表大会常务委员会关于构建高水平养老服务体系的决定》和《深圳市构建高水平"1336"养老服务体系实施方案（2020—2025 年)》等政策文件为基础，以 30 多个规范性文件为支撑的养老服务政策体系，在土地、金融、保险、税收、医疗、人才、产业等方面做出了系统的制度安排。

2. 专项养老扶持政策百花齐放

深圳为推进居家社区养老服务体系建设完善，为市区老年人"在地安老"搭建软、硬件平台，先后出台《深圳市推进老有颐养"907"幸福康养惠民工程工作方案》《深圳市民政局关于开展"0580"老年人家庭适老化改造试点工作的通知》《深圳市民政局关于开展"家庭护老者"能力提升与关爱计划培训的通知》《深圳市民政局等 11 部门关于公布深圳市养老服务投资扶持政策措施清单的公告》等多项配套政策，为居家社区养老服务体系建设指明了方向，提供了强有力的制度保障。

（二）健全了社区为"枢"的四级养老服务网络

1. 街道综合养老服务设施建设稳步推进

深圳稳步有序开展区、街道、社区、家庭"四级服务网络"试点建设，旨在建立公共养老服务平台，为老年人提供平价、优质、便捷的"家门口"的养老服务。在推进社区养老服务设施建设方面，2020 年深圳建成 10 个示范街养老服务中心。例如，福田区将日托中心升级为一个新的老年护理服务

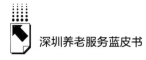
综合体——颐康之家；盐田区引入大型央企中国人寿，联合打造街道综合长者服务中心——盐田区悦享中心（沙头角街道长者服务中心）；南山区粤海街道海珠社区邻里之家落地运营，为老年人提供生活照料、健康管理、精神慰藉等多项服务，桃源街道规划建设了街道长者服务中心等。

2. 社区嵌入式养老服务设施布局逐步优化

深圳修订了《深圳市城市设计标准与准则》，基于社区老年人日托中心规划，规定每个社区日托中心的建筑面积增加到不少于 750 平方米，并规划用地配备养老服务设施，在出让土地时，要按照规划要求和建设标准执行。《深圳市构建高水平"1336"养老服务体系实施方案（2020—2025 年)》明确规定，街道养老服务中心建筑面积原则上不少于 1000 平方米；新建住宅（小）区配置的社区日托中心等公共设施，要求"四同步"，促进社区嵌入式设施布局。深圳各个区（新区）也在逐步深入推动居家社区养老服务事业发展，如深圳市龙华区率先制定发布了《深圳市龙华区养老服务设施"四同步"实施办法》，完善社区养老服务设施配套机制。

3."0580"家庭适老化改造工程有序实施

2020 年深圳重点为年满 60 周岁中度及以上失能和年满 80 周岁的老年人开展包括建筑硬件改造、家具家装改造、辅助器具适配、智能化产品适配等在内的适老化改造，每户最高资助 1 万元，共改造了 1200 余户。2021 年家庭适老化改造项目已被列为市民生重点工作，并进一步增加了受益家庭数量。

4. 社区长者食堂增加, 助餐点覆盖率提升

为解决当前社区老年人就餐难题，深圳市民政局在 2019 年重点工作中，提到要"构建长者助餐体系"，同时要求建立完善的长者饭堂和伙食补助工作制度。日前，超过 13 万名 70～99 岁老年人可以享受 5 元至15 元不等的膳食补助。截至 2021 年 12 月 8 日，深圳已建成长者饭堂和助餐点 246 家。① 各区也在积极探索，如福田区依托智能福田 APP，推出

---

① 《全市建成长者饭堂 246 家》，http：//mzj. sz. gov. cn/cn/xxgk _ mz/mtgz/content/post _ 9436222. html，最后访问日期：2022 年 5 月 9 日。

"中心食堂＋社区配送点"运营模式的老年人食堂管理结算系统；罗湖区将"长者饭堂承接运营机构可以进行居家养老消费券结算"写入长者助餐服务工作方案，深度惠及长者；等等。

（三）搭建了以家庭为"核"的"赋能＋支持"体系

1. 家庭护老者培训项目启动

据深圳健康养老学院统计调查，为支持老年人所在家庭履行赡养职责，提高家庭照护水平，深圳于2020年开始实施家庭护老者"线上＋线下"培训项目，开课的有23门课程，同时启动全市74个街道线下培训，累计培训1.7万余人次，增强了家庭照护能力。各区（新区）以购买服务方式陆续启动家庭护老者"喘息服务"和高龄老人巡访服务，减轻了家庭的照护压力。

2. 家庭养老床位建设有效推进

适老化改造可以有效提升居家养老硬件建设水平，养老机构上门开展专业化软性服务，实现了"养老不离家、看病不离床"。2020年，深圳家庭养老床位建设项目有效推进，不断满足社区居家老年人照护需求。

（四）搭建了标准为"基"的"老有颐养"标准体系

1. 养老服务地方标准科学建设

深圳市民政局于2019年对"深圳市养老服务业标准体系"进行了修订，共收录74项养老服务业相关标准，包括国家标准20项、行业标准35项，广东省和深圳市地方标准19项；深圳市市场监管局积极支持养老服务体系相关标准修订工作，对养老服务体系地方标准修订项目予以优先支持，在各部门的共同努力下，组织制定和发布了多项养老服务领域相关的技术标准文件。2020年，深圳市民政局牵头制定出台《社区养老服务质量评价规范》，对社区养老服务机构从队伍建设、环境和设施设备、服务内容、机构管理、机构信誉五个方面进行评价，规范社区养老服务设施的运营与管理，提高服务质量。

2. 全市养老服务标准化试点不断开展

在全国居家社区养老服务改革试点中，深圳指导龙岗区居家社区"老有颐养"标准体系建设；对深圳市社会福利中心、福田区福安养老事业发展中心、深圳市厚德世家养老事业促进中心等养老服务机构标准化建设试点工作进行评估验收，标准化工作取得较好成效；盐田区福利中心获评全国养老服务业标准化建设试点；深圳健康养老学院成为教育部老年服务"1＋X"证书的重要研制单位和全国首批试点单位。

（五）实施科技为"媒"的"互联网＋养老"行动

1. 智慧化养老"管理＋服务"平台逐步建立

深圳市以方便养老生活和建立精准化养老服务体系为宗旨，整合链接各类为老服务资源，依托平台系统对接老年人的各类服务需求，实现了"一体化资源统筹""一站式办理"。深圳市民政局自2020年4月开始，面向全市60岁及以上老年人发行智慧养老颐年卡（以下简称"颐年卡"），整合分散在各个领域的养老服务载体，整合身份识别、敬老、政策补贴支付、银行储蓄、深圳通等多种功能，实现了养老服务全领域覆盖。依托智能养老平台和颐年卡媒体平台，构建"一卡一平台、前卡后平台"式的管理服务模式，做到"一卡多用、全市通用"，为打造精准化、精细化、智能化、集约化的城市养老模式、大力支持"智慧养老"建设、让老年人享受智慧新生活奠定了基础。

2. 智能化养老设备和产品持续配备

深圳为全市6300多名老年人免费配备了智能呼救设备。在紧急情况下，只需单击一下即可链接到专业服务。鼓励和支持企业发展智能养老设备，支持养老产业发展。2020年，深圳6家科技公司、2个片区、11条街道分别被遴选为国家级智慧健康养老应用试点示范企业、基地和街道。

3. 智慧养老产业不断发展

2020年，深圳市民政局联合深圳市工信局、科创（深圳市科技创新委员会）等部门编制为老科技产品引导目录，鼓励人工智能、虚拟现实、新兴材料等新技术在健康养老服务领域的深度应用和推广，支持护理康复机器人、虚拟现实康复训练设备、可穿戴便携式监护设备、居家养老监护等智能养老设备的研发，形成一批高智能、高科技、高品质的老年科技产品，打造老年智能产品和服务创新高地。

（六）推动了共治为"魂"的多元养老服务建设

1. 养老服务机构营商环境不断优化

2020 年，深圳市民政局联合 10 部门制定发布《深圳市养老服务投资扶持政策措施清单》，包括用地、规划建设、税费优惠等政策 51 条；联合中国银行深圳市分行设立 50 亿元专项养老信贷额度，为全市从事养老等服务的企业和社会服务机构等，提供全产品融资服务；设立新增床位资助、护理服务资助等 5 项资助，各项标准均走在全国前列。目前，深圳市民政局正在修订《深圳市民办养老机构资助办法》；非营利性养老、医疗机构建设全额免收管理费，营利性养老、医疗机构管理费减半。

2. 优质养老服务企业不断引进培育

深圳积极引导招商、华润、万科、人寿、深业等大型企业布局健康养老行业，支持机构、企业跨区、跨街道承接多家多级长者服务中心、站、点，鼓励养老服务机构连锁化经营、品牌化发展。福田区已通过 PPP 模式招募四批次共 6 家养老机构运营单位，其中福田区福利中心成为深圳市首例实现社会化改革的区级公办养老机构。罗湖区宝丰苑养老院 PPP 模式项目已于2021 年 4 月正式开业。南山区采用政府和社会资本合作模式，规划建设南山区福利中心三期。

3. 本土社区养老服务机构不断增加

深圳大力引入社会力量投入社区养老服务机构运营。截至 2020 年 12月，全市老年人日间照料中心 98% 以上由社会力量运营，符合条件的按相关政策享受民水、民电等价格优惠，并且符合条件的可获得 50 万元至 100万元不等的一次性运营资助。福安、创乐福等一批本土品牌立足深圳、面向全国进行连锁化运营。

4. 敬老爱老志愿服务不断开展

截至 2021 年 12 月 3 日，深圳共有近 4 万名老年志愿者、600 多支社区

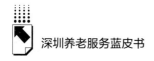

老年志愿服务队,① 在参与社区建设、互助养老、公益活动等方面发挥积极
作用。

（七）提升了共享为"愿"的老年福利普惠水平

1. 高龄老人津贴提标扩面

自 2011 年 1 月起,深圳为 80 岁及以上的户籍老年人提供了老年人津
贴。标准为 80~89 岁每人每月 200 元, 90~99 岁每人每月 300 元, 100 岁
及以上每人每月 500 元。自 2016 年以来,各区（新区）逐步将领取高龄津
贴的老人起始年龄降低至 70 岁。从 2019 年 10 月起,老年人津贴标准调整
为: 70~79 岁每人每月 200 元, 80~89 岁每人每月 300 元, 90~99 岁每人
每月 500 元, 100 岁及以上每人每月 1000 元。深圳目前的津贴水平居全国
第一位。目前已实现高龄老人津贴"无感申办 + 秒批",解决了高龄老人津
贴申办手续繁杂、核查手段落后等问题,实现零材料提交。

2. 敬老优待覆盖范围扩大

2019 年深圳市人民政府办公厅发布《关于扩大我市老年人享受敬老优
惠待遇范围的通知》（深府办函〔2019〕183 号）,规定敬老优待范围扩大
至 60 周岁及以上的全体老年人（包含来深的港澳台老年人）,敬老优待覆
盖范围全国最广,包括免费乘坐公交地铁等八项敬老优待。如今办理颐年卡
的老年人可以就近在优惠通道直接刷卡进出站,避免了人工通道的核验手
续,解决了老年人与家人同行必须分开进出站的问题,老年人也不用担心身
份证被盗或丢失,一卡在手,方便无忧。

3. 居家养老服务稳步推进

深圳家庭护理服务为城市中的老年人提供家庭护理服务和康复服务。对
能力较差、残疾、半残疾和重点优待的户籍老年人,政府分别提供 300 元和
500 元的居家社区养老服务。每月,超过 8300 名老年人可以享受社区提供

---

① 《深圳市民政局 2021 年政协提案答复内容公开》, http：//mzj. sz. gov. cn/cn/xxgk＿ mz/
jytabl/zxtabl/content/post＿ 9427208. html , 最后访问日期：2022 年 5 月 9 日。

的家庭护理服务。罗湖区在落实居家养老服务补贴标准的基础上，为 80 岁及以上的老年人每月发放 200 元家庭优惠券。盐田区将政府补贴标准提高到每月 500~800 元。

4. "银龄安康行动"不断实施

深圳自 2009 年起为户籍老年人购买老年人意外伤害保险，其中统一保险年龄降至 60 岁，最高赔偿额 10 万元，在一定程度上有力增强了老年人风险防御能力。

5. "幸福老人计划"正式开展

深圳支持社区、街道等各基层老年协会、老年社会组织，开展多种形式的"老有所学""老有所乐"的老年文体活动，每年有 30 多万老年人参加。如南山区团委、区义工联合会与区慈善机构联手开展"关爱老人、共同守望"志愿服务项目；盐田区开展"情系长者，关爱备至"长者生日会、"关怀 1 + 1"社区探访互助等民生微实事项目。

二 深圳居家社区服务发展环境

（一）养老服务发展面临的形势

1. "双区"驱动、"双区"叠加为居家社区养老服务发展带来了新机遇

2021 年 4 月，王伟中市长在中国共产党深圳市第七次代表大会上的报告指出"深圳进入了粤港澳大湾区、深圳先行示范区'双区'驱动，深圳经济特区、深圳先行示范区'双区'叠加的黄金发展期"。深圳在全力实现建成现代化、国际化创新型城市的同时，也在持续深入进行宜居城市、枢纽城市、韧性城市、智慧城市的内涵建设。可以说，深圳肩负着科技智能技术研发应用、产业领先创新、推动城市治理体系和治理能力现代化、打造民生幸福标杆等重大建设任务与领航责任，必须以建设智慧城区、智慧社区为支撑，让城区运转灵活、智能，为全国与世界提供深圳路径、模式、机制等多重标准。

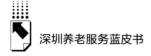
这一时代使命和发展规划为居家社区养老服务发展提供了全新的政策引导、技术支持，提供了更高层次的理念引导与发展格局。这要求深圳居家社区养老服务在高质量发展模式、智慧化科技赋能、综合型治理机制以及高效率供给路径等方面应持续创新领先，打造居家社区养老服务的"深圳模式"，形成具备借鉴和推广价值的"深圳经验"。

2. 户籍结构倒挂和人口结构年轻对居家社区养老服务创新提出了新要求

根据"七普"数据，深圳市 60 岁及以上常住老年人口为 94.07 万人，实际服务管理老年人口超百万人，老龄化进程不断加快；其中，深圳市户籍与非户籍老年人口规模中，实际管理老年人口是户籍老年人口的 3.2 倍。加之，大批年轻人来深就业创业，随子女来深养老或照顾孙辈的老年人逐年增加，而深圳冬季较为温暖，不少"候鸟型"老年人季节性来深居住，使老年人口规模呈现季节性变化。

按照《深圳建设中国特色社会主义先行示范区综合改革试点实施方案（2020—2025 年）》（以下简称《实施方案》）"稳步推进基本公共服务常住人口全覆盖"的要求，"十四五"期间，深圳在推进养老公共服务均等化方面将会受到多重挑战。

3. 科技革命和产业变革为居家社区养老服务的深刻转型注入了强大新动力

智慧型养老已成为当前养老事业产业领域一场关键性革命，"互联网＋"颠覆着传统产业，也为家庭与社区相结合的养老服务模式带来变革机遇。特别是在后疫情时代，养老服务需求发生诸多显著变化，主要有以下几个方面：老年人对健康服务和产品的需求明显增加；娱乐方式发生转变，老年人娱乐生活"线上＋线下"相结合，线上消费习惯快速形成；远程医疗、远程看护等服务日益兴起。这要求社区提供的面对面养老服务等传统模式应积极调整，主动适应新变化。

同时，智慧型养老也能够很好地解决传统服务模式中人力做不好、做不到和不愿意做的服务等方面的问题，例如，失能老年人的长期照料、空巢老人的持续性健康管理等都可借助健康管理类可穿戴设备、自助式健康检测设备、智能养老监护设备、家庭服务机器人实现。这不仅极大拓展了需求响应的范围，还加大了居家养老服务的广度和深度。从长远角度看，社区居家机构及企业运营成本会大大降低，对服务提质增效和企业的有效转型升级提供了更加强劲有力的信息化技术和原创性技术创新支持。

4. "老有颐养"先行示范的新使命为养老服务供给侧改革树立了新目标

2019 年，中共中央、国务院赋予深圳建设"中国特色社会主义先行示范区"和"老有颐养"民生幸福标杆城市先行示范的神圣使命。同年，《国务院办公厅关于推动养老服务发展的意见》提出，到 2022 年人人享有基本养老服务，旨在满足老年人多样化、多层次养老服务需求，提高老年人及其子女的幸福感、获得感与安全感。这就要求深圳要在优化供需结构、加强服务供给监管等综合性体制机制方面进行深化改革，让改革成果公平惠及老年人，促进老年生活全面发展，实现从"适度普惠型"走向"普惠型"，从"老有所养"走向"老有颐养"。

（二）居家社区养老服务发展面临的挑战

1. 服务设施布局错位与"在地养老"意愿的矛盾

决定居家社区养老服务供给的制约因素之一是社区可利用的土地资源，该制约因素也是影响居家养老资源分布的关键因素。在基本公共服务均等化原则下，养老资源的配置效率和老年人的生活质量与居家社区养老设施的空间布局是否合理有着直接关系。然而，深圳市作为我国改革开放与城市化发展的"领头羊"，城市各区域经济发展与人口分布呈现不同特点，各社区土地资源配置也不尽相同。早期来深的建设者和移民者集中居住在中心城区、老旧小区，并已步入老年行列。然而，受住房、商业及公共生活、文化服务等用地影响，土地空间保障不足，部分社区养老服务设施建设用地难以落实，出现老年人集中却"无地可建"的问题。与之相对的，非中心城区、新建小区老年人较少却在养老设施方面密集建设。

因此，设施空间布局错位的显性矛盾既带来居家养老服务供需"错位"问题，也极大制约了老旧小区居家养老服务供给多层次、个性化、品质化发

展，与老年人"在地安养"的意愿有着很明显的矛盾。

2. 优质服务供给不足与高品质生活期待的矛盾

深圳承担了"老有颐养"先行示范的光荣使命，贯彻新发展理念，让老年群体共享经济发展成果，在确定基本养老服务对象的过程中，深圳一方面将本市户籍、年龄为60岁及以上的"三无"和其他经济困难的孤寡、失独、高龄老年人及失能、半失能老年人的"保基本、兜底线、救急难"服务全面纳入基本养老服务，保证老年人的基本生活权益，另一方面将非深圳户籍老年人逐步纳入基本养老服务对象。深圳市养老服务发展经历了一个服务对象扩大、服务内容增加的过程，这对居家社区养老服务供给容量提出了更高要求。

伴随着老年群体一代一代更替，经历改革开放、收入水平提升的"60后""新老人"群体的养老需求结构总体上呈现由生存型向发展型和享受型转变，由物质保障型向服务型、精神文化型转变，这对居家养老服务供给质量提出更高要求。然而，当前深圳居家社区养老服务除了面临空间布局不合理问题之外，还存在供给层次不对位、供给内容不适配等发展不平衡不充分的问题，服务质量的水平与群众的期待存在差距。目前，社区内专业化养老服务供不应求，而部分社区养老机构或社区养老设施不具备提供专业化、长期化照护服务的基本条件和能力，仅能面向健康活力老人提供基础生活、文娱活动等初级服务，导致供需结构性错位。同时，在服务体系构建与完善，在满足数量供给均等、设施分布均衡等基本要求之外，也必须形成健全的品质监管机制、灵活的资源调配路径以及便捷化的资源供给模式。

3. 支付能力不足与家庭照护能力持续弱化的矛盾

随着现代社会进程和人口老龄化加速，家庭规模小型化发展趋势日益突出。促使我国及深圳"421"家庭模式和"422"家庭模式日益普遍。特别是针对失能、半失能老年人的家庭长期照护能力日趋弱化，政府"保基本"职能压力将进一步增大，不仅需要个人或家庭完善自身家庭照护功能，更需要从政府层面完善家庭照护支持系统。

然而家庭照护支持系统不仅需要完善的支持服务体系，也需要提高老年人和家庭的养老消费能力和水平。目前，老年群体的收入除去自身退休收入、子女赡养费以外，制度性安排是其主要收入来源。深圳已建立养老保险、医疗保险及养老服务补贴制度，但长期护理保险制度尚未建立，居家长期照护面临经济考验。

同时，居家养老服务产品发展除了缺乏布局与质量规划之外，市场化运作效应仍未形成。政府和市场的协调配合机制尚未健全。服务项目价格较高与补贴制度不健全，既不利于持续调动老年群体的支付意愿，也不利于市场的进一步推广与良性运转。

4. 服务供给单一与多层次多样化需求的矛盾

居住在中心城区的高收入老年人消费能力较强、支付意愿也相对较高，在文化教育、精神娱乐、旅游康养等方面也会随着经济社会发展产生更多需求，并呈现多层次、多样化的特点。但目前居家社区养老服务供给更多集中于保底服务功能，缺乏市场需求和个性化要求细分；服务配置更多集中于关注资金支持，而缺乏对服务人员、资金、硬件设施的有效规划。居家社区养老服务整体发展也因为这种供需失衡的服务资源方式而大大延缓。

此外，居家社区养老服务机构在布局与运营中，依旧缺乏资源整合的规划意识与灵活机制，尚未与专业养老机构、社区健康服务中心、家政、商超、志愿服务组织、公共生活文化服务设施等有效联动，形成有着各自优势却又功能互补、织牢织密的养老服务网络。

因此，日趋加快的老龄化趋势与"在地养老"意愿要求居家社区养老服务在体制机制、要素支持、业态模式等方面进行创新，以此回应并满足人民群众对养老服务的新需求和新期待。

三 深圳居家社区养老服务建议

（一）完善制度机制，高站位推进基本养老服务均等化

1. 完善居家社区养老服务清单

根据深圳社会经济发展水平、养老服务需求实际，制定符合深圳特色的

居家社区基本养老服务清单，并适时调整、适时发布。要明确各级政府责任，根据深圳经济社会发展水平和现行政策规定，确定适用于全市的居家社区基本养老服务项目，市、区两级清单必须涵盖省级清单项目，并结合当地实际情况，实事求是，适当提高补贴标准、拓展服务项目。要合理确定基本养老服务供给对象，可从经济困难和能力缺失两个维度确定目标人群，有效对接经济困难的失能、失智、空巢（留守）、高龄等老年群体服务需求，体现服务的针对性。要切实优化居家社区基本养老服务供给方式，完善基本养老服务体系，鼓励社会力量参与，除法律法规、上位文件明确要求发放现金补助的，一般均以政府购买服务方式供给。

2. 构建家庭综合支持体系

为进一步加大居家社区养老服务对家庭照料者的支持力度，扩大适老化改造受益面，更好地为家庭照料者赋能，构建居家养老家庭照料者支持体系是不二选择。2021 年 1 月，北京市政协委员朱兰在其对家庭照料者需求的调研中发现，家庭照料者的日均照料时间在 12 小时左右，超过 1/3 的照料者每天照料时间超过了 12 小时，照料时间每天在 3 小时以内的仅占到一成左右。身体方面的压力对家庭照料者有着最大的影响，其次是个人时间的严重缺乏，再者是经济方面，最后则是心理和工作方面。与此同时，家庭照料者获得的社会支持十分欠缺，社会认同度极低，专业的培训机会也是少之又少，只有不到 2% 的家庭照料者获得过相关的照护技能培训或享受过喘息服务等支持。[①] 由此看来，进一步提升居家社区养老服务的能力和水平，拓展服务功能，特别是针对高龄、失能半失能老人家庭照料者需要的喘息服务、日间照料、家庭医疗康护服务、长期护理技能指导等就显得尤为重要了。此外，完善适老化改造服务链条，扩大受益面，有效利用新媒体等手段为家庭照料者赋能，减轻家庭照料者的压力。继续推进区、街养老服务机构和社区长者服务站建设，完善居家养老服务支持网

---

① 《北京市政协委员朱兰：建议构建居家养老家庭照料者支持体系》，北晚在线，https：//baijiahao. baidu. com/s？id = 1655595930879891863&wfr = spider&for = pc，最后访问日期：2022 年 5 月 9 日。

络。同时，为了提升家庭照料者的生活品质，康复辅助器具社区租赁服务可开展试点工作。

（二）编制专项规划，前瞻性保障养老服务发展空间

1. 编制养老服务设施专项规划

编制养老服务设施专项规划，构建与周边区域协同发展的机制和监管体系，加强部门合作、增强服务能力、提高监管水平，推动养老服务高质量发展；全面开放养老服务市场，充分调动社会力量参与养老服务的积极性。结合老龄化程度和趋势，分区、分层规划，按照党中央、国务院决策部署要求，编制养老服务设施专项规划，科学合理提出养老服务设施床位的发展目标和指标要求。同时，征求并采纳相关部门和社会公众、利益相关方、专家学者等各方意见，凝聚各有关部门推进养老服务有序健康发展的共识，推动形成各负其责、协同配合、齐抓共管的工作局面。

2. 加强配建督查，强化空间保障

积极构建街道、社区、小区、家庭纵横协同、便捷高效、全面覆盖的"四级养老服务网络"。力争到 2025 年底，每个街道至少拥有 1 家长者服务中心，深圳所有老龄化社区实现社区长者服务站点全覆盖。

3. 构建"四级养老服务网络"

当前，深圳各级养老服务机构的功能存在一定交叉，养老服务设施之间缺乏资源和信息的共享，这就容易造成资源的浪费和服务的低效率。因此，应该整合各级各类养老服务机构，加强居家社区养老服务资源整合建设，促进资源共享，有效利用信息，提高居家社区养老的服务水平和服务供给的能力。加强深圳各级养老服务主体之间的沟通交流与合作，打造居家社区养老服务的"深圳样板"。建立"市—区—街道—社区"四级纵向松散或者半松散型养老服务联合体，促进养老服务设施的互联互通。在社区和小区层面，建立平面辐射范围广泛的社区长者服务站横向联合体。同时，推动促进横纵养老服务联合体的服务功能融合，并推动其与娱乐、医疗、教育、法律等各种社会设施资源进行联合运行，提高网络内部居家社

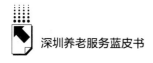

区养老服务的质量，以满足居民多层次、多样化的养老服务需求，满足居民对养老服务的期待。

（三）强化科技赋能，高水平高质量推动智慧养老服务发展

1. 推动全市智慧养老平台建设

积极转变政府职能，搭建以社区为依托、居家为主的智能化养老服务平台，实现养老服务需求与服务商的有效对接，全面提升政府监管水平、机构效能、个体服务的智慧化水平。搭建养老机构服务平台，使养老机构运营管理能力进一步得到提升。提供实时、快捷、高效、低成本且集物联化、互联化、智能化为一体的养老服务，提升养老服务及管理水平。

2. 推动老年产品产业创新研发

融合应用大数据、物联网、健康医疗电子、移动互联网等信息技术，采集居家环境、人体体征等数据，实现养老机构、医疗、家庭资源信息互通互享，提供智能化、个性化、多样化的产品和服务。引入各种养老服务机构、产品供应商，增加智慧养老平台供给，满足老年人多样化、多层次养老服务需求，带动养老产业发展。打造老年用品、服务的展示中心，老年用品的租赁中心，促进老年用品的应用，带动养老产业的发展。创新行业发展模式，推动体制机制创新，实现行业可持续发展，重视效益和质量。进行机制体制创新，实现国有资源有效利用，使政府资源使用更加高效，充分发挥市场活力和确保政府有效监管。加强智慧化养老服务体系建设，升级改造养老服务业态，提升养老服务效能。完善金融扶持政策，建立养老服务业投资引导基金，积极探索并建立养老服务业风险分担机制。

3. 打造社区"虚拟养老院"

我国养老问题随着人口老龄化步伐的加快越来越突出，随之而来的"421"家庭结构以及"空巢"家庭的大量出现，显示传统的家庭养老模式已无法适应社会快速发展需求，而实体养老院养老又面临资金、场地和床位紧张等问题。如何找到一种既经济又实惠的养老模式成为一个急需探索找到答案的问题。近年来，"虚拟养老院"服务模式逐渐变得普遍，该服务模式即建立

社区为老服务信息中心，工作人员通过手机、电话、网络等现代通信工具了解居家老人需要什么养老服务，再联系助老人员为该居家老人提供上门服务。

（四）推进综合施策，全方位引导社会力量多元参与

1. 创新发展社区互助养老服务

要更好地发展社区互助养老服务，健全政府购买居家养老服务制度、逐步扩大老年人居家适老化改造覆盖范围、创新开展互助性养老服务便是重要的方式方法。互助养老是延续中国优良传统养老特色，并且能够给社会带去活力和激发热情、推动构建和谐社会的一种有效方式。构建具有中国特色的社会福利体系、建设互助型老龄社会等，已成为我国养老服务面临的新课题。互助养老应该称互助型社会养老服务，互助是其不可或缺的一部分，核心是有组织地发动社会力量、激发社会参与热情，充分利用以年轻老年人和健康老年人为主的各种类型人力资源的闲置时间以低成本地提供服务。大力鼓励通过亲友相助、志愿服务、邻里互助等多元化方式，创新开展互助性养老服务，并实现共享。鼎力支持在社区老年人日间照料中心、托老所、老年人活动中心、互助式养老服务中心等社区养老设施中配备护理床、护理设备、康复性活动器材、日常医疗设备、辅助性医疗康复设施以及文娱活动类设备等，保证资源齐全，可满足基本需要。培育养老服务志愿者队伍，开展时间银行实践探索。建立健全社会参与机制，培育壮大老年社会组织，鼓励企事业单位和个人积极参与老龄事业，为老龄事业出一份力，支持助老慈善公益活动。加强老年人力资源开发，推动互助养老模式不断创新，如抱团养老、低龄老年人服务高龄老年人的"时间银行"等，推动人口老龄化国情教育，提高全社会对人口老龄化问题的认识，加强全社会对人口老龄化的印象。

2. 打造"慈善为老"服务品牌

鼓励慈善捐助，为居家社区养老服务发展提供支持。政府及其相关部门在积极推动深圳老龄事业、产业、基金、协会发展的过程中，应更加积极创新慈善捐助方式和渠道，以税收优惠政策等方式鼓励促进企事业单位、社会

组织和社会团体及其个人向国家法定慈善机构捐款。同时，加强对慈善养老服务资金的监督、审查和管理，促进慈善为老资金筹集、使用、分配等多方面的公开透明，定期发布慈善资金的相关使用结果和取得的社会效果、效益，确保专款专用，避免专款滥用。

B.4
深圳医养结合服务发展报告

汪济国　王曼丽　许　昌　方海清*

摘　要： 医养结合是整合医疗和养老碎片化、割裂化的重要路径，也是满足居民日益增长的医疗和养老服务需求的核心举措，越来越受到各级政府部门的重视。近年来，国家出台系列医养结合政策，加速推进医养结合实践。本报告基于供需匹配视角，通过文献分析、二手数据搜集、政策文本分析、统计描述等方法，首先，指出深圳35.31%的老年人有医养结合照护需求；然后以深圳龙岗区为例，指出老年人医康养护多层次需求类型；其次，本报告总结了深圳医养结合供给的两种类型——整合照料、联合运行，并陈述了深圳医养结合的运行现状；再次，本报告从管理、供给、需求和保障四个层面，归纳了深圳医养结合发展的困境，主要包括医、养边界不清，政策和管理体系不健全，供给能力薄弱，供给模式陈旧，资源配置不均，供需不匹配，以及组织、财政、政策、人才、社会等保障缺乏等；最后，本报告提出深圳医养结合应明晰医和养边界、明确部门职责、完善政策管理体系、优化资源配置、增强供给能力、完善保障机制等。

关键词： 医养结合　供需匹配　资源配置

---

* 汪济国，深圳市坪山区人大常委会教科文卫侨工委主任、深圳市坪山区人大社会建设委员会副主任委员；王曼丽，深圳职业技术学院智慧健康养老服务与管理专业讲师，深圳健康养老学院研究员；许昌，北京大学深圳医院智慧医院研究院办公室主任；方海清，深圳市人民医院院长办公室科员、助理研究员。

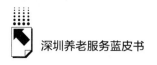
一 深圳医养结合发展背景

2000 年，我国逐渐进入人口老龄化社会。自此，我国人口老龄化发展速度正在不断加快、程度也在不断加深。《中国统计年鉴 2020》数据显示，2017～2019 年，我国 65 岁及以上人口总量分别为 1.58 亿人、1.67 亿人、1.76 亿人，占总人口的比重分别为 11.39%、11.94%、12.6%（国家统计局，2021）。由此可见，我国人口老龄化问题不断加重。伴随老年人口规模的不断扩大，随之增长的是老年人及其家庭养老服务需求的增加，这些需求包括生活照料需求和医疗服务需求等。同时，受人口流动、居住理念、生育观念、计划生育政策影响，我国家庭人口结构不断变化，传统的"养儿防老"思想受到冲击，家庭养老功能不断弱化。如何更好地满足老年人医养多样化需求，不断提高老年人的生活质量和身体健康水平，促进其更好地颐养天年，这些问题引起各级政府、研究者、养老服务实践者的广泛关注和重视。

与国家总体老龄化进程相比，深圳整体尚未进入老龄化社会，但部分区域已率先步入老龄化社会。香港科技大学在《深圳社区养老服务模式研究：构建全覆盖社区养老服务体系研究报告》中指出，2019 年，深圳已有 12 个深度老龄化社区，占全部社区总数的 1.8%；还有 201 个老龄化社区，占全部社区总数的 33.2%。作为全国人口最年轻的城市，2019 年，深圳人均预期寿命为 81.45 岁，80 岁及以上高龄户籍老年人占户籍老年人口的 13.15%，80 岁及以上高龄非户籍老年人占全部老年人口的 4.91%。随着人均预期寿命持续增长、长寿社会的来临，"高龄化"现象愈加突出。2019 年，我国老年人中患有一种及以上慢性病的比例达到 75%，随着高龄化、慢病化的叠加发展，高龄照护和医养结合需求将持续增长。

为了高质量满足老年人多样化、多层次和持续增长的养老和医疗服务需求，国家、广东省、深圳市陆续出台系列医养结合政策文件，大力推动在医养结合发展，并在此方面有着大范围的建设。国家在《"健康中国 2030"规划纲要》中明确提出，加强老年人等重点人群健康服务管理并大力推动重点人群健康服务公平可及，深化医养结合。同时，国家开展医养结合试点示范工作。与国家战略遥相呼应，广东省大力助推医疗和养老资源共建共享，不断完善医养结合、深化医疗和养老服务改革。深圳作为全国第二批医养结合试点城市，在国家和广东省政策号召下，大力开展医养结合工作实践探索，为满足当地老年人医疗和养老服务多样化、多层次需要，建立"老有颐养"民生幸福标杆城市加油助威。

二 深圳医养结合服务需求现状分析

（一）深圳整体医养结合服务需求现状

根据有关深圳市老年人医养结合服务需求分析，深圳 2376 名老年人中，有医养结合照护需求的老年人占比为 35.31%；退休前在机关事业单位和企业单位工作过的深圳老年人更易有医养结合服务需求，初中及以下，退休前职业为农民，月平均收入小于等于 4999 元，期望照护方式为家庭和社区照护服务、期待养老服务资金补偿的深圳老年人不易有医养结合服务需求（伍丽群等，2020）。

（二）深圳龙岗区医养结合服务需求现状

因深圳暂未开展有关医养结合服务需求的其他相关调研，考虑数据可获得性，本报告以龙岗区为典型案例，从侧面展示深圳医养结合服务需求情况。2020 年，深圳健康养老学院在龙岗区 11 个街道的 111 个社区开展了老年群体养老服务需求基线调查，回收有效问卷 16972 份，有效问卷回收率为 91%。调查问卷从老年人健康状况、衰弱程度、自理能力三个方面了解龙岗区常住老年人在医养结合"医"方面的诉求，从居家社区养老、机构养老等相关层面调查了解老年人在医养结合中"养"方面的诉求。

1. 深圳龙岗区医养结合之健康诉求

从健康状况来看，龙岗区患有确诊疾病的 60 岁及以上老年人有 9746 名，占比为 57.42%。在身体健康评价上，超半数老人自我健康状况评价为"一般"，共 9035 人，占比为 53.23%；认为自己身体状况"比较好"的有 4989 人，占比为 29.40%；有 1605 名老人认为自己身体状况"比较差"，有 435 名老人认为自己身体状况"非常差"，两者合计占比 12.02%。在精神健康评价上，近半数老人自我评价精神状况"一般"，共 8467 人，占比为 49.89%；认为自己精神状况"比较好"的有 5939 人，占比为 34.99%（见图 1）。总体而言，半数多老人患有疾病，且半数多老人对自身身体和精神状况的评价为一般，说明老人对健康状况比较敏感，尤其对身体健康管理的需求较大。

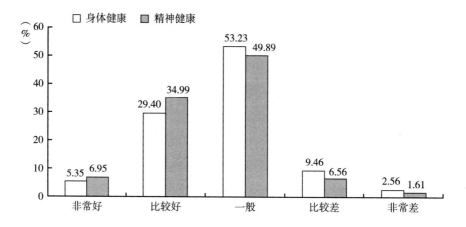

图 1　调查对象对身体健康和精神健康状况的自我评价情况

对老人衰弱程度的考察，设置了 5 个问题，选"是"加 1 分，总分为 5 分。总得分 0 分为"健壮"，1~2 分为"前衰弱期"，3~5 分为"衰弱期"。调查显示，"健壮"老人有 11078 人，占比为 65.27%；"前衰弱期"老人有 3652 人，占比为 21.52%；"衰弱期"老人有 2242 人，占比为 13.21%（见图 2）。总体来说，受调查对象中活力老人居多，但"前衰弱期"和"衰弱期"老人也占有相当比例。在养老服务工作中，一方面，可以充分调动活力老人积极性，开发活力老人资源，发展互助养老；另一方面，关注衰弱老人需求，及时提供必要支持性服务。

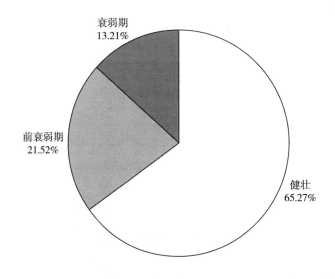

图2　调查对象衰弱程度

对老人生活自理能力的考察，主要包括六个方面：进食、翻身、大小便、穿衣、洗漱、自我移动，全部可自行完成为"完全自理"，有1～2项不能完成为"半失能"，3～6项不能完成为"完全失能"。调查显示，"完全自理"老人有15097人，占比为88.95%；"半失能"老人有638人，占比为3.76%；"完全失能"老人有1237人，占比为7.29%（见图3）。总体来说，近九成老人自理能力较好，当前社区提供的养老服务也主要面向自理老人，在老人群体中树立了一定的口碑，但也不能忽视非自理老人的服务需求。

2. 深圳龙岗区医养结合之养老服务诉求

调查发现，老人需求程度最高的前五个养老服务项目依次为紧急救助热线（72.59%）、上门看病（70.27%）、慢性病调理（67.24%）、康复护理（66.83%）和健康养生指导（64.57%），具体情况见表1。可以看出，基于老人的脆弱性特征，老人对紧急救助和医疗保健需求较大，同时，这些服务

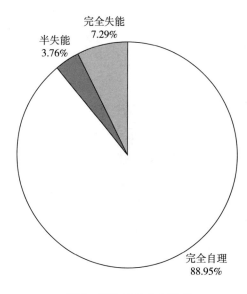

图 3　调查对象自理情况

均具有较强的专业性，需要依托专业力量来提供。因此，政府或市场应从补充家庭养老功能出发，大力推进智能监管和医养康养等专业性服务，满足老年人的安全管理和健康管理需求。

表 1　深圳龙岗区养老服务不同需求程度

单位：%

排名	服务项目	占比
1	紧急救助热线	72.59
2	上门看病	70.27
3	慢性病调理	67.24
4	康复护理	66.83
5	健康养生指导	64.57
6	上门做家务	64.45
7	陪同看病	63.98
8	文娱活动	63.89
9	社区老年食堂	62.84

排名	服务项目	占比
10	聊天解闷	61.41
11	送餐服务	58.41
12	志愿公益	55.62
13	学习新事物、新技能	54.04
14	社区托管	53.88
15	居家改造	53.39
16	心理疏导	53.18
17	调节家庭关系	47.16

在了解具体服务项目的基础上，进一步将老人的服务需求归纳为六个方面，包括经济保障、医疗保健、生活照料、文体娱乐、精神慰藉、其他，了解老人的首选服务需求。调查显示，医疗保健是老年人最迫切的服务需求，占比为33.51%；其次是经济保障需求，占比为31.63%（见图4）。对于老人来说，健康才是首位。医疗保健和经济保障两项的占比远远高于其他几项。

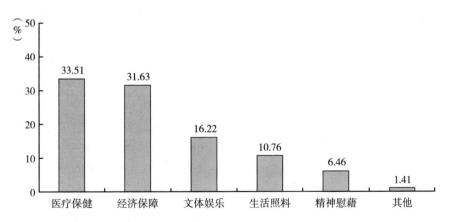

图4　调查对象最迫切的养老需求

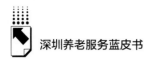

三 深圳医养结合服务供给现状分析

（一）深圳医养结合政策体系分析

1. 深圳医养结合政策分析

2016 年，深圳被纳入第二批国家级医养结合试点单位。以此为界，深圳医养结合政策体系可以划分为两个阶段，2013～2015 年为深圳医养结合起步阶段，深圳医养结合初见端倪；2016 年至今为医养结合发展阶段，医养结合政策体系体现出自上而下、由表及里、试点先行、逐步推广、有序推进的特征（刘柯琪、姚克勤、陆杰华，2019）。深圳医养结合政策条目及其主要内容如表 2 所示，政策颁布年份分布情况如图 5 所示。

表 2 深圳医养结合政策清单

政策名称	颁布年份	颁布单位	主要内容概述
《关于加快发展老龄服务事业和产业的意见》	2013	深圳市人民政府	明确了深圳养老服务事业和产业目标，要求实践医养结合、异地养老新模式
《深圳市养老设施专项规划（2011—2020）》	2013	深圳市规划和国土资源委员会	重点规划全市 70 多家养老院、护理院的土地支持、空间布局、选址，明确了社区、居家养老服务设施配置标准、规划指引
《深圳市卫生与健康"十三五"规划》	2016	深圳市卫计委、发改委	加大重点人群健康管理力度，制定老年人医养融合标准，全面探索医养融合，创建全国健康养老服务示范区
《深圳市医养结合试点工作方案》	2017	深圳市卫计委、民政局、人力资源保障局	全面建成以居家为基础、社区为依托、机构为补充的医养结合照护体系，制定机构、社区、校区等不同类型照护服务机构发展规划；重点增强养老服务机构的医疗服务能力建设
《健康深圳行动计划（2017—2020 年）》	2017	深圳市政府	明确了深圳医养结合的主要目标，并将该项主要任务明确到各职能部门和单位
《关于印发 2020 年深圳市卫生健康工作要点的通知》	2020	深圳市卫生健康委	实现所有社区老年人日间照料中心等社区养老服务机构与基层医疗机构建立医养结合机制，完善 65 岁及以上常住老年人免费体检制度，家庭医生签约服务覆盖率和健康管理率均达到 80%

政策名称	颁布年份	颁布单位	主要内容概述
《关于印发〈建立完善老年健康服务体系实施方案(2020—2022)〉的通知》	2020	深圳市卫生健康委	要求到2022年底,深圳二级及以上综合医院(含中医、中西医结合医院)建设老年医学科的比例达到50%
《医养结合质量评价规范》	2020	深圳市卫生健康委	要求规范化、专业化机构服务,为医养结合质量评价活动提供专业依据
《深圳市养老服务投资扶持政策措施清单》	2020	深圳市民政局等11部门	专设医养结合政策,要求简化养老机构内设医疗单位审批登记程序、鼓励执业医师到养老服务机构多点执业、在养老机构内执行医疗机构相同的职业资格考评办法,给予实现医养结合且已实际收住服务对象的民办非企业型养老机构一次性10万~30万元补助
《深圳市民办养老机构资助办法》	2020	深圳市民政局	进一步明确民办养老机构申请医养结合资助的具体办法
《深圳市经济特区养老服务条例》	2021	深圳市人大常委会	通过立法,从医养康养理念传播、医养服务边界界定、医养康养服务高质量管理、医疗和养老资源优化配置等多个角度,清晰阐述了医养康养结合模式构建的具体策略,为深圳医养结合指明了路径和方向

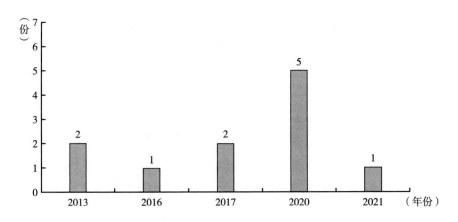

图5　深圳医养结合政策颁布年份分布

2.深圳医养结合政策目标分析

深圳市于2017年制定了《深圳市医养结合试点工作方案》,指出储备

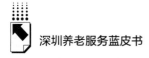

医养结合人才，完善医保支付体系，推动医养结合发展。根据深圳上述医养结合政策内容，我们可以看出，医养结合政策目标实现过程涉及的政策目标实施主体主要包括管理主体、医养结合服务提供主体、需求主体、保障主体等。不同主体需要承担特定的职责、具备匹配的功能定位。换个角度看，各个主体通过履行特定职责，采取实现政策目标的策略措施，实现医养结合政策目标。也就是说，利益主体职责功能落实的过程也是医养结合政策目标体系的细化以及政策目标措施和路径转化为具体行动实践的过程。各个主体的职责和功能定位，即医养结合政策的目标体系如表3所示。

表3 深圳医养结合政策目标体系

政策实施主体	主体分类	主体职责定位/政策目标
管理主体	各级民政局	制定养老服务和医养结合相关政策，推动相关政策落地实施；开展对养老服务机构医养结合相关工作的财政补助、筹集医养结合所需补贴资金；开展医养结合监督、管理、考核等多种管理工作
	各级卫健委	
	各级其他行政机构	
医养结合服务供给主体	养老机构	包括公办医疗机构进驻公办养老院以及民营医院，基于老年病科室，建设民办公助养老机构，为失能、半失能老年人提供专业照护服务
医养结合服务供给主体	社区	社康中心与本社区内长者综合服务站或颐康之家协商签订协议，就近为社区老年人提供服务；社康中心为托养机构开通绿色通道，方便老年人预约就诊；家庭医生团队为老年人提供慢性病管理、建立家庭健康档案、免费体检、巡诊、举办健康讲座等服务
	家庭	以社区为站点，家庭医生为老年人提供服务，针对慢性病老年人、大病康复期和残障老年人等提供免费体检、健康评估、预约诊疗、转诊转介等服务；为60周岁及以上低保、"三无"、生活不能自理、重点优抚的户籍老人发放居家养老服务补助，购买康复保健、医疗护理服务；为65周岁及以上无工作单位的户籍老年人提供健康体检；为80周岁及以上户籍老年人购买意外医疗和意外伤害保险，安装"呼援通"系统，为老年人提供资金保障；并尝试为老年人提供家庭病床服务
	养老服务相关企业	研发适老化产品，为老年人提供康养产品和多样化养老服务

续表

政策实施主体	主体分类	主体职责定位/政策目标
医养结合服务 需求主体	老年人	释放医养结合服务需求和消费能力,激发消费热情,激活医养结合社会和市场供给;同时,积极参与医养结合相关社会工作、积极参加医养结合有关的组织或活动;在使用医养结合服务的同时不忘履行医养结合工作社会监督和舆论监督职责
	老年人家属	
	其他人群	
医养结合服务 保障	养老保险	为医养结合工作的顺利开展和政策目标的高效实现,筹集保险基金,弥补医养结合资金的不足,保障老年人的养老服务权利和健康权利。同时,部分保险险种,如长护险等方面还未出台相关政策,在此之前,兼顾对老年人入住养老服务机构以及享有保险的评估职责
	医疗保险	
	长护险	
	商业保险	
	慈善基金	
	其他	

(二)深圳医养结合机构服务现状分析

1. 深圳医养结合机构的主要类型

按照医养结合机构建设的形式,常规的医养结合机构可以分成整合照料、联合运行、支撑辐射三种模式。其中,整合照料包括养老机构内设医疗机构、医疗机构内设养老机构两种形式;联合运行主要指养老服务机构和医疗机构通过签订有关协议共同开展医养结合服务;支撑辐射则主要指基层养老服务机构与基层医疗机构合作共建基层医养结合服务中心、企业与政府合作共建社区养老中心等。深圳医养结合机构在这三种类型的基础上,进一步创新机构运营共建模式,丰富合作共建结构类型。但为更加清晰分析医养结合服务机构,更好了解其性质,我们将三类划分为两大类,整合照料类型不变,联合运行则包括养老服务机构和医院签订协议,基层养老服务机构与基层医疗机构合作共建、企业与政府合作共建。总体来看,深圳医养结合机构的主要类型及其代表性机构如表4所示。

表4 深圳医养结合机构类型及其代表机构

服务形式	分类	代表机构
整合照料	医疗机构内设养老机构	2014年8月,深圳市罗湖区人民医院设立老年病分院
		2017年6月,深圳市第二人民医院设立大鹏新区康复医院
		深圳市复亚医院筹建复亚养护院
	养老机构内设医疗机构	无
联合运行	养老服务机构和医院签订协议	自2014年开始,罗湖区人民医院与翠宁老年人日间照料中心进行合作
	基层养老服务机构与基层医疗机构合作共建	2014年,深圳市福田区益田社康中心与益田社区颐康之家签订相关合作服务协议
	企业与政府合作共建	2015年,深圳市福田区福保街道与国寿社区健康养老管理(深圳)有限公司签订运营管理委托协议

2.深圳医养结合服务机构整体运行现状

（1）深圳医养结合服务机构整体运行状况

2020年，在深圳市医养结合各类政策指导下，深圳市养老和医疗资源不断融合、功能不断完善、服务范围不断扩大，医养结合服务体系初步建立。深圳市政府统筹规划，医疗服务和养老服务紧密协同。另外，深圳市通过医养紧密联合体、医养机构协同体等方式，促进医养康养深度融合机制构建，推动深圳市医养康养结合不断发展。深圳市卫健委老龄处数据显示，2020年，超过95%的社区老年人日间照料中心与社康中心等基层医疗机构积极建立医养结合机制；全市65岁及以上老年人成功签约服务的覆盖率为78.8%；家庭病床累计建立11716张。[①]

（2）深圳各区医养结合服务机构运行情况

深圳市各区同步落实国家、广东省、深圳市医养结合政策，积极探索医养结合多样化、多元化发展策略。各区医养结合工作可圈可点，其中，罗湖

① 《2020深圳市养老机构一览表》，https：//www.silverindustry.cn/pressdetail/2211.html，最后访问日期：2022年5月9日。

区持续开展罗湖区医养融合老年病医院以及老年病科、康复医学科及认知障碍科三大重点科室建设，旨在满足老年人多样化、多学科化医疗和养老服务需求，在医养结合实践探索中独具"罗湖模式"特色；光明区和龙岗区分别设立了养老护理院，为失能、半失能及临终老年患者等重点老年人群提供以"医为主、养为辅"的综合医养康养服务，旨在维护老年人生命质量，提高老年人生活水平，力求使他们乐活养老、在地安老，度过一个幸福的晚年。

（3）深圳医养结合服务机构社会化运作情况

深圳市积极发挥社会力量，鼓励有资质和能力的企业开展医养结合工作探索实践。2020年，深业集团以医疗康复为依托、中医诊疗为特色、养老照护为核心，三者共同推进，在宝安区尝试探索运营"医养康养综合体"，打造"深业生命健康中心"，配有养老床位，并配置二级康复专科医院、中医堂及养老运营公司；同年，黄贝岭靖轩实业股份有限公司为实现"养老不离村、看病不离床"目标，开始投入资金建设养护中心，提供"居家养老、短期托养、日间照料、长期照顾"四种照护模式，满足多样化、多方面需求，与社康比邻，方便就医和养老，深受百姓欢迎。

四　深圳医养结合"供需错配"问题分析

（一）管理困境

1. 医、养边界不清，主体责任不明确

不同于"医"的概念，"养"的概念既具有功能特性，也具有人群特性。在当前的老龄政策语境中，老年人的养老需求也有大、中、小三个层次的划分。最宽泛意义上的"养"，对应于老年人所有需求的"颐养天年"的"养"，近似于"六个老有"。中观层次的"养"，对应于"养老服务"，近似于《国务院关于加快发展养老服务业的若干意见》（国发〔2013〕35号）中对"养老服务"的界定。该概念的边界基本等同于"为老服务"，把老年

健康服务作为"养老服务"的一个子领域。狭义的"养",对应于"照护服务",近似于《国务院办公厅转发全国老龄委办公室和发展改革委等部门关于加快发展养老服务业的意见》(国办发〔2006〕6号)中"养老服务"的概念,即为老年人提供的生活照料和护理服务。在当时的语境中,护理服务是指区别于医疗护理的"社会性护理"。

从以上分析可以看出,"医"与"养"的内涵和外延都有各自不同的层次划分。各界关于医养结合的公共政策研究和讨论,在很多语境下选取了不同层次的内涵和外延,客观上形成了各方自说自话的局面,造成了认识上的差异和不必要的争论。

2.政策制度不健全,操作指引不明晰

一是政策配套不完备,政策碎片化,在融资、用地、补贴、人才、服务、信息化、保险、需求方满足等方面缺乏整体性规划和配套,导致相关政策设计难以落地。二是行业标准不健全。缺乏医养结合相关服务的细化标准,包括建设标准、服务标准、评价标准等。三是筹资机制、支付机制、激励机制等体制机制不完善。四是部门职能交叉,项目要求重复烦琐,管理权限不明确,缺乏共享机制和合作机制,导致医养结合进展阻碍大、效率低。

3.管理制度体系尚未建立,评价工具不规范

一是政府部门多头监管。政府部门对"医养结合"的多头管理是现实运作过程中的一大问题,也是出现问题的症结所在。二是监管评价机制不健全。缺乏科学有效的评价指标体系,发展过程中缺乏必要的监督和评价机制,难以保证服务的质量。即使制定了评估标准,也存在部分机构评估缺失、评估可操作性低和评估操作形式化等问题。

(二)供给困境

1.供给模式缺乏创新,供给内容不丰富

由于老年人的特殊性和患病的多样化,老年医疗服务模式不应停留在单一的疾病治疗模式,应彻底转换为集健康教育、慢病管理、保健、心理干预、康复护理为一体的整体服务模式,注重老年人群全方面的健康需求,强

调社会心理干预、功能康复、舒缓治疗和生命关怀，维持老年患者的功能完整性，提高老年人生活质量。这需要不断丰富社区老年健康服务内涵，提高社康医务人员的综合素质，扩展家庭病床、老年中医药健康服务等业务，为社区老年患者提供更加质优、价廉、安全、适宜、方便、温馨的服务。

2.供给能力相对薄弱，供给质量相对不高

在医疗服务领域，针对老年疾病特点的综合性预防和诊疗服务不健全，老年医学发展滞后。医疗和养老服务的不足严重阻碍医养结合服务的深度融合。而深圳医养结合供给能力总体相对薄弱，医疗服务能力和养老服务能力均有待提高，医养结合服务供给质量难以满足居民日益增长的优质高效医疗和养老服务需求。

3.供给资源配置不均，供给需求不匹配

一是服务认知和实际需求存在差异。养老机构和医疗机构资源增加显著，但护理型床位偏少，医养结合服务供应不足，对于失能、失智老年人的医疗照护和康复护理服务供给能力较弱，对于自理老年人的健康管理理念不足。二是服务供给和实际需求存在偏差。缺乏统一的评估标准，无法充分把握老年人的服务需求，服务内容单一，对老年人的实际医疗服务需求重视不足。

（三）保障困境

1.组织结构保障缺乏，政策制度落实不畅

医养结合组织结构不健全，缺乏专门统筹协调的医养结合组织。街道层面对医养结合工作缺乏认知，没有相关组织和部门对医养结合工作进行对接，医养结合政策落地困难。尽管深圳先后制定了一系列医养结合政策，但落实到街道和社区层面，医养结合政策缺乏执行力度。基层医养结合组织机构不健全，区域纵向横向组织内部医养结合职责分配不明晰，严重阻碍医养结合政策有效落实。

2.专业人才缺乏，服务积极性有待提高

一是专业专项人才不足，服务质量有待提高。医养结合的有效运行有赖

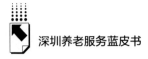

于基层全科医生及各类专业医护人员的服务供给能力,无论是医疗机构内设的护理机构,还是养老院内设的医疗机构,具有医师、执业护士、专业护理资格的人员都严重短缺。二是薪酬激励机制固化,人员从业积极性不高。基层养老服务和医疗服务中专业人员的待遇不高,职业吸引力不强,人员流动大,不利于医养结合养老服务的持续发展。三是专门培训机构缺乏,人才培养机制不健全。缺乏权威培训机构,培训水平参差不齐,人员资质认定难。目前医养结合养老市场处于供不应求的状态,专业医养服务人才数量少、水平低,因此,亟待健全人才培养机制。

3. 筹资机制分散不全,支付机制零碎不系统

一是医疗服务财政补贴主要面向医院,养老机构医疗服务财政补贴机制不健全,医保支付通道尚未充分打通,养老机构开展医疗服务仍面临多重困难。二是养老机构内设的医疗卫生服务机构,针对养老机构内部老年人和流动老年人口开展的基本公共卫生服务项目费用缺乏来源。国家基本公共卫生服务按医疗卫生机构辖区服务人头进行财政拨付,这对服务流动老年人和非辖区老年人的医养结合机构来说缺乏支付机制。三是市、区尚未专设医养结合财政资金,医养结合政策落实缺乏筹资支付机制。

4. 资源整合乏力,医养结合推进缓慢

由于医养结合政策落实不到位,深圳医疗服务体系和养老服务体系建设缓慢,医养结合相关设施、土地、设备资源利用不当,部分养老土地有待开发、养老服务机构有待建设、医疗机构建设有待加强。同时,医养结合有效合作机制尚未建立,优质资源集中在大医院,养老机构开展医疗服务难度大。多数大医院日常诊疗任务已经饱和,床位紧张,加之养老服务属于微利,大型医疗机构参与医养结合养老服务的动力不足,导致健康养老服务发展缓慢。

5. 信息系统发展落后,医养信息不对称

首先,整体上缺乏养老和医养信息整合管理信息化平台,养老和医养信息不对称,无法形成老年人养护和医养基本信息流转使用。从社区到医院的老年医疗服务均缺乏信息技术支撑,并且信息分散在不同服务提供主体,信息共享严重不足。各级各类机构之间医疗服务信息标准体系不完整,数据和信息无法有效实现互联互通。其次，缺乏对养老和医疗基础信息的分析和利用。医疗健康数据资源开发使用还处在初级阶段，无法满足互联网快速发展环境下的老年医疗服务需求。目前，已经掌握的数据信息应进一步应用到实际服务当中，推动老年人的全生命周期管理，精准满足各阶段的服务需求。

6. 社会宣传不足，老年宜居环境尚未形成

当前医养结合开展整体缓慢，有关医养结合工作的宣传相对缺乏，因而在社会上未引起广大群众对医养结合工作的重视。有关机构养老和居家社区养老服务的宣传较少，相关的养老、助老、孝老社会文化氛围不浓，老年社会参与支持环境尚未形成。整体而言，敬老社会文化环境有待进一步加强建设，老年宜居环境、老年健康支持环境、老年健康养老保障环境均有待进一步得到重视和加强。

（四）需求层面的困境

1. 居民对医养结合缺乏认知，医养需求未完全释放

居民对医养结合服务缺乏认知，多数居民不了解医养结合相关政策内容，不了解家庭医生签约服务，因而更多居民是被动接受医养结合服务，而非主动要求。居民医养结合认知的缺乏在一定程度上阻碍医养结合政策的落地实施。尽管居民在医疗卫生服务和养老服务层面均具有较强的需求渴望，但对医养结合认知不足，会导致其无法将医疗与养老需求融合，进而影响居民医养结合需求的完全释放。

2. 居民对医养结合服务内容的利用率偏低，政策落地缺乏群众基础

居民对医养结合服务内容的利用率偏低。居民对医养结合认知的缺乏在一定层面上制约其对该领域服务的积极主动利用。另外，许多老年人不了解何为家庭医生签约服务，更有许多老人没有签约家庭医生团队。尽管部分社区健康服务中心与周边养老服务机构签订了合作协议，但家庭养老和居家社区养老的老年人较难享受协议医疗机构的医养结合服务。医疗和养老服务系统的需求调研缺乏，也从需方视角阻碍政策实施，导致政策落地的群众基础缺乏。

五 深圳医养结合发展建议

（一）加强顶层设计，健全医养结合政策体系

1. 完善政策配套体系，推动服务整体性发展

一是结合即将颁布的深圳长护险政策，制定配套的服务办法和支付办法，推动服务落实，提高老年人的支付能力。

二是建立医养结合工作机制，包括统一的需求评估机制、精准的资源分配机制、服务质量监控机制、服务转介衔接机制等。

2. 落实优惠政策，加大政策支持力度

一是进一步推动落实医养结合养老服务发展的土地供应、财政补贴、投融资、税收优惠等政策，提高服务主体参与积极性，增强服务供给动力。

二是调整制约医养结合工作推进的关键政策，包括服务定价政策、相关机构认定审批政策、医保报销政策、医师多点执业政策，以及对社会资本和民营养老机构的支持优惠政策等。

3. 制定标准规范，明确服务相关要求

一是围绕"医""养""康""护"四个方面，制定项目清单，明确服务对象以及支付方式（使用医保、长护险等规定）。

二是制定"医""养""康""护"服务标准规范，确保服务的可操作性。

4. 健全部门协同机制，落实医养主体责任

一是成立医养结合联席工作机制，多部门联合制定重点项目和推进计划，明确牵头部门，以及各项具体措施的落实部门。

二是由政府搭建医养一体化运作平台，或成立医养结合协会，有效实现医、养领域服务机构间的协调与合作。

（二）以需求为中心，构建整合型医养服务体系

1. 细分老人健康服务需求并实现动态转诊

一是细分老年人健康服务需求，可分为六种类型：日常保健型需求、疾病预防型需求、疾病急性期治疗需求、疾病慢性期治疗需求、长期照护需求、安宁疗护需求。

二是依托智慧信息平台和养老专员，针对老年人需求类型变化，将他们转介至相应的医疗设施或养老设施，使其获得专业、经济、相适宜的服务。

2. 建立整合型健康养老服务体系

一是按照全生命周期的健康老龄化战略要求，建立各环节有机衔接的整合型健康养老服务体系，包括日常保健、疾病预防、疾病急性期治疗、疾病慢性期治疗、长期照护、安宁疗护六个环节。

二是通过区统一部署，建立"区—街道—社区—居家"四级服务设施纵横衔接机制，实现不同服务设施间互认评估结果、转诊服务对象、共享人才设施，打造全域"医养联合体"。

3. 建立"建档—评估—计划—介入—结案评估"个案管理制度

依托智慧管理系统，由社区养老专员为辖区老年人建立健康档案，并针对有需求的老年人，开展照护需求评估，基于照护等级和服务类型，提供相应的医疗、康复、养老（长期照护）等服务，使医疗和养老资源得到合理配置。

（三）结合区域实际，优化资源共建共享体系

1. 健全医养结合合作机制

盘活存量资源，实现现有服务融合发展。推动社区健康服务中心与街道长者服务中心、社区长者服务站等居家社区养老设施建立深度合作机制，联合推广家庭医生、家庭病床、家庭养老床位等项目，实现政策、人员、服务对象等资源共享、收益共享。

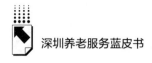
2. 注重医养结合的福利性

一是引导增量资源，优先发展公益性、普惠性医养结合服务项目。放宽私人医生、小型诊所的制度管制，鼓励高端医疗和健康管理、科技助老信息技术进入社区，开展普惠性健康养老服务。

二是警惕"以'养'养医"现象，即医疗机构办养老机构，把养老机构办成"第二住院部"，以及"以'医'养老"现象，即养老机构办医疗机构，避免出现各类套取医保的行为。

3. 重点发展居家社区医养结合服务

一是推动家庭病床和家庭养老床位政策衔接，实现"一床两用"（治疗期是家庭病床，护理期是家庭养老床位），重点解决失能、半失能老年人居家照顾问题。

二是采取项目化运作方式，加大社会力量的深度参与。充分利用党群服务中心、社区社会组织、民生微实事项目等公共服务资源，开展慢病管理宣教、社区互助服务、独居长者巡防等项目，提升其生活质量。

三是将药品发送权限下放至医养结合的医疗机构和养老机构，尤其是要扩充社康中心、区级医院的基本药物目录，提高基层医疗服务使用率。

四是开发特色"居家健康养老服务包"，涵盖中风或偏瘫后功能康复、褥疮护理、关节置换术后运动康复等老年人常见的健康促进问题，形成标准化的居家养老康复护理服务内容、标准和流程，使老年人足不出户即能解决部分健康保障问题。

（四）推动人才培养，搭建医护人才支持体系

1. 建立人才培养体系

以老年人需求为导向，建立分级分类的医养服务专业人才培养模式，明确各级人才的资质标准，着力构建系统化和专业化的人才培养体系。

2. 完善人才培养机制

鼓励区级大型机构与职业院校合作，创建医养结合服务护理人才培训基地，采取"现代学徒制"等校企合作形式，重点培养老年健康管理、医疗

保健、护理康复、营养调配等专业人才，实现"理论学习—实践操作—技能证书—学历认证"一体化育人效果。

3. 健全人才激励机制

一是探索医疗人员多点执业管理试点，保障医疗人员在养老机构执业能继续晋升评级。

二是建立医养结合服务护理人才的职业发展体系，并形成与之对应的薪酬增长机制。

三是设立专项医养结合财政补贴，支持医务人员开展基层社区养老服务工作。

4. 加大养老专员、医务社工等人才队伍建设

养老专员和医务社工是活跃在养老领域和医疗领域的资源整合者、个案管理者，在对接医养资源、提供转介服务方面发挥着重要作用。鼓励通过政府购买服务，在街社增设养老专员岗位，在医院和社康中心增设义务社工岗位，并提供相应的培训内容，快速掌握医养系统工作要求及其资源分布，发挥个案管理者和资源链接者的作用，促进医养结合工作机制的丰富完善。

（五）加强科技应用，创建医养康护智慧管理体系

1. 创新"互联网＋医养结合"智慧管理模式

综合运用大数据、云计算、"互联网＋"、人工智能、区块链等先进技术，建设集约化、一体化的医养结合智慧服务平台，建立健康管理、需求评估、疾病诊疗、养老服务、安宁疗护等多项子功能，推动更多事项"一网通办""互联互通"。开发医养结合服务小程序，为市民提供一站式民生服务，进一步实现"为民服务零距离"。

2. 培育健康养老科技企业

利用部分区域如坪山区、大鹏新区等土地优势，在产业规划、布局方面予以支持，积极引进具有社会效益和经济效益的健康养老产业项目，推动建设一批产业链长、创新能力强、具有影响力的健康养老、人工智能产业基地，形成以产业带动服务升级、以服务促进产业创新的生态闭环。

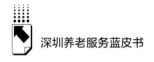

（六）明确"医""养"边界，强化服务监管体系

1. 建立健全医疗养老合作管理机制

加强养老机构与医疗机构之间的协同发展，实现医养机构联合服务，完善合作职责与效率。在养老与医疗合作的付费机制上可对医养服务项目进行精细划分，如按人、按服务天数、按服务品质、按服务档次、按诊疗级别等形成多种支付模式，使医养结合养老模式能够可持续发展。

2. 建立医养结合监管机制

在厘清部门权责的基础上，通过建立专门工作组或聘任第三方机构，对相关部门和机构进行常态化的监督和评估，倒推政府部门加强医养结合服务的落实。

参考文献

官芳芳、孙喜琢、李亚男，2020，《中国养老的"罗湖模式"实践与展望》，《卫生软科学》第 3 期，第 6 ~ 9 页。

国家统计局，2020，《中国统计年鉴 2020》，中国统计出版社。

刘柯琪、姚克勤、陆杰华，2019，《新时期养老机构开展医养结合的服务模式探索——以深圳市为例》，《人口与健康》第 1 期，第 34 ~ 38 页。

伍丽群、姚克勤、李刚、何文山、谢丽春，2020，《深圳市老年人医养结合照护需求及其影响因素》，《中国公共卫生》第 4 期。

郑名烺、叶明喻、张校辉、黄继宏，2017，《深圳市福田区"医养结合"服务体系探索与实践——以益田社康中心与益田社区颐康之家联动服务模式为例》，《中国初级卫生保健》第 7 期，第 25 ~ 27 页。

B.5
深圳养老产业发展报告

厚　武*

摘　要： 推动养老事业和养老产业协同发展是解决人口老龄化问题、推动银发经济发展、实施积极应对人口老龄化战略的应有之义。本报告首先从产业体系、产业结构、产业信息化和产业金融方面分析了深圳市养老产业发展的现状及取得的成效，其次从法律政策环境、经济环境、社会环境和技术环境四个维度分析了深圳市养老产业发展的环境，再次分析了深圳市养老产业发展的机遇和面临的挑战。在积极应对人口老龄化、打造"双循环"新发展格局、推动粤港澳大湾区一体化以及创新驱动发展的背景下，深圳市养老产业迎来了新的发展机遇，但外向型经济模式、产业发展不均衡、老年消费市场疲软及专业人才匮乏为深圳市养老产业的发展带来了新的挑战。最后，结合内外部环境，立足于深圳市养老产业发展的现状，本报告提出深圳市养老产业发展的对策建议：一是完善产业发展政策，构建养老产业政策体系；二是发挥智能科技优势，提升全产业链价值；三是培育银发消费市场，增加服务需求；四是创新产业发展模式，提升产业发展能力；五是加大人才培育，构建多层次养老产业人才体系。

关键词： 人口老龄化　养老产业　产业价值

---

* 厚武，深圳健康养老学院研究员，社工师。

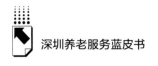

一 养老产业概述

养老产业是贯穿三大产业的综合产业体系，具有市场性和公益性的双重属性。养老产业是为满足老年人晚年生活所提供的一系列产品和服务的总称（张清霞，2018）。养老产业对应于老年人物质和精神两个层面的需求，包括产品和服务两个部分，其中，产品部分是指为满足老年人晚年生活需要所进行的一系列产品研发、设计、组织生产和销售活动，这些产品如老年人专属生活用品、老年康复器具、老年服饰等；服务部分包括为满足老年人日常生活需求和精神需求、提高老年人晚年生活质量和幸福感所提供的一系列服务，例如，老年人文化娱乐服务、心理咨询服务、旅游服务和老年护理服务等。本报告将养老产业界定为从老年人晚年生活实际需求出发，为老年人提供满足晚年生活需求的一系列产品和服务的总称（顾静、邓力、吕婷茹，2013）。

养老产业是在老龄化不断加剧的趋势下发展起来的新兴产业，养老产业具备其他产业的属性，同时养老产业作为新兴产业又具有自身的特点。第一，养老产业服务对象的特殊性。养老产业以老年群体为服务对象。作为人类群体中的老年群体，养老产业所提供的产品和服务均以老年人的需求为出发点，目的在于满足老年人在各方面的需求。第二，养老产业的综合性特点。从本质上讲，老年人的需求与其他群体的需求存在多方面的相同点，需要能够满足老年人在吃、穿、住、行、医等各方面的需求，因此养老产业是综合性的产业，在三大产业中均有所体现。例如，专为老年人提供康复器材、衣物的企业属于工业范畴；为老年人提供食品的企业则属于农业范畴；为老年人提供医疗护理服务及其他服务的企业或者组织则属于现代服务业。第三，养老产业的微利性特点。养老产业在市场中有不同于其他产业的特殊性，一是养老产业的企业在老龄市场的单项产品或单项服务中获得的平均利润率与从事其他产业的企业相比相对较低，短期内获利微薄；二是养老产业所处市场环境复杂，与区域社会经济发展以及老年人及其家庭诉求息息相关，不同区域养老产业发展水平参差不齐，整体观测则显示养老产业利润率较低。

2019 年 12 月 27 日，国家统计局第 15 次局常务会议正式通过《养老产业统计分类（2020）》，其中将养老产业划分为养老照护服务、老年医疗卫生服务、老年健康促进与社会参与、老年社会保障、养老教育培训和人力资源服务、养老金融服务、养老科技和智慧养老服务、养老公共管理、其他养老服务、老年用品及相关产品制造、老年用品及相关产品销售和租赁、养老设施建设等 12 个大类。[①]

二　深圳养老产业发展现状

深圳作为典型的年轻城市，老龄化率低于北京、上海、广州等一线城市。面对老年人口规模的持续扩大，深圳市致力于"老有颐养"幸福标杆城市的打造，初步构建了全产业链的养老产业体系。

（一）初步构建全产业链的养老产业体系

养老产业贯穿三大产业，积极应对人口老龄化战略的提出加速了养老产业向不同行业的渗透，逐渐形成了综合的产业格局。"十三五"期间，深圳通过制度创新不断加快养老产业发展：推动养老机构体制创新；激发社会活力参与养老；创新养老服务供给方式；促进养老与相关产业融合。目前，深圳市已初步形成全产业链的养老产业体系，涉老企业涉及各个领域。截至2020 年底，深圳市养老产业涉老企业行业分布情况如表 1 所示。

截至 2020 年底，深圳市涉老企业涵盖三大产业，分布于 19 个细分行业，涉老企业有 6842 家。因此，深圳市已经初步形成了相对较为全面的养老产业链，能够为老年人提供综合性的养老服务。同时，随着老龄化的不断加剧及现代服务业的发展，还会有大量企业进入养老产业，这将为深圳市养老产业的发展提供新的机遇。

[①] 《养老产业统计分类（2020）》（国家统计局令第 30 号）。

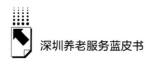

表1 深圳市养老产业涉老企业行业分布情况

单位：家

序号	所属行业	企业数量
1	租赁和商务服务业	2139
2	居民服务、修理和其他服务业	1395
3	批发和零售业	1220
4	信息传输、软件和信息技术服务业	471
5	科学研究和技术服务业	429
6	卫生和社会工作	277
7	房地产业	254
8	文化、体育和娱乐业	149
9	金融业	144
10	建筑业	91
11	制造业	84
12	农、林、牧、渔业	54
13	住宿和餐饮业	46
14	教育	42
15	水利、环境和公共设施管理业	17
16	交通运输、仓储和邮政业	14
17	公共管理、社会保障和社会组织	10
18	国际组织	4
19	电力、燃气及水的生产和供应业	2
合计		6842

资料来源：深圳健康养老学院项目团队整理。

（二）构建了立体性、系统性养老服务产业体系

深圳市养老产业形成了多元化、立体化和系统性的产业体系，可将深圳市养老服务产业体系划分为核心产业和支持性产业。

1. 养老核心产业

近年来，深圳市在养老产业体系建设方面，已形成以居家养老、社区养老和机构养老为主导的养老服务业体系，初步构建了由多元化服务主体所构成的核心养老服务产业。从深圳市养老服务业的发展情况来看，养老服务业主要涉及生活照料、教育文化和医疗保健三个方面。

居家养老、社区养老和机构养老是深圳市老年人养老的三大方式，三大养老方式相互交叉、相互依存，形成了完善的养老服务体系。深圳市养老服务产业主体框架如图1所示。

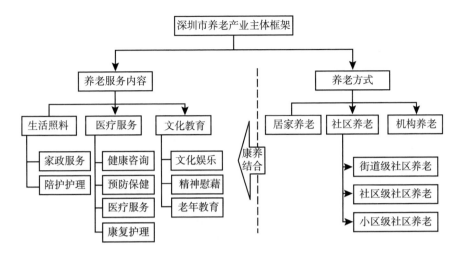

图 1　深圳市养老服务产业主体框架

资料来源：深圳健康养老学院项目团队整理。

2. 养老支持性产业

深圳市近年来在养老产业的良性发展中，除大力推动核心养老产业发展之外，还重视周边产业的发展，并通过推动周边产业的发展初步形成了全价值链的养老产业。养老产业的良性发展离不开其他支持性产业，例如老年房地产业、老年保险业、老年咨询服务业、老年旅游业等的支持（见表2）。

表 2　深圳市养老支持性产业

养老支持性产业类型	提供养老消费产品种类
老年专用品业	老年服装、食品、相关辅助工具等
老年房地产业	老年公寓、养老院等
老年旅游业	老年旅游服务等
老年保险业	老年退休金、人身保险、损害保险、健康保险等
老年金融业	老年保险金、理财咨询和服务等
老年咨询服务业	老年心理咨询等

资料来源：深圳健康养老学院项目团队整理。

综上所述，深圳市养老产业逐步形成了各领域同步发展的产业体系。

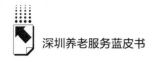
（三）养老产业科技化、信息化和智能化发展

改革开放尤其是进入 21 世纪以来，我国人口老龄化趋势日益凸显，如何为广大老年人提供有温度、有保障、有品质的养老公共服务和产品，提升老年人的安全感和幸福感，是各级党委、政府面临的难题，也是必须解决的重要问题。近年来，深圳市以优化养老服务供给为重点，打造"互联网+"智慧养老模式。

深圳市依托智能化技术，将新一代信息技术、信息产品和养老产业融合，通过智能化平台实现了养老"产品"和"服务"的高度集成，实现了养老产业各环节、各要素的智能化发展，形成了智慧康养产业结构体系（见图 2）。

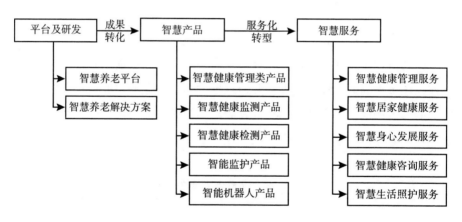

图 2　深圳智慧康养产业结构体系

资料来源：深圳健康养老学院项目团队整理。

1. 加速养老产业信息化建设

深圳市依托"智慧城市"建设，利用旅游智能化技术打造智慧养老管理平台。深圳市智慧养老服务管理平台包括管理平台和服务平台，其中管理平台已于 2018 年建成投入使用，服务平台建设正在稳步推进中。管理平台设有公办养老机构轮候、民办养老机构预约、政府养老、机构养老、社会慈善捐赠、日间照料中心、居家养老、养老运营补助等 8 个管理模块。管理平台上线一年来，深圳市逐步建立起涵盖老年人健康状况、能力评估信息、机构养老信息、居家服务提供信息、政策享受信息等为老服务信息的数据库。同时，推动打造集政策性功能、借记功能、数据采集功能和其他服务功能于一体的智慧养老颐年卡，实现老年人养老服务一卡通。

2. 完善养老服务供给体系，丰富"互联网＋养老"内涵

深入推进养老领域"放管服"改革，完善养老服务供给体系，优化养老服务资源配置，并通过"互联网＋"进行有效链接、靶向输送，打造以全市老年人大数据为基础，包括智慧出行、服务商城、健康安全、线上社区等多种服务场景的"互联网＋养老"模式，更好地满足老年人日益增长的多元化、个性化服务需求。探索推广"互联网＋社区餐"。坚持"社会化服务、市场化运作"方向，出台《关于加快推进长者助餐服务的工作方案》，推动社区长者助餐服务稳步发展，目前深圳共有长者助餐服务机构 55 家。下一步，深圳将积极探索通过智慧养老服务管理平台提供订餐服务，探索推进"互联网＋智慧出行"。全市先后推出 100 辆无障碍出租车，建立涵盖老年人家庭信息、健康状况、政策享受等 50 余项指标的户籍老人健康档案近7000 份，遴选并引入居家社区养老定点服务机构 5 家、养老护理人员近 300人，为老人提供日常照料、康复理疗、家政就餐等 30 余个服务项目；盐田区海山街道引进"李书记"养老服务公司，打造"智能终端＋云计算＋专家"服务体系，为老年人提供综合性服务；福田区搭建了智能家居、健康管理、智能呼叫三大平台，推出智能养老 APP，为辖区内老人配备智能手环，提供健康管理、应急救援、生活照料等服务；坪山区沙地社区积极推进"线上＋线下"智慧居家养老服务体系建设，计划 2022 年全面上线"线上＋线下"养老服务。

3. 培育发展老年人专用智能产品，为推进"互联网＋养老"夯实基础

深圳市印发了《深圳市老年人专用智能产品与服务发展行动计划(2015—2017 年)》，重点发展老年可穿戴设备和便携设备、老年人医疗器械、养老康复产品、老年健康服务智能解决方案等老年特色产品，助推智慧

养老。自上述行动计划实施以来，全市统筹生命健康产业专项资金，支持老年人专用智能产品和服务发展。在相关政策的引导下，深圳老年智能产品产业发展迅速，一批相关企业和产品已跻身国内行业前列。例如，腾讯成立"银发科技实验室"，推出了"隐形护理员"智慧养老监护系统，该系统可以实时守护老人，在提高老年照护效率的同时也降低了安全风险。

（四）多元化的养老金融投入

1. 多元化融资模式的形成

健全的融资体系是实施积极应对人口老龄化战略的基础，是推动养老产业创新发展的重要支柱。养老产业的复杂性导致其融资模式具有多样性的特点（贾伟月、王立涛，2019）。当前，深圳市已形成了不同的养老产业融资模式。目前，在养老服务产业的发展方面，深圳市已形成 PPP 融资、银行贷款融资、上市融资、信托基金融资及政府融资的多元化融资结构。例如，2016 年 12 月，深圳市福田区民政局与浙江万科随园嘉树老年公寓管理有限公司启动全市首个 PPP 融资模式的养老机构项目。深圳市在养老产业发展中通过多元化融资渠道，在养老产业发展中吸纳了大量社会资金，为养老产业的高质量发展提供了金融支撑。

2. 专项帮扶金融服务

为全面贯彻落实中央有关精神和深圳市委、市政府在疫情防控期间的工作要求，精准助力养老服务业应对疫情不利影响，促进行业持续健康发展，深圳市民政局、中国银行深圳市分行发布了《关于支持深圳养老服务行业发展专属金融服务方案》，以充分发挥金融推动"银色经济"复苏的作用，为深圳构建高水平养老服务体系提供有力保障。例如，2020 年 4 月 9 日，深圳市民政局、中国银行深圳分行推出"中国银行深圳分行支持发展养老服务业专属金融服务计划"，通过金融支持促进行业持续健康发展。深圳市采取设立 50 亿元养老金专项授信额度、贷款利率下调至 3.85%、按实际支付利息的 50% 给予最高 100 万元总贴息等十项金融服务举措，发挥金融的作用，助力"银发经济"复苏动能，为深圳构建高水平养老服务体系提供有力保障。

三　深圳养老产业发展环境

（一）法律政策环境

养老产业的发展始终是社会治理的核心内容。自改革开放以来，随着经济和社会主义事业的不断发展，我国养老产业政策也发生了重大变化。从我国养老产业政策的变化趋势来看，总体思路为逐渐从单一的官办老年福利向社会化养老迈进。党的十九大提出的"健康中国战略"将健康产业提升到国家战略高度，该战略的提出为养老产业的快速发展提供了新的机遇。《国民经济和社会发展第十四个五年规划和2035年远景目标纲要（草案）》的20项主要指标中，与民生福祉相关的有7项，涵盖就业、收入、教育、医疗、养老、托儿等民生领域，体现了国家对改善民生福祉的重视。"十四五"期间"长期护理保险制度"将步入实施阶段，这将有效减轻老年人支付压力，推动养老服务产业的快速发展。

深圳市人大常委会于2020年10月29日审议通过的《深圳经济特区养老服务条例》于2021年3月1日正式实施。目前，深圳市形成了以《深圳经济特区养老服务条例》为纲领的"1＋N＋X"养老政策体系，初步构建了养老产业发展的政策体系。

（二）经济环境分析

1.经济的高质量发展为养老产业奠定基础

在经济发展进入新常态的背景下，深圳市通过产业结构升级，大力发展创新经济，实现了经济效益与质量、速度与结构的统一，经济增长点加速向服务业转型。在经济发展平稳增长的背景下，人均可支配收入不断提升。

如表3所示，2020年深圳市地区生产总值为27670.24亿元，同比增长2.8%。其中，第一产业增加值25.79亿元，同比增长2.3%。第二产业增加值10454.01亿元，同比增长0.4%。第三产业增加值17190.44亿

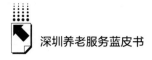
元，同比增长4.9%，其中现代服务业增加值13084.35亿元，同比增长6.4%。

表3 2011～2020年深圳市经济发展情况

单位：亿元，%

年份	地区生产总值	第一产业增加值	第二产业增加值	第三产业增加值	第三产业增加值占比
2011	11922.81	6.22	5601.94	6314.65	52.96
2012	13496.26	6.13	6045.39	7444.74	55.16
2013	15234.25	6.35	6664.75	8563.15	56.21
2014	16795.36	5.76	7232.17	9557.43	56.91
2015	18436.84	7.21	7687.41	10742.22	58.26
2016	20685.73	8.28	8324.09	12353.36	59.72
2017	23280.27	19.57	9337.52	13923.18	59.81
2018	25266.08	22.61	9995.87	15247.60	60.35
2019	26927.10	25.20	10495.84	16406.06	60.93
2020	27670.24	25.79	10454.01	17190.44	62.13

资料来源：历年《深圳统计年鉴》。

从表3深圳市2011～2020年经济发展数据可以看出，深圳市GDP总体发展水平较高，同时以服务业为主导的第三产业在GDP中的比重不断提高，为深圳市养老产业的发展奠定了经济基础。对比分析全国主要城市GDP总量及增长速度，深圳市在GDP总量和增长速度方面均居于全国前列（见表4），快速、高质量的经济发展势头是深圳市养老产业高速发展的重要基础。

表4 2020年GDP排名前十的城市

单位：亿元，%

排名	城市	GDP	同比增长
1	上海	38700.58	1.7
2	北京	36102.6	1.2

续表

排名	城市	GDP	同比增长
3	深圳	27670.24	3.1
4	广州	25019.11	2.7
5	重庆	25002.79	3.9
6	苏州	20170.5	3.4
7	成都	17716.7	4.0
8	杭州	16106	3.9
9	武汉	15616.1	-4.7
10	南京	14817.95	4.6

资料来源：中商情报网，https://top.askci.com/news/20210302/1001411371807.shtml，最后访问日期：2021年3月3日。

2011～2020年，除2020年受新冠肺炎疫情影响下降外，深圳人均GDP始终保持快速增长的趋势（见图3）。一方面，经济的高质量发展为深圳市养老产业的发展提供了良好的宏观环境；另一方面，深圳市人均收入水平的不断提升为养老产业的发展带来了广阔的市场前景。

图3　2011～2020年深圳市和全国人均国民生产总值对比

资料来源：历年《深圳统计年鉴》和《中国统计年鉴》。

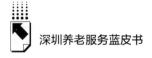

2. 投资环境不断得到优化

深圳市作为我国创新型城市的典型代表，其投资环境不仅居于全国前列，而且不断得到优化和改善，为社会资本进入深圳养老产业发展奠定了良好的基础。深圳市《关于构建高水平"1336"养老服务体系实施方案（2020—2025 年）》指出，从 2021 年起，将不低于 55% 的福利彩票公益金用于支持养老服务体系建设。未来，长期照护保险政策推行落地、民办养老机构建设补贴政策调整、扩大对营利性养老机构的补贴等都将为养老服务企业营造良好的投资环境。目前，位于深圳的诸多央企、国企、大型民营企业，如中国人寿、华润、招商、平安、泰康、万科、深业集团等纷纷入场，早已在养老产业提前布局。

（三）社会环境

1. 深圳老年人口状况

根据第七次全国人口普查数据，深圳市 60 岁及以上人口为 94.07 万人，占比为 5.36%。其中，65 岁及以上人口为 56.52 万人，占比为 3.22%，深圳正处于前老龄化阶段。

虽然深圳市目前老龄化程度不高，但老龄人口发展面临以下三个特点：一是第一代来深建设的"拓荒牛"主要集中在 55~70 岁，集体初步加入活力老人的阵营，未来深圳将面临"断崖式"的养老压力。二是户籍与非户籍老年人口数量严重倒挂。2000 年至今，深圳经济的快速发展与强有力的人才引进政策，吸引了大批外来优秀青年，而这一批青年的父母也逐渐随迁至深圳养老，非户籍老年人口大大超过户籍老年人口，导致深圳"候鸟式"养老特点突出。三是老年人口平均寿命增加，根据深圳市卫健委统计数据，2020 年，全市常住人口平均期望寿命为 83.53 岁，到 2030 年，80 岁及以上户籍高龄老年人将增至 18.5 万人，非户籍高龄老人将增至 40 万人。基于以上老龄人口特点，未来深圳养老压力必将增大，养老需求逐年增加，在老龄化社会正式到来之前，提前入场，做好产业规划布局，打造品牌影响力，形成企业未来在养老行业的竞争优势。

2．老年消费心理及生活方式

随着社会的发展和生活水平的逐渐提升，享受改革开放发展红利的"50后""60后"步入活力老龄群体，不同于老一代的生活，他们的消费特征正在发生变化，如从"提供规则"向"享受生活"转变。京东发布的"在线消费生活需求"调查显示，60岁以上人群"2018年网恋比2017年增长65%以上"。携程《2019年老年群体旅游行为报告》显示，65%的老年人每周出行3次以上。由于老年人健康状况改善、文化程度提高以及社会上产品更丰富，老年群体对养老服务和产品的质量要求提高，老年群体消费进入增长期。[①]

3．养老观念特点

自古以来，孝道文化在我国备受推崇，子女负责赡养和照顾年迈的父母是几千年来中国家庭生活方式的传承，认为把老人送进养老院是不孝的表现。过去，由于养老机构管理不规范、服务理念欠缺，虐待老人的新闻时有发生，从而导致社会大众对养老机构存在偏见，因此，老年人不愿意选择住在养老机构。但新中国成立以来，随着一孩政策的普及，"421"家庭模式和双收入家庭逐渐成为社会主流。由子女承担父母养老照护工作的可操作性成为难题，养老工作势必将交由社会分工来解决。近些年，聘请家庭护工和入住养老机构逐渐被一些受教育水平较高、思想开明的老人接受。随着养老从业人员专业水平和养老机构服务质量的不断提升，必将有更多的人摒弃对养老服务机构的偏见。

4．养老从业人员现状

深圳市养老从业人员总体呈现"五低"特征，即规模低、专业化水平低、薪酬待遇低、职业认同感低、从业稳定性低。深圳养老服务从业人员约有5000人，占养老服务人员的53.1%；19.7%的产业工人包括接待员、一般行政和财务人员、餐饮服务人员、清洁工、保安人员等；管理人员占14.8%；专业技术人员占12.5%，整体持证率仅为55.0%。深圳正在提升养老服务从业人员的职业化水平。在薪酬方面，在养老服务业除了管理人员和专业技术

---

① 《2019年老年群体旅游行为报告》。

人员的平均工资高于深圳市城镇民营单位职工年平均工资外，职工和护理人员的工资水平严重偏低，其中护理人员的月平均工资偏低，仅为4859元。据58同城发布的《中国家政市场就业与消费报告》，深圳家政行业平均工资高达8875元。与家政工作相比，老年护理人员的工资仅为家政行业的55%。与医务人员相比，老年护理人员的社会认同感和社会地位较低，收入也低于家政服务行业。一线职工大多从事传统的"为人民服务"的工作，因此，很难形成职业，认同感和工作成就感低。由于工作压力大、收入低、职业认同感低等，工作1~2年的员工比例为54%，工作2~5年的比例为16%，工作5~8年的员工比例为18%，工作8年及以上的比例仅为12%。大部分员工已在该行业工作1~2年；只有46%的人在养老机构工作了3年以上，其中大部分1~2年内会有转岗的需要或想法。从以上数据可以看出，深圳从事养老服务业的人员工作时间普遍较短，流动性较大，稳定性较差。

5. 老年人生活保障水平及消费能力不断提升

近年来，深圳市老年人生活保障水平不断得到提升。深圳市社会保险基金收支状况良好，社会保险能够为老年人基本生活提供有效的保障。2014年到2020年，深圳市社会保险基金收支情况具体如图4所示。

图4　2014~2020年深圳市社会保险基金收支情况

资料来源：历年《深圳统计年鉴》。

从图 4 可以看出，深圳市从 2014 年到 2019 年社会保险基金收入远远超过社会保险基金支出，2020 年受新冠肺炎疫情影响，社会保险基金收支情况出现变动，总体来讲，深圳市社会保险基金结余较多。另外，深圳市出台了《深圳市高龄老人津贴实施细则》，为全市 80 岁及以上老人提供生活照料津贴。领取标准分为三个等级：（1）80～89 岁，每人每月 200 元；（2）90～99 岁，每人每月 300 元；（3）100 岁及以上，每人每月 500 元。高质量的社会保险金运营以及其他补助、救助措施的实施，能够高质量保障老年人生活水平，为老年人消费提供条件，推动促进深圳市"银发经济"的快速发展。

深圳市民政局提供数据显示，深圳市 84% 的老年人月收入在 2000 元以上（1 万元及以上的占 8%，6000～9999 元的占 8%，4000～5999 元的占 15%，2000～3999 元的占 15%）。此外，子女的抚养也是老年人养老资金来源的重要补充。综合来看，深圳老年人的收入水平较高，对养老服务产品有一定的支付能力。

（四）技术环境

1. 智慧养老提升照护效率

随着科技的发展，利用物联网、云计算、大数据、智能硬件等信息技术，可实现个体间健康养老资源的有效对接和优化配置。在智慧养老技术的支持下，养老服务和管理的质量与效率得到了极大提升。技术的运用不仅可以帮助降低养老服务企业的人工支出，也可为未来养老服务和适老化产品的开发提供更多想象的空间。

2. 老年照护专业及职业教育为养老产业输送专业人才

目前，深圳大学、深圳职业技术学院等高校已开设"老年社会工作"等课程，养老专业在校学生约 740 人，部分高校老年服务相关专业正在筹划建设当中。在职业教育方面，部分职业教育类院校、企业、培训机构等针对在职老年职工开展职业技能和管理模式职业培训，开展职业技能认证，满足从业人员需求。

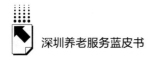

3.老年护理辅具应用减轻护理压力

护理辅具是指借助智能仪器代替人工劳动,使行动不便的老年人可以克服障碍,降低护理人员护理工作强度,提高护理效率,维护老年人尊严、延缓残疾进程、提高残疾人生活质量的工具。目前,市场已根据老年人衣、食、住、行、休闲、娱乐的需求,开发了全方位的针对老年人的专项服务,包括养老、日常自理、康复训练、交流、移动协助等。护理辅具的运用极大地减轻了养老服务提供者的压力,随着护理辅具的不断创新和开发,未来养老服务的效率将不断提高。

四 深圳养老产业发展的机遇与挑战

(一)深圳市养老产业发展机遇

1.积极应对人口老龄化战略带来养老产业发展新格局

积极应对人口老龄化已上升为国家战略,在此背景下如何满足老年人高质量养老需求成为国家治理现代化亟待解决的问题。积极应对人口老龄化战略要求构建多元化的养老服务体系,在政府主导下充分发挥市场在养老服务中的力量。同时《中共中央 国务院关于加强新时代老龄工作的意见》也进一步提出要健全养老服务体系,积极推动银发经济的发展。实施积极老龄化、健康老龄化对深圳市养老产业的发展提出了新的要求,同时积极应对人口老龄化战略的提出及其他配套政策的出台为深圳市养老产业创新发展提供了政策支持。

2.创新驱动为养老产业的发展带来新的动力

创新产业发展是国家创新驱动发展战略在养老领域中的体现,是实现"放管服"改革、提高养老产业供给水平的必然要求。在经济新常态背景下,养老产业的创新发展有助于银发经济的创新发展,有利于培育银发经济市场,助力"双循环"发展格局的构建和实现。

深圳市作为全国创新型城市的标杆,在总体经济实力、科技实力和创新能力等各方面具有优势，可为养老产业发展提供资金、物质、人力等方面的保障，推动养老产业创新发展。在科技部和中国科学技术信息研究所发布的《国家创新型城市创新能力监测报告2020》和《国家创新型城市创新能力评价报告2020》中，深圳创新能力位于全国创新城市榜首（见表5）。

表5　2020年我国十强创新城市排名

排名	城市	创新指数
1	深圳	87.79
2	广州	78.46
3	杭州	76.88
4	南京	75.48
5	武汉	72.33
6	西安	71.61
7	苏州	71.54
8	长沙	70.18
9	成都	68.38
10	青岛	68.07

资料来源：《国家创新型城市创新能力监测报告2020》《国家创新型城市创新能力评价报告2020》。

创新能力在一定程度上可以反映产业发展水平和产业发展能力。近年来，深圳深入实施创新驱动发展战略。根据《深圳市2020年国民经济和社会发展统计公报》，深圳专业技术人员达到198万人，与2019年相比增长9.4%，其中具备中级技术职称及以上的专业技术人员数量达到57.6万人，与2019年相比增长7.7%。截至2020年底，深圳市国家级重点创新载体有124个，省级创新载体有957个，市级创新载体有1600家。深圳市雄厚的创新基础设施及较强创新能力为深圳市实现创新驱动的养老产业发展提供了条件。

3. 区域一体化进一步扩大养老市场需求

《粤港澳大湾区发展规划纲要》（以下简称《纲要》）的正式出台，标志着粤港澳大湾区一体化发展已成为未来区域经济发展的必然趋势。《纲

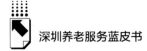
要》明确提出推进粤港澳大湾区建设、促进社会保障和社会治理合作与民生合作，其中养老产业合作成为粤港澳大湾区社会保障及民生合作的重点内容，是粤港澳大湾区建设中不可或缺的部分。《纲要》提出要进一步强化深圳前海深港现代服务业合作发展的引擎作用，推动粤港澳大湾区现代服务业的协同发展。现代服务业的发展是养老产业发展的基础，因此，进一步推动港澳现代服务合作区总体规划和发展，构建开放型、创新型养老产业体系，提升深圳市现代服务业的发展水平和品质，可为推动和促进深圳市养老产业的发展提供良好的机遇，有利于深圳市养老产业的高质量、高品质发展。

同时，为进一步推动和促进港深两地在医疗和养老服务之间的联动，深圳市出台的《关于加快推动医疗服务跨境衔接的若干措施》提出，将进一步探索港澳深三地长者养老和医疗补贴制度，探索港澳居民在就医转诊、急救转运、医保结算等方面的协同机制，推进跨境医疗服务对接，解决港澳居民内地老年人就医对接问题。

因此，区域一体化的进一步发展以及《纲要》的通过为深圳市养老产业发展带来新的机遇，一方面，在区域一体化的发展和合作中，充分发挥深圳市在粤港澳大湾区建设中的作用，实现养老产业发展要素的集聚，实现养老产业的规模化发展，打造养老产业发展新高地；另一方面，粤港澳大湾区的建设为深圳市养老产业需求提供了更加广阔的市场，也有助于深圳市发展外向型养老产业。

4. "双循环"新发展格局助推养老产业的发展

"双循环"发展战略的核心为刺激和拉动国内消费。同时，《中共深圳市委关于制定国民经济和社会发展第十四个五年规划和二○三五年远景目标的建议》中明确提出充分释放消费潜能的发展目标，提出顺应消费升级趋势，提升传统消费，培育新型消费，适当增加公共消费。因此，在"双循环"发展战略的背景下，深圳市将大力推动银发经济的发展。

通过银发经济的发展激活内需消费。老年人群体可支配收入水平的不断提升、老年人群体对生活质量的要求越来越高，再加上消费观念的不断转变，在"互联网＋"的背景下，将进一步带动深圳市银发经济数字消费升级。银发经济时代的到来为养老产业的发展及经济结构的调整提供了市场机遇，进一步增强了企业在养老服务中的主体性地位，可不断提升养老产品和服务的供给能力和供给水平。银发经济的不断发展将促进新业态的形成和发展，不断优化深圳市养老产业，推动深圳市养老产业价值的持续提升。

（二）深圳市养老产业面临的挑战

1. 外向型经济模式为构建全产业链的养老产业带来挑战

受新冠肺炎疫情影响，旅游业、金融、贸易等产业受挫也必然会影响深圳经济发展。

世界经济增速下滑，而深圳作为中国外向型经济占比较高的城市，必然受影响，未来在经济发展中也会面临较大的挑战，这也会影响养老产业的发展。同时，深圳市高昂的土地成本和劳动力成本，使有些产业选择外迁，这也势必对深圳市养老产业的创新发展产生影响。

2. 养老产业发展不均衡

当前，深圳市正处于前老龄化阶段，为老龄产业的发展和整个经济发展模式的转型提供了窗口期。就目前来讲，深圳市养老产业发展存在不均衡的问题，养老服务、保健服务、医疗服务、教育服务的发展较快，而老年金融产品、智能化照护产品等的发展相对较为缓慢。

养老产业的发展不仅能够拉动老年用品、老年金融、老年文化的发展，也会对上下游产业的发展产生积极的影响。从深圳市养老产业的发展现状来看，养老产业之间分散、独立，还未形成有效的带动效应。养老产业上游的设计研发存在明显的不足，导致整个行业发展缓慢。在产业链中游环节，适老化产品的附加价值低、技术含量不足的问题较为突出。在产业下游环节，由于市场集中度相对较低，下游的营销和服务缺乏品牌意识，影响整个产业的价值。在制造业服务化转型的大趋势下，深圳市养老产业未形成有效的产业闭环，产业链各环节的有效连接不足，影响整个产业的发展（王伟栋，2019）。

养老模式在某种程度上左右着养老产业的发展，家庭养老之所以是我国主流的传统养老方式，是因为计划经济和传统文化观念的影响，而社会化养老的范畴则包括新兴的机构养老和社区养老。机构养老是居家社区养老的重要补充，具备福利性和市场性的特点。公立养老机构享受政策照顾，入驻费用较低，政府承担大量责任，因而公立养老机构成为机构养老供给的主体。民办养老机构作为养老产业的核心部分，在政策支持层面与公立养老机构之间存在较大的差距，难以形成规模效应。

3. 老年消费市场有待进一步挖掘

在健康中国战略背景下，随着人口老龄化的不断加剧，养老产业因其关联性强、覆盖领域广的特征，极易与文化事业、旅游产业、绿色农业融合创新，产生庞大的市场需求。养老产业属于综合性的产业业态，养老产业消费市场的培育远远滞后于老年人规模的扩大速度。一方面，受老年群体消费观念的影响，老年群体对养老产品及服务的潜在性需求未能得到有效的挖掘，当前深圳市养老产业发展中，有效需求市场不足；另一方面，由于养老产业具备公益性和效率性的双重属性，养老产业在市场化发展中存在一定的障碍和困难。

4. 养老产业专业化人才匮乏

养老产业中，人才的专业化程度与老年用品及养老服务的质量和老年人对养老服务产业的满意度是成正比的。人才队伍的建设目前在深圳养老服务产业中还存在一些不足之处。第一，从业人员数量不足。养老产业在发展中，养老从业人员的供给不足，供需差距明显，特别是养老护理员缺口大。受薪酬低、社会地位不高等因素的限制，在深圳市养老产业发展中，以养老护理员为代表的从业人员数量严重不足。第二，养老护理人才流失率过高。由于养老护理员薪酬待遇水平不高，且社会认同度不高，养老护理员的流失率过高。同时，大量高校护理专业毕业生掌握着护理的专业知识，但是在毕业之后更多的选择其他行业，最终导致专业性养老护理人才严重不足。第三，养老产业复合型人才不足。深圳市养老产业的发展还处于探索阶段，养老产业高端人才的培养和引进仍然是临时性聘用高校专家的方式，导致深圳市养老产业在实践发展方面缺乏应用型高端人才和复合型人才。养老产业高端人才必须具备多学科知识和背景，例如旅游学知识、管理学知识、健康管理知识、市场运营知识等。但是，当前在老年相关学科设置方面较为独立，导致养老产业具有复合型管理素质的人才不足。

五 深圳市养老产业发展的对策建议

（一）完善产业发展政策，构建养老产业政策体系

产业发展政策是产业发展的基础条件，深圳市养老产业发展，需根据积极应对人口老龄化战略的要求，不断完善产业政策，构建养老产业政策体系。养老产业涉及多个不同产业，是不同产业的融合，因此，养老产业的发展需要综合性的产业体系（夏敬，2019）。一是要结合深圳市养老产业发展的需求，出台养老产业发展的专项政策法规。二是针对养老产业体系，制定各类型配套性政策措施，不断提升养老产业政策的规范性、可操作性，形成与养老产业发展相适应的政策支撑体系。三是制定养老产业扶持政策体系，从税收、融资、货币政策等方面给予政策优惠，进一步推动和促进养老产业的高质量发展。四是针对养老产业的发展，制定科学合理的监管政策，加大监管力度，确保养老产业的有序发展。

（二）发挥智能科技优势，提升全产业链价值

深圳市是粤港澳大湾区乃至全国产业经济发展的核心城市，其产业门类齐全、产业链完整，智能科技的发展引领全国。在养老产业发展中，要充分借助深圳市智能科技发展的优势，以信息化为工具，构建养老产业发展体系。一是整合相关产业，打造养老产业体系。养老产业以养老服务业为核心，涵盖老年用品、医疗保健、老年金融、老年文化、老年旅游、老年教育等行业。在养老产业体系的构建中，需要积极发挥市场机制，整合不同服务供给方，构建养老产业链，发展全产业链养老产业。二是打造养老产业园

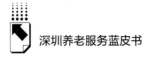
区，集聚优势资源，打造核心产业高地。深圳市要充分发挥其在科技创新方面的优势，合理布局养老产业，大力推动智能化养老产业园的建设，集聚各类型优势资源，发挥养老产业发展的集聚效应，打造养老产业"极地经济"。三是不断延伸产业链，提升养老产业链价值。在智慧养老产业的发展中，依托物联网、互联网和智能化技术，实现对养老产业价值的深度挖掘，强化资源配置，进一步提升整个养老产业链的价值。

（三）培育银发消费市场，增加服务需求

"养儿防老""多子多福"等传统观念不仅会对老年人养老模式的选择产生影响，也会影响到老年人的消费观念。在时代发展、社会进步的过程中，老年人观念发生了重大的转变，但是不可否认，老年人的消费观念仍然较为保守，老年消费市场仍未形成。在积极应对人口老龄化背景下，要结合深圳市"老有颐养"幸福标杆城市打造的需求，繁荣老年用品市场，提供消费支撑保障，引导老年人形成积极的心态，培育老年消费市场新业态，不断优化老年服务消费环境。一是要加大现代养老观念的宣传，加强舆论引导，使全社会树立积极的养老观念和消费观念，形成全社会支持老年人追求高品质养老服务的氛围和环境，实现"银发危机"向银发经济的转变。二是积极转变老年人消费观念。随着深圳市老年福利水平的不断提升，老年人的消费能力将不断提升。在此背景下，要引导老年人充分认识到合理消费对于提升养老品质的重要性，帮助老年人树立正确的消费观念。

（四）创新产业发展模式，提升产业发展能力

以市场化为主导的养老产业在发展中，充分发挥市场主体的灵活性，结合深圳市养老产业发展的需求及发展趋势，积极创新产业发展模式，不断提升深圳市养老产业发展能力。一是构建多主体参与的养老产业发展体系。政府部门作为公共服务的供给方，在养老产业发展中需起到兜底性的功能和作用，为弱势群体提供养老服务；企业是市场机制的核心主体，其以营利为目标，但在养老产业发展中要借助企业的投融资和市

场机制大力推动高端养老服务体系的形成；社会组织作为非营利组织，主要承接政府部门兜底性养老服务。二是推动养老相关制造业服务化转型，加速养老相关产业的融合。在制造业服务化转型背景下，深圳市在养老产业发展中，通过制造业服务化转型，推动养老产品经济和基于消费的服务经济的融合，增强养老产业各环节的服务能力，并提升服务质量，进一步提升深圳市养老产业的竞争力。三是强化服务设计，提升资源利用效能。当前，深圳市依靠强大的产业能力和创新能力，在养老产业的发展方面取得了一定的成效，特别是在养老产业基础设施建设方面得到了快速的发展，但是在养老产业服务项目设计方面存在较大的不足，养老服务仍然以传统的服务为主。因此，深圳市养老产业在发展中，需强化养老产业服务项目及养老活动的设计，通过项目和活动的设计进一步深化养老产业的内涵，提升服务品质和服务质量，提高养老产业基础设施和设备的使用效能。

（五）加大人才培育，构建多层次养老产业人才体系

人才是养老产业发展的核心，养老产业的综合性和交叉性导致其与传统产业的边界模糊，因此需构建多层次、复合型的人才体系。一是建立分层、分类的养老人才培育体系。养老产业对人才的需求存在层次性的特点。在养老产业人才培育中，针对养老护理、养老康复、产业咨询、运营管理等不同岗位对人才的需求，建立健全分层次、分类型的人才培养体系，为养老产业的发展提供不同类型的人才。二是提升专业院校养老相关专业办学能力。高等院校在人才培养方面具有先天性的优势，深圳市在养老产业人才培育中，要积极与高等院校和职业院校建立合作关系，大力提升专业院校养老相关专业的办学能力，为深圳市养老产业的发展提供多元化的人才。三是搭建院校和机构合作平台。深入推进校企合作、产教融合，创新养老产业人才培育模式，打造订单式、现代学徒制等现代化人才培养模式。院校通过技术研发、职业培训、职业鉴定等途径支持养老产业人才的建设，形成校企互通互融的人才培养合作机制，畅通人才培养和人才就业的发展路径。在养老产业复合

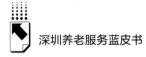

型人才培育中，整合政府、学校、企业等各方面、各类型的优质资源，借鉴德国、日本等国外人才培育理念和模式，探索"双元制"等产教融合人才培养模式，不断提升深圳市养老产业服务人才的质量。

参考文献

顾静、邓力、吕婷茹，2013，《系统论视角下我国养老服务体系研究》，《劳动保障世界》
　　第 4 期。

贾月伟、王立涛，2019，《博弈论视角下的我国养老产业发展及金融支持策略探究》，
　　《河北企业》第 6 期。

王伟栋，2019，《中国养老产业化发展的必要性探讨》，《财会学习》第 13 期。

夏敬，2019，《养老服务业为什么要以产业化为取向》，《人民论坛》第 13 期。

张清霞，2018，《经济发展新常态下健康养老产业的新机遇探讨》，《知识经济》第
　　24 期。

专题报告

Special Reports

B.6

深圳"老有颐养"标准体系建设报告

汤 霞 贾丽莉*

摘 要: 深圳要建设中国特色社会主义先行示范区,承担着打造"老有
颐养"民生幸福标杆的重要使命。立足新阶段,深圳养老服务
面临更高标准、更高质量的发展要求,需要放眼国际、放眼未
来,建立健全"老有颐养"标准体系。本报告在系统借鉴 ISO
等国际标准化组织,以及英国、日本等发达国家养老服务标准化
工作经验,全面梳理我国养老服务标准体系建设、标准研制和标
准化试点工作现状,以及深圳近年来的主要标准化工作成果的基
础上,提出深圳养老服务标准化工作面临的部门协同、标准体系
落实、标准制定、复合型人才培养、国际化视野拓展等方面存在
的问题,并有针对性地提出建立标准化工作长效协同机制、健全
"老有颐养"标准体系、推动养老服务标准有效实施、发挥试点
单位示范引领作用、培养"养老 + 标准化"复合型人才、跟踪

---

* 汤霞,深圳健康养老学院研究员,中级标准化工程师;贾丽莉,深圳健康养老学院研究员。

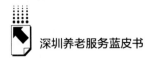
养老领域国际标准化动态的对策建议。

关键词： "老有颐养" 养老服务 标准体系 标准化试点

随着粤港澳大湾区和中国特色社会主义先行示范区建设，以及"深圳标准""深圳质量"的推进，深圳养老服务发展迎来重大历史机遇，打造"老有颐养"民生幸福标杆成为深圳养老服务发展的重要使命，而"双区"建设任务中养老服务设施的建设和养老服务的发展，离不开专业化、规范化、标准化发展的推动作用，更离不开"老有颐养"标准体系的建设、引导和推动作用。深圳养老服务抢抓"双区驱动"历史机遇，应注重从标准做起，放眼国际、国内，科学制定标准，自上而下完善机制，严格执行标准，全流程提升服务质量、巩固标准实施成效。

一 国内外养老服务行业标准化发展现状

（一）国外养老服务标准行业化发展现状

1. ISO：成立"老龄化社会"技术委员会

（1）批准社区综合医疗服务协议

作为协调世界范围标准化建设工作的国际标准化组织（International Organization for Standardization，ISO），近年来逐渐重视并开始着手老龄化社会相关标准化工作。2015年，在英国标准协会（BSI）的提议下，ISO批准了老龄化社会下社区综合医疗服务的国际研讨会协议（IWA），并发表了《IWA 18：2016 整合以社区为基础的终身健康和护理服务的协议框架》。该协议框架概述了非临床医疗保健服务在提供终身护理的健全社会基础设施方面所发挥的关键作用，同时提出了伦理道德、基于社区、以人为本、创新等基本原则。

（2）确定应对老龄化社会标准化工作优先领域

为支持老龄化社会发展，ISO 于 2016 年 6 月成立了老龄化社会战略咨询组（SAG）。根据当前老龄化社会面临的医疗和个人护理需求、维持健康、对抗孤独和隔绝、正常生活事务照料、财务管理、安全、家庭社区环境、社会观念、技术融合等挑战，2017 年，SAG 发表了一份最终报告，报告确定了应对老龄化社会标准化工作的九个优先领域（详见表 1）。

表 1　应对老龄化社会标准化工作的九个优先领域

序号	优先领域	具体内容
1	术语标准	规范定义社会/卫生/社区护理服务的现有概念,形成一套共同的术语
2	阿尔茨海默病	1. 建设阿尔茨海默病友好社区; 2. 制定有益于慢性或渐进性或其他长期心理健康疾病的标准
3	老龄化劳动力	1. 进行老龄劳动者的工作场所设计、工作技术和工作实践相关标准化研究; 2. 提供老龄工作就业机会
4	老年人养生保健和疾病预防	1. 预防老年人口慢性病(如糖尿病或抑郁症); 2. 维持日常生活活动和功能(如跌倒预防或用药错误)
5	综合社区服务	发展综合社区老年人服务
6	非专业护理员	编制志愿者指南、非专业护理人员的培训、教育和沟通等相关标准
7	通用设计标准	1. 老年人环境、产品和服务的通用设计和组成; 2. 符合老龄化社会的人体工程学的物理和图形用户界面标准
8	辅助性标准	涉及服务提供、设计、教育等方面的辅助性标准
9	技术和制度	集成设备、新兴技术、处方服务/GP 服务/应用程序、可穿戴式医疗器械和设备结合的相关标准

资料来源：IWA 18：2016 Framework for integrated community – based life – long health and care services in aged societies，https：//www. iso. ORG/standard/67913. html，最后访问日期：2021 年 12 月 6 日。

（3）成立老龄化社会技术委员会

2017 年底，ISO/TC 314（老龄化社会）正式成立，负责老龄化社会的标准化工作，其秘书处设于 BSI，共有 21 个参与成员（包括中国）和 18 个观察成员，设有 TCG 1 术语协调小组、TG 1 战略咨询小组、TG 2 通信、WG 1 老龄化劳动力、WG 2 阿尔茨海默病、WG 3 照护者共 6 个工作组，并于 2019 年在德国柏林召开了 TC 会议。目前，ISO/TC 314 正开展 ISO/DIS 23617《老龄化社会——包容性劳动力的指导方针》、ISO/DIS 23623《老龄化社会——包含阿尔茨海默病的社区框架》和 ISO/DIS 23889《老龄化社会——照护者服务机构工作指南》三项国际标准的起草工作。

除 TC 314 正在起草的三项老龄化社会相关标准外，近年来 ISO/IEC JTC 1 信息技术、ISO/TC 159 人体工程学、ISO/TC 168 假肢和矫形器、ISO/TC 173 残疾人辅助产品 4 个 TC 也相继发布了涉及老年人需求、优先服务、社区服务、信息技术、无障碍设计、适老化产品设计等内容的 11 项标准（详见表 2）。

表 2　养老服务相关 ISO 标准

序号	标准编号	标准中文名称	标准英文名称
1	ISO 7001：2007/CD Amd 26	老年人优先座位	Symbol PI TF 022：Priority Seats for Elderly People
2	ISO 7001：2007/CD Amd 31	老年人优先设施	Symbol PI PF 055：Priority Facilities for Elderly People
3	ISO 7029：2017	声学——与年龄和性别相关的听力阈值的统计分布	Acoustics – Statistical Distribution of Hearing Thresholds Related to Age and Gender
4	ISO/IEC 10779：2008	信息技术——老年人及残疾人用办公设备可用性指南	Information Technology – Office Equipment Accessibility Guidelines for Elderly Persons and Persons with Disabilities
5	ISO/IEC TR 19765：2007	信息技术——促进老年人及残疾人使用信息技术产品的图形符号调查	Information Technology – Survey of Icons and Symbols that Provide Access to Functions and Facilities to Improve the Use of Information Technology Products by the Elderly and Persons with Disabilities

序号	标准编号	标准 中文名称	标准 英文名称
6	ISO/IEC TR 19766:2007	信息技术——方便所有使用者包括老年人及残疾人使用的图形符号设计指南	Information Technology – Guidelines for the Design of Icons and Symbols Accessible to All Users, Including the Elderly and Persons with Disabilities
7	ISO/TR 22411:2008	应用 ISO/IEC 71 号指南的产品与服务的人类工效学数据和准则,以满足老年人和残疾人的需求	Ergonomics Data and Guidelines for the Application of ISO/IEC Guide 71 to Products and Services to Address the Needs of Older Persons and Persons with Disabilities
8	ISO 24502:2010	人类工效学 - 无障碍设计——与年龄有关的相对亮度视觉标志和显示	Ergonomics—Accessible Design: Specification of Age – Related Iuminance Contrast for Coloured Light
9	ISO 24505:2016	人体工程学 - 无障碍设计——考虑到人类年龄相关的色觉变化,创建颜色组合的方法	Ergonomics – Accessible Design: Method for Creating Colour Combinations Taking Account of Age Related Changes in Human Colour Vision
10	ISO/IEC Guide 71:2014	标准制定考虑老年人及残疾人的需求	Guidelines for Standards Developers to Address the Needs of Older Persons and Persons with Disabilities
11	IWA 18:2016	整合以社区为基础的终身健康和护理服务的框架	Framework for Integrated Community – Based Life – Long Health and Care Services in Aged Societies

资料来源:https://www.iso.org/standard,最后访问日期:2021 年 12 月 6 日。

2. 英国:健全的法规体系和监管评价机制

作为欧洲发达国家的典型代表,英国人口年龄结构逐渐向超老龄社会迈进,2020 年英国 65 岁及以上人口占比达 19%①,形成了著名的贝克斯希尔、海斯汀等"老年人城市"。20 世纪 90 年代以来,英国以社区照顾（Community Care）服务为主的养老服务业迅速发展,并逐渐建立"准市场"

---

① 世界银行统计数据,https://www.sohu.com/a/506170116_ 121025296。

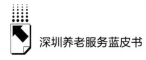

机制，目前英国养老服务发展在国家、社区、志愿服务组织和养老服务机构之间构成了相互支持、相互补充的关系，呈现多元参与、市场化发展、专业化发展的特点

（1）政策法规体系逐渐完善

为推动养老服务规范化、标准化发展，英国政府先后颁布《小区照顾法案》《护理标准法》等一系列相关法律法规和政策文件（详见表3），为老年人社区照顾、健康服务、护理服务等提供规范和指引，为英国老年人享受养老服务提供了有效法律保障。

表3　英国养老服务相关法规

发布时间	文件名称	备注
1908 年	《养老金法案》	开始为部分70岁及以上老年人发放养老金
1925 年	《寡妇孤儿及养老年金法》	使鳏、寡、孤独人员及老年人皆有生活保障
1930 年	修订《新济贫法》	将原有的济贫制度系统化
1949 年	《国民健康服务法》	建设国民健康服务体系
1968 年	《健康服务与公共卫生法案》	明确了地方政府在促进老年人医疗卫生福利方面的义务
1990 年	《全民健康与社区照顾法案》	规定由地方政府专项专案执行社区照料,在社区内提供老年人服务和供养。社区照顾成为政府的一项重要政策
1993 年	《小区照顾法案》	须经专业评估后给予长照服务
2000 年	《护理标准法》	确保易受伤害人群护理服务规范化并提高了护理标准
2001 年	《照护机构准则》	—
2008 年	《健康和社会保健法案》	老年人医疗卫生保健

2000 年，英国国家护理标准委员会颁布了《护理标准法》，法案明确了护理管理机制，以及护理助手、护士和管理者的定义、职责等，规定了所有的养老机构必须达到的国家最低标准。为推动《护理标准法》等法规和标准的实施，保证护理人员的服务质量和水平，英国通过国家职业资格认证（National Vocation Qualification，NVQ）、专门的护士教育以及在职培训的分层培训体系，提升护理人员的专业素质和技能水平。

在标准制定方面，英国养老服务的国家标准多采用 ISO 或 CEN（欧洲标准化委员会）标准。此外，英国财政部等颁布了家庭生活标准、居家服务机构指南、老年居家服务标准指南、残疾人居家服务标准指南、健康技术备忘录等规范性文件。同时，英国标准协会（BSI）制定了 BS 4467：1991《考虑老年人的住宅设计指南》、BS 5613：1978《针对老年人和其他风险人士的报警系统的建议》、BIP 2072：2005《老年人家庭看护质量》等标准。

（2）服务监管和服务评价机制健全

英国政府在养老服务监督管理、机构评价等方面具有较成熟的标准化实践经验。英国各地方政府专门设有负责评估、监察的机构，如英格兰的照顾质量委员会（Care Quality Commission）、苏格兰的社会服务监察会（The Care Inspectorate）等，其工作内容包括制定政策、护理机构注册与管理、监督服务质量、接受和处理投诉、公布养老服务机构信息、监察服务机构、公布监察结果、发布年报信息等（谢晶、董志超，2014）。

英国养老服务多通过政府购买服务的形式开展，并采取项目管理的模式，建立了一套完整规范的含项目申报、执行、监督、年度报告和评估，以及工作人员、志愿者的工作管理规范、流程以及评估等的体系。各养老服务机构接受项目评估，经评估认定为合适的机构才能获得政府购买服务的经费。在服务提供过程中，政府会定期检查或不定期抽查服务机构的人员配置、服务人员培训、服务设施配置、服务质量和标准、服务价格等，不符合合同要求的服务机构会被政府按照违约处理，承担相应的法律和民事责任。

3. 日本：养老产业标准体系相对完善

日本是亚洲最先进入老龄化社会的国家，也是世界上老龄化进程最快、老龄化人口比例最高的国家。自 2000 年《介护保险法》颁布实施以来，日本老年护理服务业进入快速发展时期。在日本，政府、非政府组织、企业、财团法人或个人为老年人提供免费或按国家标准收费的服务。

（1）厚生劳动省加强对养老服务业的运营指导

为加强对养老服务业的运营指导，日本负责养老服务机构法人申请和变更、业务活动等管理工作的厚生劳动省，近年来发布了《指定介护老人福

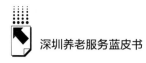

祉设施人员、设备以及运营标准》《特别养老机构的设施与运营基本标准》《介护老人保健机构人员、设施与设备以及运营标准》《指定介护疗养型医疗机构人员、设备以及运营标准》和《营利性养老机构设置运营标准》等系列标准，有效推动了日本养老服务业的规范化、标准化运营。

（2）日本工业标准调查会（JISC）进一步健全老年用品标准体系

优先照顾老年人和残疾人的特别标准化委员会于 1998 年由日本工业标准调查会成立，截至 2020 年末共发布实施 37 项与养老相关的国家标准（详见表4），标准内容充分考虑了老年人在视觉、听觉以及行动上的障碍，涵盖了老年人信息和通信设备、消费品、服装、抽水马桶等各类老年用品设计。

表 4　日本工业标准调查会养老领域标准统计

序号	标准编号	标准名称
1	JIS A 2191:2017	老年人和残障人士设计指南—住宅设计中的门窗选择
2	JIS S 0011:2013	人类工效学—无障碍设计—消费品上的触点与触条
3	JIS S 0012:2000	包括老年人和残疾人在内的人群指南—消费产品的可用性
4	JIS S 0013:2011	老年人和残疾人导则—消费产品上的听觉信号
5	JIS S 0014:2013	人类工效学—易接近式设计—消费品听觉信号声压级
6	JIS S 0021:2000	老年人及残疾人指南—包装与容器
7	JIS S 0022 - 2:2001	老年人和残疾人用指南—包装与容器　第 2 部分:开启试验方法
8	JIS S 0022 - 3:2007	老年人和残疾人用指南—包装和容器　第 3 部分:识别用触摸标志
9	JIS S 0022 - 4:2007	老年人和残疾人用指南—包装和容器　第 4 部分:使用者的评估方法
10	JIS S 0023:2002	考虑到老年人的服装设计导则
11	JIS S 0023 - 2:2007	从老年人条件考虑的服装设计导则
12	JIS S 0024:2004	老年人和残疾人指南—住房设备
13	JIS S 0025:2011	老年人和残疾人指南—包装和容器—危险的触觉警告—要求
14	JIS S 0026:2007	老年人和残疾人用指南—公共洗手间内抽水马桶操作设备和器具的形状、颜色和布置
15	JIS S 0031:2013	人类工效学—无障碍设计—与年龄相关的彩色光亮度对比规范
16	JIS S 0032:2003	老年人和残疾人用指南—视觉符号及显示日文单个字符最小易读尺寸的评估

续表

序号	标准编号	标准名称
17	JIS S 0033:2006	老年人和残疾人用指南—视觉标牌及显示器—基于基本颜色的种类作为年龄功能的颜色化合物的一种方法
18	JIS S 0041:2010	老年人和残疾人用指南—自动贩卖机的可操作性
19	JIS S 0042:2010	老年人和残疾人用指南—可达会议用注意事项和仪器
20	JIS S 0052:2011	老年人和残疾人指南—触觉信息—触觉模式的基本设计方法
21	JIS T 0901:2011	老年人和残疾人用指南—使用电子引导和空间导向系统的信息描述
22	JIS T 0902:2014	老年人和残疾人指南—公共空间行动辅助听觉指南
23	JIS T 9251:2014	老年人和残疾人指南—盲人或视力障碍者的触觉步态表面指标的形状、尺寸和形态
24	JIS T 0921:2006	所有用户包括老年人和残疾人用指南—展示盲人用点字符号的方法—公共设施
25	JIS T 0922:2007	老年人和残疾人用指南—触摸指南地图的信息内容、形状和显示方法
26	JIS T 0923:2009	老年人和残疾人用指南—展示盲人用点字符号的方法—消费品
27	JIS Z 8071:2003	满足老年人和残疾人需要的标准制定者导则
28	JIS Z 8210:2017	老年人信息符号—老人优先座位
29	JIS X 8341-1:2010	老年人和残疾人用指南—信息和通信设备、软件和服务 第1部分:通用指南
30	JIS X 8341-2:2004	老年人和残疾人用指南—信息和通信设备、软件和服务 第2部分:信息处理设备
31	JIS X 8341-3:2010	老年人和残疾人用指南—信息和通信设备、软件和服务 第3部分:网络内容
32	JIS X 8341-4:2005	老年人和残疾人用指南—信息和通信设备、软件和服务 第4部分:远程通信设备
33	JIS X 8341-5:2006	老年人和残疾人用指南—信息和通信设备、软件和服务 第5部分:办公设备
34	JIS X 8341-6:2013	老年人和残疾人用指南—信息和通信设备、软件和服务 第6部分:软件无障碍指导
35	JIS X 8341-7:2011	老年人和残疾人用指南—信息和通信设备、软件和服务 第7部分:无障碍环境
36	JISTR S 0002:2006	年轻和老年人在中度热环境中的热度感应
37	JISTS A 0027:2010	老年人和残疾人指南—房屋门窗—金属配件

（二）我国养老服务标准化发展现状

1. 养老服务标准体系强化标准化指导

2017 年 8 月，民政部、国家标准委印发了《养老服务标准体系建设指南》，该体系结合我国养老服务现状与趋势，从老年人自理程度、养老服务形式、服务和管理四个维度（详见图 1），确定了养老服务标准体系因素。其中，按自理程度，老年人可分为自理老年人、部分自理老年人和完全不能自理老年人①；按养老服务形式，养老服务可包括居家养老、社区养老、机构养老；按服务维度，养老服务包括健康管理、医疗护理、安宁服务、社会

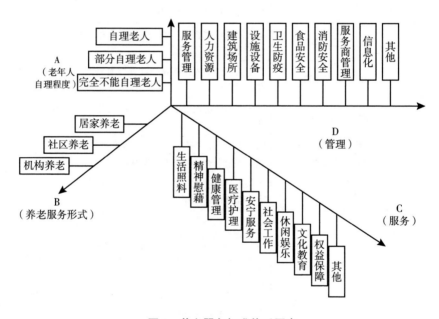

图 1　养老服务标准体系因素

资料来源：《民政部　国家标准委关于印发〈养老服务标准体系建设指南〉的通知》，http：//mzzt. mca. gov. cn/article/zt_ zylfw/zcyjd/mzbwj/201908/20190800019089. shtml，最后访问日期：2021 年 12 月 6 日。

---

① 《民政部　国家标准委关于印发〈养老服务标准体系建设指南〉的通知》，http：//mzzt. mca. gov. cn/article/zt_ zylfw/zcyjd/mzbwj/201908/20190800019089. shtml，最后访问日期：2021 年 12 月 6 日。

工作、休闲娱乐、生活照料、文化教育、精神慰藉、权益保障等多个层次；按管理维度，养老服务包括服务管理、人力资源、建筑场所、卫生防疫、食品安全、消防安全、服务商管理、设施设备、信息化等多方面。

按照《服务业组织标准化工作指南》（GB/T 24421 - 2009）关于标准体系总体结构的规定，养老服务标准体系包括通用基础、服务提供、支撑保障三个子体系。结合养老服务标准体系构成因素，搭建养老服务标准体系框架（详见图2）。

2. 技术委员会探索标准化发展

国家标准化管理委员会（以下简称"国家标准委"）统一管理全国标准化工作，国家标准委通过成立各领域相应的技术委员会（TC），借助重要技术手段提升全国各领域标准化管理水平，指导专业领域的工作方向。全国社会福利服务标准化技术委员会（以下简称"TC 315"）作为ISO/TC 314（老龄化社会）的国内对口TC，负责提出社会福利服务（含养老服务）标准体系建设的整体规划，推动社会福利服务（含养老服务）领域标准的制定和修订、宣传贯彻、解释咨询、经验交流等工作，近年来，陆续发布实施了由TC 315归口的GB 38600 - 2019《养老机构服务安全基本规范》、GB/T 37276 - 2018《养老机构等级划分与评定》、GB/T 35796 - 2017《养老机构服务质量基本规范》、MZ/T 039 - 2013《老年人能力评估》、MZ/T 032 - 2012《养老机构安全管理》等多项国家标准和行业标准，在养老服务标准化发展方面进行了积极的探索。

除TC 315外，在国家标准委现有TC中，还有4个与养老服务相关的TC，分别为TC 148全国残疾人康复和专用设备标准化技术委员会、SAC/TC 264全国服务标准化技术委员会、SAC/TC 483全国保健服务标准化技术委员会和TC 534全国社会工作标准化技术委员会（汤霞、张敖，2017），以上TC分别从各自专业领域角度分别出台了GB/T 24433 - 2009《老年人、残疾人康复服务信息规范》、GB/T 35560 - 2017《老年旅游服务规范景区》、GB/T 39510 - 2020《老年保健服务规范》等相关标准，进一步奠定了全国养老事业、产业标准化发展基础。

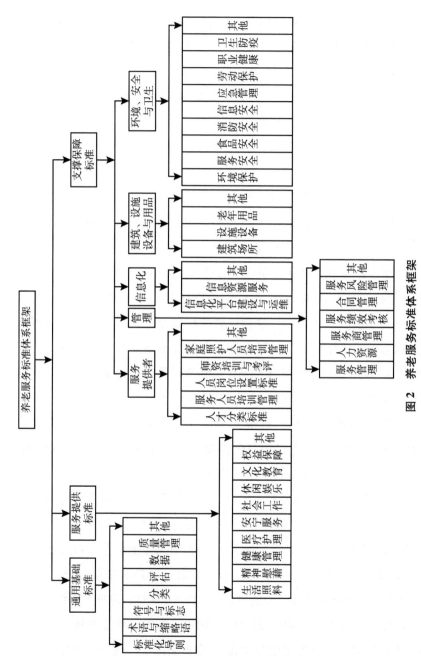

图 2　养老服务标准体系框架

资料来源:《民政部　国家标准委关于印发〈养老服务标准体系建设指南〉的通知》,http://mzzt.mca.gov.cn/article/zt_zylfw/zcyjd/mzb-wj/201908/20190800019089.shtml,最后访问日期:2021 年 12 月 6 日。

3. 标准研制工作进入集中发展期

相较于工业、信息等其他领域，养老服务标准化工作起步较晚，相关标准研制工作主要集中于近几年。综合查询国家标准化管理委员会官网、国家标准委地方标准信息服务平台、工标网、深圳市标准信息平台等网站信息，截至 2021 年 5 月，我国养老服务现行国家标准共 19 项、行业标准 32 项、各地方标准 451 项，标准内容主要涉及老人能力评估、设施建筑设计、养老服务要求、机构等级评估、安全管理、人员管理、服务质量评价等各方面。分析标准研究特点，自从 2017 年国家《养老服务标准体系建设指南》发布后，我国养老服务标准研制工作进入飞速发展期（详见图 3），标准数量尤其是各地方标准数量成倍式增长，标准类型从以基础性的建设标准为主，向以重质量的服务标准和管理标准为主转变，国家标准、行业标准、地方标准、团体标准、企业标准渐成体系。

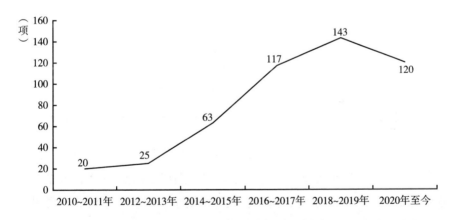

图 3　国家标准、行业标准、地方标准年度发布数量

资料来源：《中国标准化年度报告（2009—2021）》。

4. 标准化试点推动标准落地实施

养老服务标准化试点能充分发挥引领作用，以点带面，引导其他养老服务机构的标准化行为，推动养老服务标准的落地实施。自 2009 年开始，我国先后在北京、江苏、山东等 27 个省份开展了 96 个养老服务相关的国家级标准化试点项目。其中，服务业标准化试点项目 53 个、社会管理和公共服务综合标准化试点项目 43 个。通过养老服务标准化试点项目的开展，各试点单位从构建标准体系、标准研制、标准实施、实施评价、宣贯培训等方面，全流程实现标准制定、实施、评价，全面提升自身管理与服务标准化水平。

在试点区域方面，山东、新疆开展的养老服务相关标准化试点项目较多，天津、吉林、西藏三地各开展 1 项试点项目，广东省近年来共开展 2 项养老服务相关国家级试点项目，分别为"广东省中山市养老服务标准化试点"项目和"广州市老人院养老服务标准化试点"，深圳市尚无相关试点项目（见表5）。

表 5　全国各地养老服务相关国家级标准化试点项目情况

试点项目数量	试点区域
8 个	山东
7 个	新疆
6 个	北京、江苏、甘肃
5 个	山西、内蒙古
4 个	湖南、重庆、四川
3 个	河北、辽宁、上海、安徽、江西、湖北、陕西、宁夏
2 个	黑龙江、福建、广东、海南、青海
1 个	天津、吉林、西藏
4 个	浙江

在试点内容方面，超过一半的试点项目为机构养老服务试点，近年来，随着我国各地基本养老服务体系的建设，居家社区养老服务和医养结合服务迅速发展（见图4），上海、浙江、江苏、山东、重庆等地相继开展居家社区养老服务和医养结合服务标准化试点工作。

二　深圳养老服务标准化发展现状

（一）率先构建深圳市养老服务标准体系

在国家《养老服务标准体系建设指南》发布之前，深圳市基于养老服务

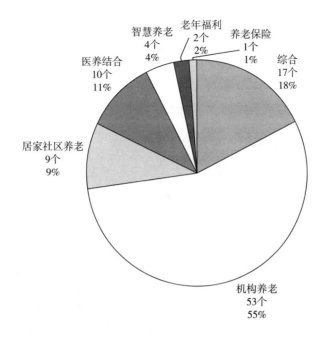

图4 养老服务相关国家级标准化试点内容分布

业标准化发展需求，于2016年率先搭建"深圳市养老服务业标准体系"。2018年，深圳市根据国家《养老服务标准体系建设指南》，进一步调整、优化标准体系，形成《深圳市养老服务业标准体系》（修订版），该体系根据国家、广东省以及深圳市相关政策文件的规范和指引，确定了基础通用、服务提供、服务管理和服务保障四个子标准体系。其中，基础通用标准子体系包括标准化工作导则、术语与缩略语、分类与命名、符号与标识、量与单位等标准；服务提供标准子体系包括综合、智慧养老、医养融合、安宁、老年社会工作、生活照料、医疗护理、健康管理、精神慰藉、休闲娱乐、文化教育、权益保障等多种服务；服务管理标准子体系包括综合管理、机构准入、监管与退出、机构等级划分与评定、老年人入住管理、服务流程管理、服务质量评估与改进等；服务保障标准子体系包括人力资源、设施设备、信息、安全与应急、财务管理等。

在此标准体系框架下，《深圳市养老服务业标准体系》（修订版）收录了养老服务业相关国家标准、行业标准、广东省地方标准和深圳市地方标准

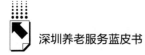
共 74 项，同时基于标准体系框架、现行标准分布和养老服务标准化需求，形成《深圳养老服务业标准制修订计划》，为深圳养老服务标准化工作提供了蓝图和规划。

（二）有序落实"打造深圳标准"目标任务

在"打造深圳标准"的战略指导下，根据《深圳市养老服务业标准体系》（修订版），深圳市有序开展养老服务标准制定工作，截至 2021 年 5 月，深圳市累计发布实施 6 项地方标准（详见表6），主要从社区居家养老、医养结合的服务和评价方面提出规范，一定程度上推动了深圳市建设"1336"养老服务体系。

表 6　深圳市养老服务相关地方标准

序号	标准编号	标准名称	标准性质
1	SZDB/Z 231 – 2017	医养融合服务规范	深圳市标准化指导性技术文件
2	SZDB/Z 240 – 2017	社区老年人日间照料服务规范	深圳市标准化指导性技术文件
3	SZDB/Z 242 – 2017	居家养老服务与绩效评估规范	深圳市标准化指导性技术文件
4	DB4403/T 104 – 2020	医养结合质量评价规范	深圳市地方标准
5	DB4403/T 107 – 2020	居家护理服务规范	深圳市地方标准
6	DB4403/T 69 – 2020	社区养老服务质量评价规范	深圳市地方标准

（三）积极推进"老有颐养"系列标准制定

自 2020 年开始，深圳市以龙岗区为试点，积极协调政府、科研机构、养老服务机构和企业等多方力量，共建深圳市"老有颐养"标准体系。本体系聚焦高标准、高质量的居家社区养老服务，聚焦凝聚深圳养老行业共识共建，从生活照料、康复保健、认知障碍照护、精神慰藉、文体娱乐 5 个方面（详见表7），细化了各类养老服务的服务规范、具体方法和实操流程，形成含 29 项标准、118 个标准项目的"老有颐养"标准体系，为深圳养老服务一线服务人员提供了一套系统全面的服务操作指引，为深圳打造"老有颐养"民生幸福标杆提供了一套科学、可操作、可评价的"标准库"。

为进一步提升本套标准的操作指引性，后续针对各项标准，将于深圳市养护院、香蜜湖街道长者服务中心等养老服务机构现场拍摄操作视频，通过"标准＋操作视频"双套指导，实现全市一线养老服务全领域有标可依，全流程科学规范。

表7 深圳"老有颐养"系列标准

序号	标准类别	标准名称	具体项目
1	生活照料类	修饰服务规范	协助穿脱衣，仪容仪表修饰，床上洗头
2		口腔清洁服务规范	口腔清洁，义齿护理
3		皮肤清洁服务规范	为老年人床上擦浴，协助淋浴，协助盆浴
4		助餐服务规范	配餐服务，送餐服务，协助进食，协助进水
5		环境卫生服务规范	环境清洁，衣被清洁，整理更换床单
6		排泄护理服务规范	协助正常如厕，协助床上使用便器，更换尿垫、纸尿裤，人工肛门便袋护理、人工取便，呕吐时协助变换体位
7		卧床照料服务规范	体位转换，协助睡眠，压疮预防，良体位摆放
8		转移服务规范	协助起床活动，轮椅转移，平车搬运，拐杖使用，步行器、步行车使用
9		助行服务规范	—
10		代办服务规范	—
11		安全保护服务规范	坠床防控，跌倒防控，烫伤防控，误吸防控，噎食防控，管道滑脱防控，走失防控，自杀防控
12	康复保健类	健康管理服务规范	建立健康档案，健康体检，健康咨询，健康教育
13		医疗护理服务规范	鼻饲管喂食，协助制氧机吸氧，空气压缩机雾化吸入，保留灌肠，清洁灌肠，小量不保留灌肠，间歇性导尿，生命体征检测，血糖监测，物理降温，消毒常用物品、器具
14		给服药护理服务规范	药物保管，帮助按医嘱药物喂服，病情观察，皮肤外用药涂抹，慢性伤口换药，开塞露使用帮助
15		疾病预防服务规范	糖尿病足预防，直立性低血压预防，低血糖预防
16		疾病护理服务规范	高血压护理，冠心病护理，急性脑血管疾病护理，脑梗死后遗症护理，糖尿病护理，癫痫护理，帕金森病护理，老年骨关节疾病护理，肿瘤疾病护理

序号	标准类别	标准名称	具体项目
17	康复保健类	中医理疗服务规范	按摩,艾灸
18		助医服务规范	联系医务人,协助转诊,陪同就医
19		安宁疗护服务规范	安宁疗护,遗体料理
20		自理能力训练服务规范	生活自理能力训练,指导使用自助餐具
21		运动功能训练服务规范	被动运动训练,协助辅助性运动训练,减重支持系统训练,电动起立床训练,平衡功能训练,手功能训练,居家作业
22		偏瘫截瘫训练服务规范	偏瘫肢体综合训练,截瘫肢体综合训练
23		吞咽训练服务规范	吞咽基础训练,摄食训练
24		排痰技术服务规范	呼吸训练,有效咳嗽训练,叩背排痰,体位引流
25		肠道功能训练服务规范	—
26	认知障碍照护类	认知障碍照护服务规范	—
27		认知功能训练服务规范	记忆力训练,定向力训练,认知能力训练,语言能力训练,日常生活活动能力训练,社会交往能力训练
28	精神慰藉类	精神慰藉服务规范	陪同聊天,社会支持网络建设,实现微心愿,心理咨询
29	文体娱乐类	文体娱乐服务规范	益智活动,益肢活动,文体活动,老年教育活动,老年救助活动,入户探访活动

（四）集中开展养老领域市级标准化试点

2018 年开始，深圳市民政局在 6 家养老服务机构和 7 家社会工作服务机构，组织开展民政标准化建设试点工作。其中养老服务机构包括深圳市社会福利中心、深圳市宝安区社会福利中心（宝馨颐养院）、深圳市厚德世家养老事业促进中心、深圳市华龄老年服务中心、深圳市福田区福安养老事业发展中心、深圳市南山区万家福颐养院，各试点单位从建立健全标准体系、组织开展标准实施、加大标准宣传贯彻力度、开展标准实施评价、制定持续改进措施、创建管理与服务品牌六方面全流程开展标准化工作，并通过试点中期评估和终期评估，检验标准制定、实施成果，以为深圳市各养老服务机构提供可参考、可借鉴的标准化工作经验。

（五）重点突破，推进盐田国家级标准化试点

除市级标准化试点外，深圳市还积极打造国家级标准化试点单位。盐田区社会福利中心作为深圳市首个"全国养老服务机构标准化建设试点单位"，在试点工作期间，认真贯彻国家、广东省、深圳市养老机构管理服务标准，并结合自身实践经验，建立了约 36 万字的《管理与服务标准化体系》。该标准化体系涵盖了"基础标准体系"、"管理标准体系"、"服务标准体系"和"保障标准体系"四大部分（《领导决策信息》，2016）。随着标准化体系的逐步完善和实施，盐田区社会福利中心抓住根本、突出特色，通过标准实现精准化管理、精细化服务，服务质量得到明显提升，初步形成了具有深圳盐田特色的机构养老服务模式，树立了"精准管理，精细服务"的"盐田养老服务模式"品牌。

三　深圳养老服务标准化发展问题与困境

（一）政策推动缺乏部门协同配合

根据《深圳市构建高水平"1336"养老服务体系实施方案（2020—2025 年）》，未来五年深圳将坚持"标准引领策略"，实施养老服务标准体系建设工程，完善养老服务设施建设标准和服务质量标准，提升养老服务机构标准化管理意识和服务能力，探索建设一批标准化创新基地试点。上述方案为深圳养老服务标准化工作提供了方向和指引，但推动方案目标的实现，需要民政、市场监管等部门的协同配合，也需要财政、卫健、住建、国土资源等相关部门的支持。目前，深圳养老服务标准化工作仍以民政部门为主要推动部门，卫健部门推动起草了 2 项医养结合服务标准，其

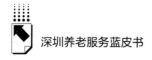

他部门参与较少，相关责任难以落实到位。同时，民政与卫健部门在标准研制过程中缺乏适时的沟通协调，一定程度上导致养老服务领域与医养结合服务领域标准各行其是。

（二）标准体系规划尚未有效落实

根据前文所述，深圳市于2016年率先搭建"深圳市养老服务业标准体系"，并于2018年对该体系进行修订，制订"深圳养老服务业标准制修订计划"。然而，标准体系建成后，未能根据目前国家标准、行业标准、广东省和深圳市地方标准的发布情况，适时更新标准体系，并根据标准制修订计划及时申报相关标准立项工作，标准体系的指引作用未得到发挥，导致深圳在2018~2019年无养老服务地方标准发布，在此同期，北京、上海等各地共发布143项养老服务标准。另外，目前，深圳已经发布的6项养老服务地方标准，覆盖面有限，难以满足深圳打造"老有颐养"民生幸福标杆的需求。

（三）标准制定与现行规划存在脱节

近年来，深圳逐步形成以《深圳经济特区养老服务条例》为纲领，以《深圳市人民代表大会常务委员会关于构建高水平养老服务体系的决定》《深圳市构建高水平"1336"养老服务体系实施方案（2020—2025年）》《深圳市人民政府关于加快发展老龄服务事业和产业的意见》等规划性文件为基础，以《深圳市养老服务设施用地供应暂行办法》《深圳市公办养老机构建设和运营指引（试行）》等规范性文件为配套的"1＋N＋X"养老服务政策体系，养老服务顶层设计逐步健全。在此政策背景下，深圳着力打造"1336"养老服务体系，积极升级社区日间照料服务中心、老年人活动中心的养老服务设施，丰富服务功能，提升服务专业性，推动建设街道长者服务中心、社区长者服务站、小区长者服务点。然而目前的SZDB/Z 240-2017《社区老年人日间照料服务规范》、DB4403/T 69-2020《社区养老服务质量评价规范》两项地方标准，仍着眼于传统的日间照料服务，服务功能定位和服务要求未充分匹配"1336"养老服务体系规划，需要进一步修订完善。

（四）养老服务标准化复合型人才供不应求

人才队伍是养老服务标准化建设工作开展的重要支撑。目前，深圳养老护理人员多为"4050"外来女性务工人员，整体服务水平不高，行业内专业人才缺乏。同时，在养老服务标准化、品质化发展需求下，在深圳养老服务主管部门和各养老服务机构中，既懂养老专业又懂标准化技能的复合型人才供不应求，"做养老的不懂标准，做标准的不懂养老"现象普遍存在，亟须加大养老服务标准化工作复合型人才的培养和支持力度，有效推进养老服务标准化工作的建设。

（五）国际标准化视野有待拓展

深圳要建设中国特色社会主义先行示范区，承担着打造"老有颐养"民生幸福标杆的历史使命。打造标杆需要对标先进、着眼未来，然而由于缺乏对国际标准化工作的了解，深圳养老服务标准化工作多着眼于国家标准、行业标准要求，以及北京、上海等城市相关经验，较少关注 ISO 等国际标准化组织的养老服务标准化工作，以及英国、日本等发达国家养老服务标准化先进经验，更未主动参与国际标准化工作。另外，需要增强提升我国养老服务国际影响力和国际话语权的意识。

四 深圳"老有颐养"标准体系建设的对策与建议

（一）加强联动，建立标准化工作长效协同机制

加强政府部门之间的协调配合。通过建立联席会议机制、制定协同工作方案等方式，促进民政、市场监管、卫健、财政等相关部门之间的沟通协调和统筹发展，强化标准化工作政策制定、经费支持、组织实施和评估监管责

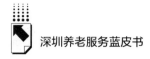

任，加大对养老服务重点领域的标准化试点、标准实施评价、服务人员管理、服务机构认证等工作的支持力度。

建立"政府＋社会＋市场"长效协同机制。养老服务标准化工作是一项涉及多领域、多层面的系统工程，单靠政府的投入难以满足行业的长久发展，需要养老服务机构、行业协会、科研机构等社会力量的共同参与，应建立"以政府为主导，企业和组织广泛参与"的养老服务标准化工作协同机制，推动成立深圳市养老服务标准化技术委员会的进程，围绕顶层设计和科学规划标准化工作，进一步规范和完善标准的制定、审查和实施等各项工作制度，制定养老服务标准实施相关细则，鼓励各级各类养老服务企业和组织共同参与养老服务标准体系建设和标准制定实施工作，强化行业合力，形成多方参与、各行其责、高效运行的养老服务标准化工作长效协同机制。

（二）动态更新，健全"老有颐养"标准体系

建立标准体系动态更新机制。标准体系是一项动态更新的系统，养老服务行业管理部门应建立标准体系动态更新机制，及时根据国家标准、行业标准、广东省和深圳市地方标准的发布情况，修订《深圳市养老服务业标准体系》，适时调整体系框架、标准明细表和标准制修订计划，保持标准体系的科学性、合理性和前瞻性。

切实发挥标准体系的指引作用。建设标准体系最终着眼点在于指导全市养老服务标准化工作，应将标准体系作为深圳养老服务标准化工作的重要指引和基础依据，稳步推进养老服务标准申报立项、研究制定、宣贯培训、落地实施、实施评价等工作，实现深圳养老服务业全领域有标可依，打造匹配"老有颐养"民生幸福标杆需求的"深圳标准"。

（三）强化落地，推动养老服务标准有效实施

加强标准宣贯培训。首先，探索建立养老护理员分级培训管理制度，根据 GZB 71－2009《养老护理员国家职业技能标准》（2019 年版）等标准要求，针对初级护理员、中级护理员、高级护理员、技师、高级技师五个等级

分别开展具有针对性、专业性的标准化培训，介绍行业内主要标准化工作成果、经验，解读养老护理相关重要技术标准，并在养老护理员培训的基础上，探索建立老年社会工作者、老年心理咨询师、老年营养师等相关人员培训机制。其次，协调公安、卫健、质监、食药监等相关部门，支持开展消防安全、医疗卫生、心理健康、特种设备安全、食品安全等相关领域标准化培训，促使养老服务相关工作的规范化。

推动养老服务标准实施推广。鼓励加强对老年人评估、分级护理服务、服务人员管理、服务设施改造、服务机构监督和评估等领域重点标准的实施，力争在行业管理和运营服务的各个环节落实老年护理服务标准，增强标准的适用性和有效性。养老服务主管部门应在购买养老服务过程中明确标准实施相关要求，并从政策、制度、资金等方面加强标准实施保障工作，建立健全养老服务标准实施监督管理制度，加强对养老服务标准实施情况的监督检查，结合第三方评估等行业监管手段，制定并实施社会评价和服务投诉管理规范，发挥社会舆论在养老服务规范化发展中的作用。养老服务行业协会应积极发挥行业指导和监督的职能，加强与养老服务机构的沟通和交流，链接标准化科研机构等专业资源以为养老服务机构提供支持和帮助，推动养老服务标准实施；养老服务机构应构建完善、科学的内部养老服务标准体系，并做好养老服务重点标准制定和发布情况的跟踪和统计，及时将其纳入机构养老服务标准体系，并作为机构标准实施的指引。

推动养老服务机构评估认证。根据 GB/T 37276 - 2018《养老机构等级划分与评定》等要求，积极引导养老机构参与养老机构等级评估。同时，完善深圳市社区、居家养老服务标准，建立社区养老和居家养老服务机构等级评估制度并开展评估工作，通过标准的实施全方位提升机构养老、社区养老、居家养老服务质量。

（四）以点带面，发挥试点单位示范引领作用

积极发挥盐田区社会福利中心国家级标准化试点，以及深圳市社会福利中心、宝安区社会福利中心、深圳市厚德世家养老事业促进中心等市级养老

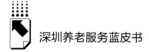

服务标准化试点单位的带动作用，推广养老服务标准体系建设、标准研制、标准实施与评价、宣贯培训等标准化试点工作经验，全面提升全市养老服务机构的标准化水平，做到以试点带动全面发展，增强试点的辐射带动作用，为在全市范围内开展养老服务标准实施工作提供可借鉴、可参考的样本。

（五）专业引领，培养"养老+标准化"复合型人才

加强养老服务专业人才培养。建立专业的养老服务标准化人才队伍是加强养老服务标准化建设的重要保障，而专业的养老服务标准化人才队伍的基础是养老服务专业教育的发展。因此，应着力加强对老年服务管理、护理康复、医疗保健、营养调配、心理咨询等专业人才的培养，鼓励养老服务机构与开设养老服务相关专业的各类高校开展合作，鼓励毕业生到养老服务机构定向就业。

提升养老服务从业人员标准化技能。协调标准化科研机构、高等院校等专业技术资源，为养老服务人员开展标准化基础知识、国际和国内标准化现状和趋势、机构标准化思路等相关主题培训，举办论坛、讲座等，增强养老服务人员标准化工作意识并提升他们的能力，培养兼具养老服务专业技能和标准化技能的复合型人才。同时，养老服务机构应建立健全内部标准化培训制度，定期制订人员培训计划，完善机构内针对标准化管理人才、标准化专业操作性人才等人员的岗前和在岗标准化培训体系，在全市范围内形成全方位、多层次、多领域的培训网络。

（六）开阔视野，跟踪养老领域国际标准化动态

以 ISO/TC 314（老龄化社会）为主，积极跟踪养老服务领域国际标准化动态，了解国际标准化发展方向和工作重点，尤其是老年劳动力和阿尔茨海默病患者照护两项国际标准的研制进度，跟进 SAG 识别的应对老龄化社会标准化工作的九个优先领域工作情况，紧跟国际形势，促进深圳养老服务标准与国际标准的对接。同时，加强与国家标准委 TC 315（全国社会福利服务标准化技术委员会）的沟通和合作，共同推动 ISO/TC 314 的分技术委

员会、工作组落户深圳，以及通过申请承办或参加养老服务国际 TC 技术会议或国际、区域养老服务标准化研讨会议等方式，参与养老服务国际标准化工作，提升深圳乃至我国对养老服务国际标准化工作的影响力，提升标准化工作软实力。

参考文献

《领导决策信息》，2016，《盐田养老服务成全国标杆》，《领导决策信息》第 18 期。

汤霞、张敖，2017，《深圳市养老服务业标准化现状与问题研究》，《第十四届中国标准化论坛论文集》。

谢晶、董志超，2014，《我国养老标准体系建设研究》，《第一资源》第 1 期。

B.7

深圳养老服务人才队伍建设报告

郝凝 杨秋婷*

摘　要： 养老是民生大事，事关国计民生和社会的长治久安。养老行业的
发展离不开人才。本报告数据来源于调查。调查范围涵盖深圳下
辖 9 个行政区和 1 个新区中的养老服务组织与养老服务从业人
员，回收养老服务组织有效问卷 103 份，回收养老服务从业人员
有效问卷 999 份。本报告分析了当前深圳养老服务从业人员现状
及需求，人才队伍建设存在的问题，并重点围绕加强顶层设计、
优化队伍结构、提升专业能力、提升职业素养、提升社会地位提
出了养老服务人才队伍建设的可行策略。

关键词： 养老服务业　养老护理人员　专业培训　人才培养

一　养老服务人才队伍建设总体要求

2019 年 4 月，国务院办公厅印发了《关于推进养老服务发展的意见》
（国办发〔2019〕5 号），其中指出"扩大养老服务就业创业规模"；明确提
出"建立完善养老护理员职业技能等级认定和教育培训制度"，加强养老服
务从业人员专业化职业化建设，"大力推进养老服务业吸纳就业"；提出要
增加人员数量、扩宽来源渠道，"建立养老服务褒扬机制"；提出要提高养

＊　郝凝，深圳健康养老学院研究员；杨秋婷，深圳健康养老学院培训部部长。

老服务从业人员待遇、提升社会地位。① 同年 9 月，民政部印发的《关于进一步扩大养老服务供给　促进养老服务消费的实施意见》（民发〔2019〕88号）提出，到 2022 年底前，要培养培训 200 万名养老护理员。② 同年 10月，人力资源和社会保障部、民政部联合颁布《养老护理员国家职业技能标准（2019 年版）》，提出通过"一升一降一转型"，扩大养老服务员队伍。③

第七次全国人口普查数据显示，截至 2020 年 11 月，深圳市 60 岁及以上常住人口为 940716 人，占 5.36%；65 岁及以上常住人口为 565217 人，占 3.22%；54～59 岁常住人口为 864646 人。预计到 2025 年，常住老年人口规模将达到 180 万人。

截至 2020 年 12 月 31 日，深圳市有养老机构（含长者服务中心）46家，老年人日间照料中心（含社区长者服务站）112 家，居家养老消费券定点服务机构 66 家。养老服务业涉及专业型、战略型和管理型三大类人才。其中，专业型人才是指在机构内为老年人提供日常护理服务的工作人员和医务人员；战略型人才是指具有战略眼光的投资人；管理型人才是指熟知养老服务行业及具备各项管理能力的各级管理人员（沙勇、周建芳、白玫，2019）。本报告中所提及的养老服务人才主要指专业型人才与管理型人才。

本报告采用问卷、访谈、实地考察等相结合的研究方法，对深圳市养老服务人才④与养老服务组织⑤开展调查研究，全面了解深圳养老服务队伍现状，挖掘深圳养老服务人才需求，分析目前养老服务队伍职业化和专业化建设中存在的问题，并结合实际情况，针对养老服务队伍建设提出可操作性的建议。

---

① 《国务院办公厅关于推进养老服务发展的意见》（国办发〔2019〕5 号）。
② 《民政部印发〈关于进一步扩大养老服务供给　促进养老服务消费的实施意见〉》，http://www.gov.cn/xinwen/2019-09/23/content_5432456.htm，最后访问日期：2022 年 3 月 29 日。
③ 《两部门颁布实施〈养老护理员国家职业技能标准（2019 年版）〉》，http://www.gov.cn/xinwen/2019-10/17/content_5440977.htm，最后访问日期：2022 年 3 月 29 日。
④ 养老服务人才主要包括管理人员、专业技术人员、一线养老护理人员，不包含后勤人员。
⑤ 养老服务组织主要包括养老机构、日间照料中心、居家养老服务机构。

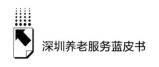

二　深圳养老服务人才队伍现状

2019 年，深圳健康养老学院开展了深圳养老服务人才队伍调查。① 本次调查范围涵盖深圳下辖 9 个行政区和 1 个新区中的养老服务组织与养老服务从业人员。回收养老服务组织有效问卷 103 份，其中养老机构 33 份，老年人日间照料中心 40 份，居家养老消费券定点服务机构 30 份；回收养老服务从业人员有效问卷 999 份，为科学反映养老服务队伍建设的真实需求，样本覆盖不同类型服务组织与不同岗位从业人员。

（一）养老服务队伍基本现状

调查数据显示，一线养老护理人员比例达到 62.0%，管理人员比例达到 18.9%，专业技术人员②比例达到 19.1%。

1. 一线养老护理人员：以"4050"外来务工女性为主

老年护理人员大多以女性为主，比重达到了 85.5%，平均年龄 41 岁，年龄一般比较大。35 岁及以下的年轻人只占 6.6%。他们受教育程度低，初中及以下学历的比例达到 66.0%。大部分来自周边省份，本市户籍只有17.3%。一线老年护理人员年龄结构失衡是目前我国养老护理服务行业普遍存在的现象。据 2018 年泰康保险集团针对"溢彩公益计划"发布的《我国典型地区养老服务机构从业人员服务能力调研报告》，我国养老护理员年龄在 40 岁及以上的占到 85%。

2. 管理人员：呈年轻化发展趋势

如表 1 所示，在管理层面，出现了女性管理人员居多的局面，男女之比约为 1∶2；学历水平相对其他行业不高，本科及以上学历占比为 37.4%；平均年龄为 47.4 岁，26～35 岁的占比为 29.0%，36～45 岁的占比为 28.0%，

---

① 如无特别说明，本报告数据均来自深圳健康养老学院的调研。
② 专业技术人员包括但不限于医师、护士、康复专业人员、营养师、老年社会工作者、心理咨询人员、健康管理师、消防中控从业人员、评估人员。

46~55 岁的占比为28.2%。26~35 岁年轻一代管理人员加入养老行业，为养老行业发展带来新生机。

3. 专业技术人员：具有专业背景的"深漂"群体

以年轻女性为主，专业技术人员的男女之比达到1∶3。相对其他养老服务岗位，专业技术人员最年轻，平均年龄为33.8 岁。本科及以上学历人员占比为32.1%，相较于所属领域从业人员，受教育程度也处于较低水平。专业技术人员是满足多样性养老服务需求的核心，是提升服务水平与服务品质的关键。

表1　不同岗位从业人员社会人口学特征

单位：%

		管理人员	养老护理人员	专业技术人员
性别	男	34.0	14.5	24.9
	女	66.0	85.5	75.1
年龄	18~25 岁	5.9	1.4	27.5
	26~35 岁	29.0	5.2	34.8
	36~45 岁	28.0	25.5	21.0
	46~55 岁	28.2	58.8	12.5
	56 岁及以上	8.9	9.1	4.2
学历	初中及以下	5.3	66.0	0.6
	高中/中职	16.4	26.0	20.8
	大专/高职	40.8	6.3	46.5
	本科及以上	37.4	1.7	32.1
户籍	深圳户籍	61.5	17.3	33.3
	非深圳户籍	38.5	82.7	66.7
婚姻情况	未婚	21.8	5.3	48.2
	已婚	74.4	85.1	51.3
	离异	3.8	6.7	0.5
	丧偶	0.0	2.9	0.0
住房情况	自有住房	48.4	15.0	22.5
	整租房	25.8	18.8	30.9
	合租房	11.0	10.2	18.8
	单位宿舍	11.6	53.1	26.7
	亲戚朋友家	2.6	2.7	1.0
	其他	0.6	0.2	0.0

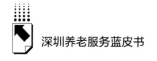

（二）养老服务人才工作意愿与强度

1. 从事养老服务行业的主要原因是喜欢养老行业

由图1可以看出，对于管理人员来说，有超过六成的认为养老服务行业未来发展前景好，相比其他岗位人员来说，他们看好养老服务行业的信念最为坚定。

对于养老护理人员来说，喜欢养老服务行业的比例最高，为64.5%，有31.7%的认为该工作内容适合自己，有29.9%的认为该工作有稳定的收入，对于年龄大、学历低的养老护理人员来说，找一份适合自己又有稳定收入的工作较难，而这是一份可以长期坚持做的事情。

对于专业技术人员来说，从事养老服务行业的原因除了喜欢与认可其发展前景等外，也有专业对口。但目前专业技术人员对养老服务行业未来发展前景认可度不如管理人员高，因而需要增强专业技术人员的行业认同感与使命感，提高专业技术人员的岗位稳定性。

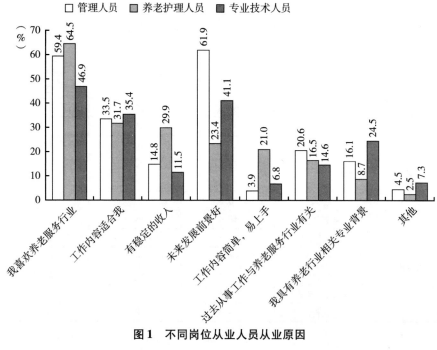

图1 不同岗位从业人员从业原因

2. 养老护理人员平均每人照护8位老人

调查显示，养老服务从业人员平均每周工作 45.4 小时。图 2、图 3 显示，养老护理人员每周工作时长高于其他岗位工作人员，工作 60 小时及以上者占比超过 20.0%。服务老年人的护理人员数量分布不均，平均每人服务 8 名老年人，其中 31.3% 服务 1～5 名老年人，36.5% 服务 6～10 名老年人，11.6% 的老年护理人员护理 11～20 名老年人。

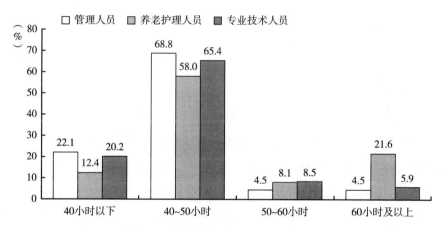

图2　不同岗位从业人员每周工作时长

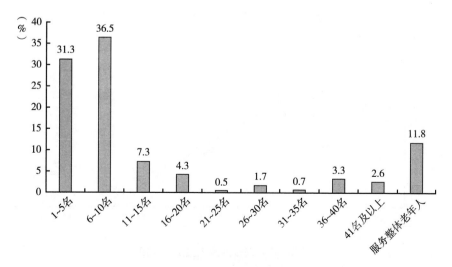

图3　养老护理人员服务老人数量

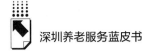

（三）养老服务人才职业培训与成长

1. 七成养老服务从业人员在养老服务行业工作不足3年

图 4 显示，大部分养老服务从业人员从事养老服务行业不到 3 年，管理人员在养老服务行业从事 4～5 年的占比为 19.2%，相较于其他岗位人员所占比例最高。专业技术人员，作为养老服务团队的技术支撑，有 47.4% 的从业不足一年，而从业 4 年及以上的仅占 14.0%。专业技术人员，比如医生、护士、心理咨询师、康复师等，他们专业性强，但行业壁垒低，即便之前不是从事养老行业，也可以凭借过硬的技术，进入到这一领域。近几年，养老服务行业发展迅速，确实吸引了一大批具有专业技术的新从业人员涌入，为整个行业的专业水平与服务质量带来较大提升。

有 21.2% 的养老护理人员在养老行业工作超过 5 年，稳定性最高，养老护理人员主要来自家政行业与个体户。《中国家政服务业发展报告（2018）》显示，家政行业中养老看护占比为 16.3%。可通过落实广东省"南粤家政"工程，对家政行业中从事养老看护的劳动者进行养老服务培训，以提升他们的专业照护能力，为养老护理岗位储备人才。

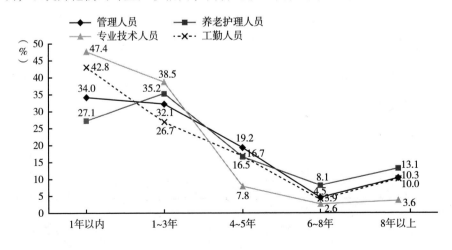

图 4　不同岗位从业人员工作年限

2. 养老服务从业人员持证率为41.0%，以持有初级证书为主

深圳市养老服务行业人员持证率①达到了41.0%。图5显示，养老护理人员持证率达到了48.6%，管理人员持证率达到了49.5%，专业技术人员持证率达到了87.2%。工勤人员持证率达到了26.1%。即使是只对养老护理人员、管理人员、专业技术人员三类群体进行计算，整体持证率也仅为55.0%，深圳在提高养老服务从业人员专业性方面的工作还需要进一步加强。

自从2017年国家取消养老护理员职业资格认证后，目前行业认证领域空白，许多护理人员没有经过系统的专业培训，缺乏对老年照护、老年心理、老年社会工作、老年服务与管理等方面的专业知识和技能。养老护理只停留在日常生活照料与基础护理方面。

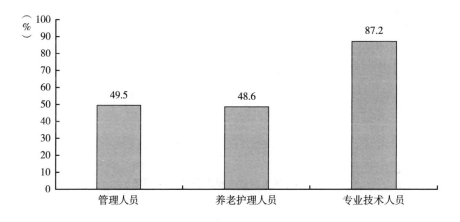

图5　不同岗位从业人员持证情况分布

图6显示，取得等级证书的从业人员中，主要以持有初级证书为主，占比达到63.8%，取得中级证书者占比为20.5%，取得高级证书者占比为15.6%。新版《养老护理员国家职业技能标准（2019年版）》一方面增加和丰富了工作内容，新增了居家和社区养老服务技能要求、消防安全内容、失能护理工作内容和技能要求，新增"能力评估"和"质量管理"两项职

① 持证率，即拥有职业资格证书的人员所占比例。证书包括养老护理员职业技能等级证书、护士执业资格证书、执业医师证书等。

业技能指标，另一方面降低了入职门槛，由"初中毕业"调整为"无学历要求"，并明确未取得小学毕业证书的考生可利用口试进行理论知识测试，吸引更多劳动者从事简单照护工作。对于已取得五级/初级证书的人员，缩短晋升四级/中级照护者的工作时间，并将"在本专业连续实习 2 年以上"调整为"在本专业累计"或"在相关职业工作 1 年（含）以上"，以提升老年护理人员的专业素养，提升老年护理服务质量。

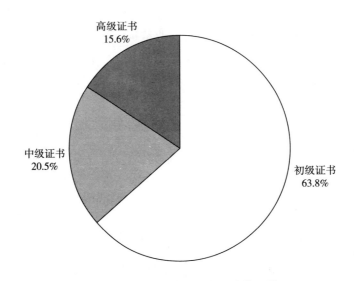

图 6　养老服务从业人员取得证书等级情况

（四）养老服务人才职业评价与收入

1. 以固定薪酬为主，薪资水平普遍低于全市平均水平

目前，养老服务机构的薪酬构成分为固定薪酬和可变薪酬。固定薪酬主要包括基本工资、职级补贴和工龄补贴，浮动薪酬包括绩效奖金和加班补贴。图 7、图 8 显示，22.2% 的养老服务组织包含所有薪酬项目；24.2% 的养老服务组织包含 4 项薪酬项目，固定薪酬项目全包含，浮动薪酬中只包含绩效奖金；约 1/3 的养老服务组织包含 3 种薪酬项目，以基本工资、职级补贴与绩效奖金为主。

目前，养老服务行业总体薪酬构成遵循"固定＋浮动"模式，但不同岗位从业人员，薪酬结构差别不大，都是以固定薪酬中的基本工资为主。基本工资可以保证基层从业人员的稳定性，增强岗位竞争力，但对管理人员来说，缺乏激励性，可增加浮动薪酬配比，调动有想法、有能力的从业人员的积极性，提高养老服务组织的服务能力与效益。

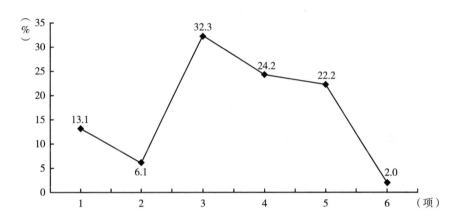

图7　养老服务从业人员薪酬项目构成数量分布

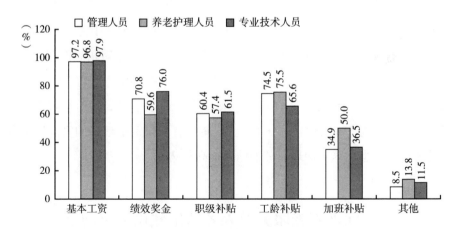

图8　不同岗位养老服务从业人员薪酬结构

2.养老服务行业薪资水平偏低，养老护理人员工资仅4455元

根据深圳市人力资源和社保局公布的《深圳市 2020 年人力资源市场工

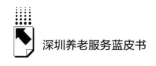
资指导价位》，深圳市养老服务行业平均工资为72317元/年，折算为在职职工每月平均工资为6026.4元。

数据显示，养老行业中，管理人员工资最高，高层管理岗平均工资为11652元/（人·月），中层管理岗平均工资为8510元/（人·月），基层管理岗平均工资为7807元/（人·月），管理类员工平均工资为5725元/（人·月），管理人员薪资水平虽高于其他岗位，但相较于其他行业的管理人员，严重缺乏竞争力。

专业技术人员中医生平均工资为9273元/（人·月），护士平均工资为5931元/（人·月），社工平均工资为6046元/（人·月），康复治疗师平均工资为6518元/（人·月），专业技术人员具有专业认证、专业技术，从事专业性服务，薪资被严重低估。

养老护理人员平均工资为4455元/（人·月），不同技能等级工资水平不同，高级技师平均工资为8872元/（人·月），技师平均工资为7389元/（人·月），高级养老护理员平均工资为6620元/（人·月），中级养老护理员平均工资为5718元/（人·月），初级养老护理员平均工资为4552元/（人·月），没有取得资格证书的平均工资为4198元/（人·月）。调查数据显示，深圳仅有48.6%的养老护理员取得了资格证书，其中超过六成取得初级技能等级证书，取得技师、高级技师资格证书的凤毛麟角。而在家政服务业，高级技工平均工资为8943元/（人·月），中级技工平均工资为6885元/（人·月），初级技工平均工资为6032元/（人·月），没有取得资格证书的平均工资为5564元/（人·月）。即使没有取得资格证书的家政服务业人员平均工资也比养老护理人员平均工资高约25%。

三 深圳养老服务业人才队伍建设面临问题

（一）养老服务业人才队伍结构与养老需求脱节

当前，通过养老机构、居家养老服务机构、日间照料中心等享受养老服务的老年人数量不多。如图 9 所示，有 58.2% 的养老服务从业人员满足需求，有 40.9% 的养老服务从业人员紧张但能运转。2021 年深圳市老年人口现状调研数据显示，深圳常住老年人中失能老年人有 5.1 万人。按通用的行业标准，养老机构护理人员与失能老人的配比为 1∶3 测算，那么深圳未来需要储备养老护理人员近 1.7 万名，养老服务面临较大供需差异。

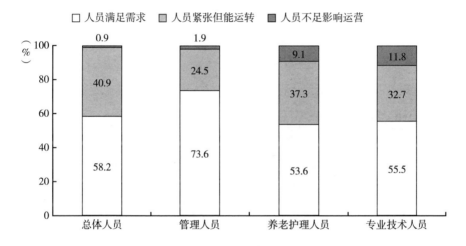

图 9 从业人员满足运营需求情况

目前，护理人员数量不足，不是总体不足，而是高素质的专业护理人员数量不足。深圳职业技术学院开设智慧健康养老服务与管理相关专业，但设立时间仅 2 年。此外，深圳大学等其他高校虽开设与养老、老年相关的课程，但不具针对性，养老相关专业在校学生数量较少，无法满足更广大老年人的养老服务需求。同时，因为该专业被认为是"伺候人"的工作，"脏、累、社会地位低"是大众的普遍认知，因此第一志愿选择该专业的学生更是稀少，远达不到扩容需求。

专业技术人员面临巨大缺口，目前总体从业人员中仅有 12.5% 的专业技术人员，其中 64.4% 的专业技术人员在养老机构工作，在居家养老服务机构中工作的专业技术人员占比为 25.6%，在日间照料中心工作的仅有 10.0%（见图 10）。党的十九届四中全会通过的《中共中央关于坚持和完善中国特色社会主义制度 推进国家治理体系和治理能力现代化若干重大问题的决定》明确提出"积极应对人口老龄化，加快建设居家社区机构相协调、医养康养相结合的养老服务体系"，居家养老与社区养老同样需要充足的专业技术人员资源，因而需要增加专业技术人员数量，丰富居家养老服务机构服务项目，不再只是提供生活照料与基础护理服务。

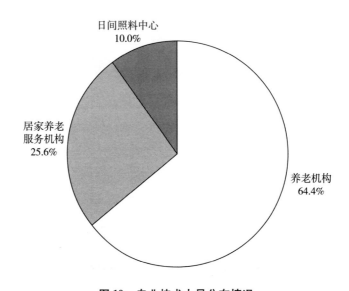

图 10　专业技术人员分布情况

（二）养老服务人才专业能力与市场需求脱节

图 11 显示，目前新入职人员中仅有 18.2% 能胜任工作；有 80.0% 的新入职人员部分工作能胜任，需要短期培训；仍有 1.8% 的新入职人员完全不能胜任，需要系统培训。

《深圳市养老服务业发展"十三五"规划》提出，到 2020 年，全市养老机构院长培训上岗率达到 100%，养老护理人员培训上岗率达到 90%。调查数据显示，目前管理人员与养老护理人员培训率已达到预期。培训的主要项目是职业道德、急救知识、护理技能以及上岗，参与比例分别为 74.7%、73.5%、73.3% 和 70.6%。

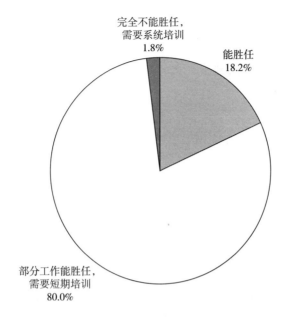

图11 从业人员能力匹配情况

图12 显示，针对不同的岗位，着重培训的项目具有差异。

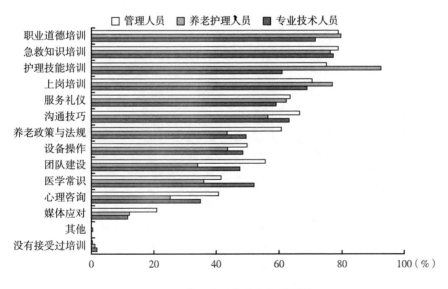

图12 不同岗位从业人员参与培训情况

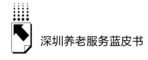

养老护理人员有92.4%参加过护理技能培训，参加培训比例最高。管理人员参与培训的项目较为全面，各个方面都有涉猎，尤其是在沟通技巧、养老政策与法规、团队建设以及心理咨询方面，分别高出总体10.7个、15.5个、16.0个和13.3个百分点。

专业技术人员着重在医学常识的培训，其他方面的培训与管理人员相似。专业技术人员作为专业技能高、学历高、年轻化的群体，是养老服务机构管理人员的后备军，在提高专业技术的基础上，多增加管理知识的储备，可拓宽职业发展路径。

（三）养老服务人才职业晋升与个人发展脱节

图13显示，养老服务机构目前存在的最大问题是人才培养力度不够，占比达40.9%。没有建立健全的人才培养机制，缺乏对人才的系统培养与培育，导致队伍梯队建设不足。有28.2%的养老服务机构存在激励与绩效

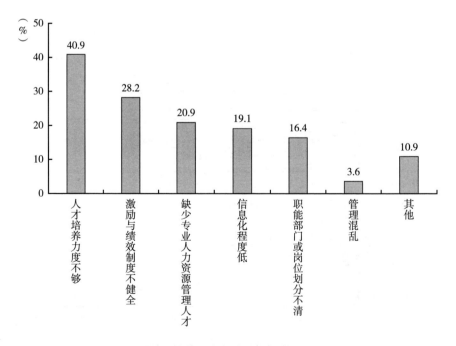

图13 养老服务机构中存在的问题

制度不健全的情况。养老服务是一项长期持续的工作，从业人员工作强度大、精神压力大，很容易在工作过程中产生倦怠、疲惫的感觉，有效的激励与绩效制度保障，能够不断为从业人员的工作助力，也为其发展晋升提供方向。

职业发展对专业技术人员与管理人员的影响远大于养老护理人员与工勤人员，尤其是专业技术人员，他们拥有较强的专业能力，就业选择多，范围广，无须禁锢在养老领域，但他们又是养老领域不可或缺的重要人才资源，所以，要增强养老领域的吸引力，畅通职业发展通道，让从业人员看到未来发展的前景。

（四）养老服务人才社会认可与心理预期脱节

图 14 显示，过去一年养老服务机构总体离职率超过 80%，其中有59.5% 的养老服务机构有少部分人离职（约 10%），有 14.8% 的养老服务机构有约 1/3 的人离职（约 30%），有 6.1% 的养老服务机构离职人数超过一半。

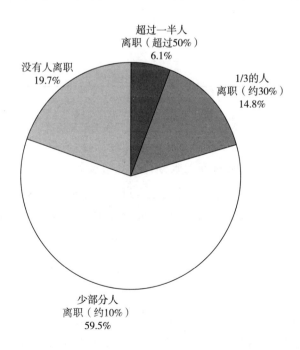

图 14　过去一年养老服务机构从业人员离职情况

养老行业目前岗位稳定度不高，人员变化快，对需要长期服务的老年人来说，影响较大。护理老年人需要持续关注老年人的各项机能与指标的变化，人员变动不仅容易造成老年人身体指标监测的漏洞，也会影响老年人的安全感与信任感，给服务造成困难。

从业人员流动性强，必然也会导致工作满意度低，图15显示，绝大多数从业人员认为工作满意度一般。有5.7%的管理人员、7.2%的养老护理人员、4.4%的专业技术人员对现在的工作不满意或者非常不满意。另外，有10.5%的工勤人员对现在的工作不满意或非常不满意。

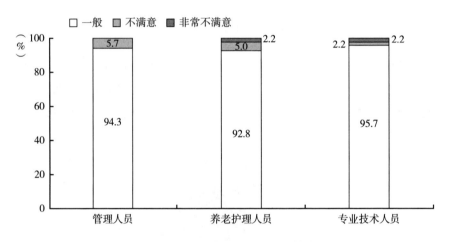

图15　养老服务从业人员工作满意度情况

总体来说，从业人员对养老服务行业认可度高，尤其是养老护理人员，图16显示，有67.7%的愿意推荐其他人进入养老服务行业。打破养老服务就是"伺候老人"的刻板印象，需要更多养老服务从业人员的不断宣导，以吸引更多新人进入该领域。有12.6%的专业技术人员不会推荐，这也与专业技术人员在这个平台缺少学习培训、工作重复、看不到职业发展前景息息相关。

图17显示，从业人员工作需求主要集中在增加收入，提供加班补贴，提供职业技能培训，提供事假、病假、产假和年假方面。不同岗位的从业人员需求不同，养老护理人员主要希望在增加收入，提供加班补贴，提供职业

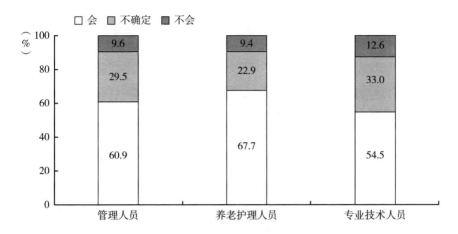

图 16　推荐其他人进入养老服务行业的情况

技能培训，提供事假、病假、产假和年假，组织文化娱乐活动方面获得充分保障；管理人员与专业技术人员主要在增加收入、提供职业技能培训等方面有更多的需求。

四　国内外养老服务人才队伍建设的经验与启示

（一）德国：外引内增，鼓励全职妈妈进入养老行业

1. 总体概况

相较于我国传统的家庭养老模式，德国老年人养老主要依靠社会福利机构，所以德国对老年护理人员的需求存在巨大缺口。截至 2013 年，德国老年护理工作者人数达到 1005524 人，约占总人口的 0.12%。其中，老年护理机构有护理人员 685447 人，占护理人员总数的 68.2%；居家服务机构护理人员有 32077 人，占比为 31.9%（余星、姚国章，2017）。

2. 政策支持

为了扩大护理人员队伍，德国于 1994 年颁布《护理保险法》，目的是

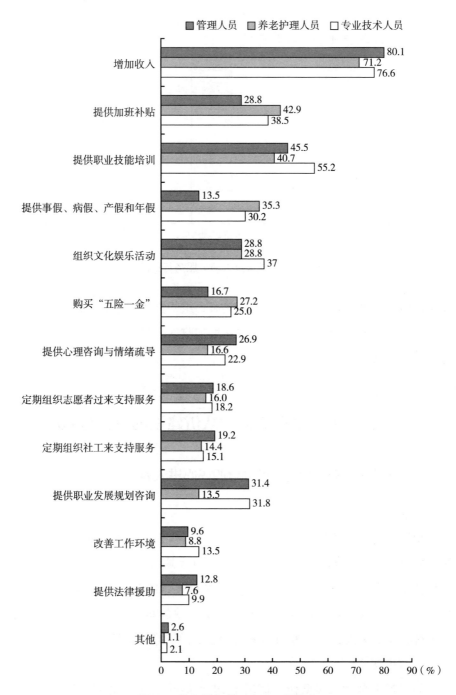

图17 养老服务从业人员工作需求

解决护理人员工资低、工作辛苦的问题。此外，德国通过外部引进人才与内部挖掘潜在人才的方式，调整一系列政策措施，同时修订就业条例，允许欧盟以外国家具有护理专业的人进入德国工作，并且认可其专业护理资格。

德国在挖掘内部劳动力从事护理工作的过程中，把重点放在"全职妈妈"身上，根据德国政府的调查，德国养老机构和居家养老服务的从业人员中，兼职人员分别占 60% 和 70%，而兼职人员大多是全职妈妈。鼓励全职妈妈从事老年护理工作，为她们提供必要的老年护理相关职业教育，解决她们在兼职工作过程中遇到的问题。

3. 培养方式

德国护理专业的教育分为中专培训、继续护理教育和学位教育。中专培训是德国护理教育的主要形式。学生须完成 10 年基础教育，学制为 3 年，学时不少于 4600 学时，其中，理论课 2100 学时，实践课 2500 学时。继续护理教育是培养临床专科护士的主要方式，分为全日制培训和在职培训两种方式，学时不少于 3000 学时，其中理论课 2200 学时，实践课 800 学时。中高层护理人员的培养分为 4 年制全日制大学学历教育和 2 年制全日制非大学学历教育。德国实行双轨制，将理论课程与养老机构的实践课程结合起来，对老年护理从业人员进行培训。对考试通过的人员，颁发欧盟认可的文凭和护士执业许可证。

除传统的学校教育模式以外，德国还有大量养老培训机构和大型养老企业的培训课程，可以满足从业人员学习养老护理知识的需求。

4. 资金支持

在资金支持方面，公立学校可以从教育部获得资金支持，满足条件的私立学校也可以通过申请，获得来自教育部的大量资金补贴。德国法律规定，私立培训学校自主运营 3 年及以上，其教师和外聘教师 93% 的工资将由州政府大众教育部承担。对于想从事老年护理的人来说，只需向政府劳动部门申请护理培训，即可获得免费职业训练。

德国设立单独的资金池，即德国公司需要根据员工人数向公共账户支付

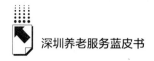
一定数量的培训资金，公司送培训生去培训时，可以向资金池申请补贴，公司送去培训的人越多，其获得的补助也越多（余星、姚国章，2017）。

（二）日本：养老护理岗位精准细化，考核严格

1. 总体概况

1970 年，日本 65 岁及以上人口占总人口的 7.06%，正式进入老龄化社会。按照联合国标准，65 岁及以上人口超过 21% 即进入超老龄化社会，日本在 2007 年已进入超老龄化社会。

日本将老年人的护理服务称为"介护"。在养老护理队伍建设方面，日本根据护理的不同方面，将养老护理工作者分为五种类型，即社会福利工作者、护理支持专家、医疗机构的社会工作者、护理福利的从业人员和护理服务人员。前三者主要从事老年护理工作的咨询、评估和管理等相关工作，后两者主要负责具体的老年人护理服务。从事老年护理工作的从业人员须先通过"护理福利工作者"资格考试。根据公益财团法人社会福祉振兴协会（试验中心）统计，截至 2019 年 7 月，介护福祉士注册人数约 169 万人。日本厚生劳动省推测数据显示，2025 年日本的"团块世代"（1947 年到 1949 年出生的人）将全部达到 75 岁，届时介护人员缺口将达 34 万人。①

2. 政策支持

日本于 1989 年开始实施的社会养老《黄金计划》规定，家访护理服务员由 3.6 万人增至 10 万人；1994 年修订后的《新黄金计划》规定，将家访护理服务员培养目标增加到 17 万人；2002 年推出的《21 世纪黄金计划》将目标增加为 35 万人。2010 年 6 月，日本政府发布的"新增长战略 2010"，目标是将"医疗介护服务产业"打造成规模 50 万亿日元、新增就业 284 万人的"先导产业"。

此外，日本于 1987 年制定和实施了《社会福祉士及介护福祉士法》，明确规定了养老护理服务人员的资格认证、工作内容、职业培养等，极大地

---

① 《日本 2025 年看护人员缺口将达 34 万人 东京最为紧缺》，http：//japan. people. com. cn/n1/2018/0522/c35421 - 30006161. html，最后访问日期：2022 年 3 月 29 日。

促进了专业护理人员队伍的壮大和质量的提高。到目前为止，日本已经形成了以福利高中、高职、专科、四年制大学为主体的较为完整的福利工作者培养体系，并通过国家考试的方式构建了福利学者国家资格认证系统。

3. 培养方式

日本高级护理服务人员主要包括护理工作者和社会福利工作者。护理工作者主要从事一线护理服务，为其他照护者提供专业指导；社会福利工作者主要提供咨询、服务建议、联络协调等。护理福利工作者主要面向初中生、高中生培养，学制2～3年。所有受过培训的护理和福利工作者都需要通过国家考试并获得国家资格证书后，才能从事护理工作。

社会福利工作者有两个培训项目。一是普通全日制大学毕业生培训，二是社会福利专业大学毕业生培训。日本社会福利工作者除需要接受专业教育外，还需要接受600～1200小时的技能培训。截至2021年4月，根据日本厚生劳动省公布数据，日本共有487所介护福祉士培养指定设施（学校），包括福祉大学、短期大学及专门学校。

4. 资金支持

日本学校护理学费每人每学年100万日元，约合人民币5万元，比我国的普通本科教育高出约6倍。如没有政府支持，如此高的学费普通家庭很难承担。为了鼓励更多的学生参加项目，日本政府专门设立高额奖学金制度以吸引学生就读。政府补贴全部学费的80%，学生只需承担20%。此外，领取助学金的学生在毕业后只要从事护理工作满5年，就不再需要归还政府补贴。

日本的福利和养老机构为护理和福利工作者提供大量补贴，很多机构会额外给能取得护理和福利工作者资格的员工每月2万元。另外，机构也会为工作人员提供职业发展上升通道，开设专门针对各类护理资格考试的辅导培训班，帮助机构内在职护理人员快速提高业务水平。

（三）上海："四个统一"推动养老护理员队伍建设

1. 总体概况

上海作为内地最早进入老龄社会的城市，成为全国养老服务发展的先行

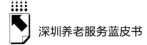

者。根据《上海市老年人口和老龄事业监测统计调查制度》，2020年，上海市60岁及以上老年人口有533.49万人，占总人口的36.1%，较2019年增加0.9个百分点，上海人口老龄化趋势进一步加剧。80岁及以上高龄老年人口有82.53万人，占总人口的5.6%。60岁及以上老年人口中，60~64岁组占30.2%，65~69岁组占27.2%，70~79岁组占26.8%，80岁及以上组占15.8%。这说明上海老年人口总数量稳步增长的同时老年人平均年龄也在不断增加。

2. 政策导向

上海市政府在进入21世纪以来，极其关注日益严重的老龄化问题，推进养老产业发展的进程。2015年10月，上海市人力资源和社会保障局、上海市民政局等六部门联合印发了《上海市养老护理人员队伍建设（专项）规划（2015—2020年）》，以强化人才队伍建设。2016年5月1日正式实施的《上海市老年人权益保障条例》对建立健全本市养老护理人员队伍做出明确规定。2019年上海市人民政府关于印发《上海市深化养老服务实施方案（2019—2022年)》的通知，提出养老服务队伍水平提升计划与推广养老顾问制度。2020年上海市人力资源和社会保障局等九部门关于印发《关于加强养老护理员队伍建设　提高养老护理水平的实施意见》的通知，提出建立健全养老护理员培养措施、评价标准、晋升通道、薪酬体系、激励机制和管理系统。

3. 培养方式

目前，上海仅一所学校，即上海中华职业技术学院开设养老相关专业，分别是护理（老年护理）、护理（康复护理）、老年服务与管理，每年在全国招生250人左右，学制为3年，每年学费13000元。按照医疗卫生事业和养老产业对护理人员的岗位要求，该校与日本、中国台湾地区具有高级养老服务专业的知名大学建立合作关系，以高级能力培养为主线，以实践教学为着手点，强调"教学做一体化"，旨在培养学生掌握护理的基础理论知识和专业知识，培养出具备基础护理和医疗临床护理知识的高技能型复合人才。

上海市民政局与上海开放大学于2017年成立上海开放大学民政学院，开设"老年服务与管理专业"大专班，主要是以提升上海市从事养老服务行业和管理的养老机构的人员的专业素养与技能为教育目的，拥有职业高中、普通高中、业余高中、中专、技校或同等学力者皆可以报名。学校实行学分制，学习年限为2.5~8.0年，学生在规定的时间内修完规定的课程并且课程考核成绩合格，达到学校所规定的毕业总学分，思想品德评定合格，即准予毕业，并可获得教育部认可的上海开放大学专科毕业证书。每学期以每学分120元缴费，最低总学分为76学分。

除了学历教育外，2016年上海开始实施"养老护理人员技能提升专项行动计划"，以"四个统一"推动养老护理员队伍的职业化和可持续发展。2018年上海启动养老顾问试点，全市陆续开展养老顾问培训，到2021年底全市共有6723处养老顾问点，有9234名"养老顾问"，已实现街镇全覆盖。

4. 资金支持

为鼓励从业人员参与养老护理专业技能培训，上海通过"以奖代补"策略鼓励养老机构优先招聘持有相关证书的养老护理人员和专业技术人员。同时，上海扩大养老护理人员的职业技能培训覆盖范围，补贴对象年龄放宽到60岁以下，并提高职业培训补贴标准，80%的培训费可获得补贴，培训期间还给予交通、误工等津贴。

为了吸引更多人员，上海市政府制定扶持资助政策，吸引本市或其他省市的人员来沪从事养老护理工作，对于持有相关证书的养老护理员，给予不同职业资格等级、从业年限的资助（陈晓丽，2019）。

五 深圳养老服务人才发展对策与建议

（一）加强顶层设计，制定养老服务队伍建设指导意见

加大政府政策性支持力度，科学研制相关法律与政策，制定养老服务队伍建设指导意见，从"增量""增能""增效"三方面，提高养老服务从业人员专业性，提升养老服务质量。目前，养老护理从业人员普遍被认为只是照顾老人，基本上被等同于保姆和家政人员，社会地位较低，即便

是管理人员与专业技术人员，在待遇、工作环境方面也得不到有力保障，而在有些国家和地区，作为具备专业与技能的养老服务从业人员，已经有明确的相关政策保障。结合深圳市老年人口特点与经济社会发展状况，了解深圳市养老服务从业人员规模、结构、需求，科学合理、实事求是地制定符合深圳市特点的养老服务队伍建设指导意见，突出政策导向、需求导向、问题导向、目标导向，确保养老服务从业人员的引进、培养、评价、使用及激励政策合理合规。要规范养老服务从业人员的岗位职责、工作内容和资质要求，满足从业人员培训教育、提升技能的需求，拓宽其职业发展通道；要保障养老服务从业人员的福利待遇与劳动权利，建立健全补贴与激励机制。

（二）优化队伍结构，扩大养老服务从业人员来源渠道

1. "对口帮扶"培育养老护理人员

建立对口帮扶地区对接机制，建立养老服务岗位信息发布与共享机制，创新"选拔—培养—就业"模式，坚持以需求为导向，鼓励有条件的学校开展对口帮扶地区人才定向培养，推动校企联合开展订单式养老服务从业人员培训。面向深圳市对口帮扶地区，扩大养老服务相关专业招生规模，对贫困家庭学生给予学费减免与生活补贴。通过现场招聘、网络招聘、校园招聘等方式，帮助有意来深从事养老服务的劳动力实现转移就业。举办"精准扶贫＋养老定向就业"的养老护理人员技能培训班，重点吸引贫困、就业困难人群进入养老服务行业。有条件的区可制定养老服务从业人员落户、周转安置房、自主创业奖励、困难家庭兜底安置等优惠政策。

2. "内培外引"培养优秀管理人员

建立中高级管理人员培训机制，定期邀请国内外优秀养老管理者、行业专家，对深圳市养老服务组织负责人与中高层管理者、养老企业负责人、涉老类社会组织负责人等进行养老服务培训，每年至少开展 1~2 次培训，内容包括法律法规、管理模式、运营流程、服务质量提升、市场营销、安全管

理等。建立养老服务领军人才储备库，实施养老管理人才备案管理，有条件的养老服务组织可面向国内外招聘高层次经营管理人才和高级以上职称人员。完善养老服务产业人才引进机制，鼓励养老服务组织采取咨询、兼职、短期聘用、技术合作等方式灵活聘用养老管理高端人才。

3. "精准吸纳"培训专业技术人员

加强对医疗保健、康复护理、中医养生、营养搭配、心理慰藉、能力评估等方面技术人才培养的政策制定。吸纳周边院校，特别是开设养老服务、护理、老年社会工作等专业的院校的教育资源，吸引毕业生到养老服务行业就业。鼓励各类养老机构、社区养老服务机构、日间照料中心等养老服务组织科学设置专业技术岗位，重点吸引医师、护士、社会工作师、营养师、心理咨询师、康复理疗师等相关领域专业技术人才。建立专业技术人才补贴制度，为具有高级职称的人员和资深人员提供相应资助；获得技师及以上职业资格证书的，可按相关规定申请建立"国家技能大师工作室"或"深圳市首席技师工作室"。

4. "全民动员"培植养老服务志愿者队伍

根据马斯洛需求层次理论，老年人的养老服务需求不只是基本生活照料和医疗保健，还有更多个性化需求。单纯依靠养老机构或养老服务组织无法覆盖多元化、高质量的养老服务，需要吸纳社会组织、志愿者参与到养老服务中，建立包括低龄老年人、青少年、全职妈妈等人群的志愿服务队伍，并以此作为重要补充。他们可重点提供精神慰藉、老年教育、老年文化娱乐、陪同购物、陪同就医等服务。同时，开发老年人人力资源，吸引有专业、有能力、有热忱的老年人参与养老志愿服务（陈晓丽，2019）。完善养老志愿服务体系，建立养老志愿服务标准，制定激励机制，探索实践互助养老时间银行模式。

（三）提升专业能力，加大对养老服务人员的教育培训力度

1. 开展常规性养老服务培训

建立养老服务从业人员定期培训制度，科学研制养老服务从业人员培训

课程体系。规范养老服务从业人员上岗培训机制，新进入养老服务的从业人员须接受不少于24学时的岗前培训。鼓励在岗人员参加技能提升培训，每两年培训不少于90学时，将技能提升与工资收入、岗位晋升挂起钩来。推进开展中高端养老服务从业人员培训，通过基地实训、学习研修等方式，提高服务质量和专业水平。加强对养老服务组织负责人与管理干部的培训，普及养老服务法律法规、政策和标准，提升运营管理能力。定期开展稳岗培训与养老行业宣导讲座，树立行业自信心，关注养老服务从业人员心理发展，增强职业归属感。

2. 鼓励养老行业产教研深度融合

推动养老机构和设有养老相关专业和课程的学校建立养老服务实训基地。鼓励实训基地制定与养老行业技术标准、管理方式、操作流程、工作规程等相契合的实训方案，提高养老服务从业人员实际操作能力；开展养老服务业人员相关的岗前培训、在岗轮训；针对家庭照护者、志愿服务人员开展短期培训；依托设置老年服务与管理、老年护理等专业的院校，提升养老护理人员护理技能水平。支持示范性、品牌性养老机构、社会组织挂牌成为学校学生实习基地，为养老相关专业学生提供实习岗位。

3. 创新养老服务继续教育模式

鼓励养老服务从业人员开展学历与非学历继续教育，建立养老服务人才终身学习机制，鼓励养老服务从业人员在职攻读相关专业学位，提升学历，对于取得相应学历者，给予继续教育补贴。开展养老护理员职业技能等级培训，组织参与养老护理员职业技能等级认定，对于获得相应等级证书者，给予岗位补贴。推动开发在线学习平台，研发养老服务从业人员自学、自测课程体系，开展针对从业人员的自学指导、集中短训、技能实习等工作，探索面向在职人员的教学与服务模式。

（四）提高职业素养，健全养老服务人才职业晋升发展体系

1. 制定养老护理员职业技能等级认定标准

根据《养老护理员国家职业技能标准》要求，建立健全养老护理员的

职业技能等级认定机制，组织开展养老护理员职业技能等级认定考试，对于参加考试且成绩合格的人员，颁发相应的职业技能等级证书。制定扶持政策，鼓励养老服务组织优先聘用持有职业技能等级证书的养老服务从业人员。充分利用实训基地的资源开展技能认定工作，降低职业技能认定费用，对于取得养老服务职业技能认定证书者，发放培训补贴和职业技能认定补贴，做到应补尽补。

2. 搭建养老服务从业人员岗位晋升渠道

建立养老服务岗位设置标准，按照精简效能、以需求定数量、分对象设岗位的原则，科学设立养老服务管理岗位、专业技术岗位、养老护理岗位。划分岗位性质、明确任职条件、规范职责任务，对各个岗位分别制定相适应的岗位等级与岗位结构比例。通过政府购买服务方式，在街道、社区等开发一批为老服务岗位，创造条件引导养老服务从业人员深入到老年人周围开展服务。开展多岗位锻炼轮岗机制，鼓励不同岗位之间人才交叉学习，深入养老服务各个领域，为养老服务人才搭建更加畅通的职业提升空间。

3. 研发智能化养老服务人才登记管理平台

对养老服务从业人员实行全市统一登记管理，如实记录个人背景信息、受教育程度、从业经历、服务对象评价、参加培训经历、有无受过投诉处罚等情况。加强基础数据录入工作，逐步完善养老服务从业人员数据，对不同岗位、层级的从业人员分区管理，分类培训培养。打造深圳养老服务人才资源库，建立养老服务人才使用标准与规范。建立以岗位职责要求为地基，以品德、能力、技术和态度为支撑的多维度、科学化的养老服务人才评价机制。鼓励行业协会、养老服务组织定期开展养老服务人才评估机制，设置深圳养老服务人才信用评价分，作为晋级、提薪、转岗的重要依据。

（五）提升社会地位，加强养老服务从业人员福利保障

1. 保障养老服务从业人员的合法劳动权益

用来保护养老服务从业人员的专项政策法规是没有的。《劳动法》目前对于从事养老服务的工作人员，保障力度不够，并且在实施过程中缺少有效

的监督管理制度。政府应该加强立法工作，制定专项政策法规，保障养老服务从业人员的基本权益。完善养老服务人员权益保障的相关法律，加强劳动保护和职业保护，养老服务组织与养老服务从业人员依法签订劳动合同，建立劳动关系，参加社会保险。优化工作环境，建立困难职工帮扶机制，关心从业人员的工作和生活，帮助解决工作和生活上的困难。积极使用与引进高科技手段，降低养老服务从业人员劳动强度。

2. 提高养老服务从业人员薪酬待遇水平

逐步提高养老服务从业人员薪酬待遇水平，建立养老服务从业人员工资水平随经济发展、工资标准增长和随本人工作年限自然增长机制。建立毕业生入职资助机制，鼓励高等学校、职业学校毕业生来深从事养老服务、康复护理等一线工作，并给予入职资助。通过"按劳取酬""以岗定薪""优绩优酬"的薪酬分配方式，优化薪酬保障机制，建立职业技能等级与养老服务从业人员薪酬待遇挂钩机制，定期发布全市养老服务人力资源市场指导价位。

3. 健全养老服务从业人员褒奖制度

定期开展养老护理员职业技能大赛，通过竞赛选拔，以赛促学、促练、促改，对获奖的养老护理员给予物质、精神两方面的奖励。鼓励养老服务从业人员代表积极参加劳动模范、三八红旗手等评选活动。对在国家、省、市技能竞赛、评选中获得优异成绩或取得国家认可的中高级职业资格的，给予奖励。对于优秀的养老服务从业人员，优先给予深造学习机会、优先聘请为实训基地教师。加大养老行业发展前景宣传，选典型、树标杆，大力宣传成绩突出、表现优秀的从业人员。

4. 将培养养老服务人才纳入深圳市人才发展规划

建立养老服务人才认定标准，建立多元化养老服务人才评价标准和评价指标体系。建立养老英才培植计划，优先引进有经验、高层次、创新的养老服务人才，建立完善的养老服务人才教育培养体系，培植深圳当地优秀人才。完善养老服务人才激励保障机制，实行精神激励和物质激励相结合，规范奖项设置，表彰奖励杰出创新养老服务人才，提升其社会地位。

参考文献

陈晓丽，2019，《上海市养老护理员队伍建设现状分析》，《党政论坛》第 1 期，第 43 ~ 45 页。

沙勇、周建芳、白玫主编，2019，《养老服务管理》，北京：社会科学文献出版社。

余星、姚国章，2017，《国外养老服务人才队伍建设比较研究——以日本、德国、丹麦为例》，《经营与管理》第 6 期，DOI：10. 16517/j. cnki. cn12 – 1034/f. 2017. 06. 013。

B.8
深圳智慧养老服务体系研究报告

钟苑婷*

摘　要： 本报告基于深圳老年人口主要特征，从政策制定、平台建设、信息技术应用，以及本土信息技术产业优势等方面，阐明深圳智慧养老发展现状。从整体上看，深圳智慧养老仍处于起步阶段，在智慧养老整体规划、服务衔接、标准建设、人才培养和产业布局等方面仍面临诸多问题，这不利于深圳智慧养老服务可持续发展。基于政策导向和发展实际，为构建深圳智慧养老服务体系，本报告围绕深圳智慧养老发展问题，提出了加强制度体系建设、加强信息技术对接等建议。

关键词： 人口老龄化　智慧养老　信息技术　养老产业

一　深圳老年人口主要特征

（一）老年人口数量进入快速增长阶段

根据第七次全国人口普查数据，深圳常住人口 1756 万人，60 岁及以上常住人口 94.1 万人，人口老龄化率为 5.36%，尚未进入人口老龄化社会。但是，随着早期来深建设者"成批"步入老年行列，深圳人口老龄化已到来，老龄化速度远快于全国，预计深圳从老龄化社会步入深度老龄化社会用

＊　钟苑婷，深圳健康养老学院研究员。

时约 10 年（《深圳特区报》，2021）。深圳未来人口老龄化的形势更为严峻，亟须提前做好谋划布局。

（二）老年人文化程度较高和消费能力较强

改革开放 40 多年来，深圳不断加大人才引进力度，吸引了全国各地的优秀人才来深发展。当前，深圳常住老年人口约为户籍老年人口的 2.6 倍，其中，早期来深建设者占了相当大的比重，这部分人的总体受教育程度较高，因此深圳老年人的文化水平高于全国平均值。此外，根据深圳市统计部门统计，2019 年深圳在岗职工月平均工资为 10646 元（深圳市统计局，2020a），截至 2019 年底，人均可支配收入 62552 元，人均 GDP 达到 20.04 万元（约合 3 万美元）（深圳市统计局，2020b）。深圳当前的经济发展水平已超过发达国家进入人口老龄化时的水平，老年人消费能力显著提高，"渐富渐老"特点突出。

（三）老年人高质量养老服务需求突出

党的十九大报告指出，我国社会主要矛盾已经转化为人民日益增长的美好生活需要和不平衡不充分的发展之间的矛盾，要求在继续推动发展的基础上大力提升发展质量和效益，更好满足人民日益增长的美好生活需要。在此背景下，老年人对养老服务的期待，已不再仅仅满足于物质生活的保障，而是进一步追求多元化、精准化、便捷化的服务项目，以满足不同阶段、不同层面的服务需求，让晚年生活更加丰富、更有保障、更具温度。

（四）老年人更加注重健康与安全保障

2019 年，我国人均预期寿命 77.3 岁（国家卫健委，2020），深圳人均预期寿命为 81.45 岁[①]，高于全国平均水平。随着年龄的增加，老年人慢性病患病率和死亡率随之提高。国家卫健委公开数据显示，2019 年我国失能、

[①]《深圳市人民政府关于打造健康中国"深圳样板"的实施意见》（深府〔2020〕25 号）。

部分失能老年人数量超过 4000 万人，患有慢性病的老年人超过 1.8 亿人，有 75% 的老年人患有一种及以上慢性病，大部分老年人有 8 年多的时间带病生存（国家卫健委，2019）。老年人患病比例高，进入老年后患病时间早，带病时间长，生活质量不高，这在一定程度上促使老年人更加关注健康和安全，迫切需要通过更加高效便捷的手段，提供综合、连续、及时的医疗保健和安全保障服务。

二 深圳智慧养老服务发展现状

（一）强化政策衔接指导，做实智慧养老工作基础

《国民经济和社会发展第十四个五年规划和 2035 年远景目标纲要》明确指出，要发展银发经济，开发适老化技术和产品，培育智慧养老等新业态。自 2011 年以来，国务院及相关部委先后出台系列推动智慧养老的政策文件，提出"智能化养老"的理念，强调"互联网 +"养老服务，鼓励探索智慧养老的服务实践，促进养老产业高水平发展。2019 年，《国务院办公厅关于推进养老服务发展的意见》提出，实施"互联网 + 养老"行动，持续推动智慧健康养老产业发展，拓展信息技术在养老领域的应用，制定智慧健康养老产品及服务推广目录，开展智慧健康养老应用试点示范。

随着人口老龄化趋势加快，深圳不断增强对养老服务业发展的重视程度，通过加强政策研制、建立健全养老服务政策体系，支持智慧养老服务发展。2018 年，《深圳市民政局 深圳市发展和改革委员会印发关于全面放开养老服务市场提升养老服务质量若干措施的通知》明确指出，"培育智慧养老、'互联网 +'等企业、机构，运用互联网、物联网等技术，通过智慧养老服务信息平台为老年人有效提供一站式高效、便捷、安全的养老服务"。相关政策文件的出台，进一步明确深圳立足科技产业优势，引领智慧养老服务发展，依托人工智能、物联网、云计算、大数据等技术开展适合老年人的产品和养老服务研发，推进养老服务与管理的智慧化应用。

深圳各区结合发展实际，也相继出台系列政策文件，细化智慧养老工作开展要求，为区域智慧养老服务发展提供明确指导。这些政策文件有《宝安区发展老龄服务事业和产业工作方案》、《宝安区社区养老服务扶持暂行办法》、《深圳市老年人专用智能产品与服务发展行动计划（2015—2017年）宝安区实施方案》、《南山区智慧养老工作方案（试行)》和《深圳市龙华区关于推进智慧养老服务平台建设的实施方案》等。

（二）加强平台建设，对接服务需求，推动智慧化养老服务和监管

深圳积极推动智慧养老平台建设，通过多种形式，整合辖内各类为老服务资源，依托平台系统对接老年人的各类服务需求，在满足老年人多样化需求的同时，推动养老服务数据共建共享，不断提高管理水平和服务质量。

1. 搭建养老服务平台，实现信息共享和资源整合

2020年，深圳强化科技助老服务，以智慧养老为切入点，综合运用5G、物联网、区块链等新技术，探索搭建全市统一的智慧养老服务管理平台，统筹推进多级联动，实现多方信息互联互通，推动养老服务智能化、规范化，进一步实现服务全流程监管（廖远飞，2020）。依托深圳市老有颐养"907"幸福康养惠民工程，与深圳市民政智慧养老管理平台实现对接，全市社区居家养老服务机构逐步接入服务系统，实现统筹管理。搭建深圳智慧养老服务平台，有助于联动政府、市场、社会、家庭等多方力量，形成覆盖多层级的养老服务网络，满足老年人多样化服务需求。

2. 依托多元平台对接，推动服务精准化和高效化

深圳各区结合区域优势，探索多样化智慧养老服务形式。盐田区联动"i盐田"公众号、盐田智慧民政系统等线上载体，拓展国寿·盐田区悦享中心社区养老综合服务中心、智能养老综合服务中心、海山街道健康生活馆与科技康复馆等线下渠道，搭建统一标准和平台，实现资源同享、互联互通，全方位整合系统数据应用，定制个性化特色服务，显著提高办事效率。宝安区以创建全国智慧健康养老示范基地为契机，依托"工业互联网""智

慧宝安""5G 政务"等平台,打造全区统一的综合性、标准化智慧养老服务平台,联动区、街道、社区、用户四个层级,实现各养老服务单位信息互通、资源共享。南山区搭建覆盖区、街道、社区三级的智慧养老服务平台,并基于近几年开展的老年人口底数摸查,实现老年人信息和养老服务数据的整理归纳和共享流通,开发精准、丰富的智能产品和服务,推动居家养老、紧急救助等服务应用,为老年人提供线上线下、全天候、全覆盖的智慧养老服务。

3. 推动智能监督管理,提高监管及时性和有效性

在养老服务监管方面,依托各层级智慧养老平台实现动态、实时监管,保障服务质量。南山区依托智慧平台创新监管模式,将智慧系统对接政务云平台,与相关部门共享数据接口,实现信息数据流通,做到服务人员、服务项目、服务评价的透明管理,实现"互联网 +"新型高效助老模式。龙岗区整合和链接各类为老服务资源,依托平台精准对接老年人服务需求,推进"一体化资源统筹",实现了全区养老机构,以及街道、社区、小区长者服务站点全方位实时的服务监测。龙华区依托综合性为老服务平台,推动科技产品在养老服务监管中的应用,通过在辖区养老服务场所配置健康一体机、智能摄像头和人脸识别设备,实现服务场所动态监管。

(三)推进信息技术应用,创新智慧养老服务供给形式

近年来,深圳加大信息技术在养老服务领域的运用,研发了李秘书平板电脑、老年穿戴设备、GPS 定位系统等智能养老产品和应用,并依托智慧养老服务平台,让老年人需求"尽在掌握""一键响应",实现养老服务精准化、精细化、便捷化。

1. 推进长者颐年卡申办,实现"一卡多用、全市通用"

自 2020 年 4 月起,深圳面向全市 60 周岁及以上老年人发行智慧养老颐年卡(以下简称"颐年卡")。颐年卡集身份识别、老年优待、政府津贴发放、银行储存、深圳通等多功能于一体,实现养老服务全领域覆盖,做到"一卡多用、全市通用"。截至 2021 年底,累计发卡超 77 万张。其中,深

圳户籍老年人覆盖率超90%，常住老年人口覆盖率超过80%。[①] 作为一张养老服务电子身份凭证卡，颐年卡的发行极大地提高了深圳养老服务的质量和效率，全面提升了老年人日常出行、游玩和享受养老服务的体验感，为老年人提供了更加便捷可及的养老服务。

推行颐年卡是深圳应用信息技术创新养老服务发展的重要举措。依托颐年卡介质，深圳市将民政、卫健、交通、工信等部门，市、区、街道、社区等层级，银行、深圳通等相关企业，以及深圳智慧民政、银行业务系统等，纳入颐年卡服务链条，构建全面、完善的养老服务网络，逐步实现养老服务全领域应用。同时，通过颐年卡可采集老年人个人基本信息、享受政府津补贴情况、享受优待频次等信息，这有助于打造完整的老年人服务信息库，为推动服务精准化奠定基础。

2. 推进智能设备配置，实现居家老人健康和安全管理

深圳推进老有颐养"907"幸福康养惠民工程，为高龄、失能等特殊老年人的家庭实施适老化改造，包括对建筑硬件和家具家装的改造，以及辅助设备和智能产品的配备。2020年，基于居家适老化改造项目，深圳为特殊老年人配置了智能感应和智能呼叫设备，如智能手环、智能拐杖、红外感应装置等，帮助有需要的老年人及时链接专业服务。

在深圳市统一部署下，各区积极推进智能设备进家庭服务，满足居家老年人的生活照料和安全监管需求。盐田区通过智能养老服务、适老化改造、家庭养老床位试点等项目，为服务对象配备一键呼叫装置、生命体征感应装置、智能服务终端等，提供紧急救助、休闲娱乐等个性化服务，建立"智能产品－匹配服务－后台支撑"的闭环，实现技术、服务与人文的高度融合和有效衔接，推动智慧养老服务技术落地。龙华区开展"智能化"试点，实施高龄独居老年人关爱项目，为高龄独居老人配置居家智能设备，依托智慧养老服务平台，及时响应老年人紧急求助信号，将预警信息同步传送至紧

---

① 《平安银行发布〈2021年可持续发展报告〉：支持实体　绿色发展　金融惠民》，和讯网百家号，2022年3月23日。

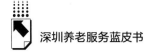

急联系人，解决特殊老年人居家安全问题。同时，推出"智慧＋居家"服务，为失能、高龄老人提供智能化设备和实施居家无障碍改造，提高老年人居家环境的舒适性和安全性。

3. **推进养老服务场所应用试点，实现一体化智慧服务**

深圳从群众需求出发，以服务民生为根本，鼓励支持养老服务机构开发应用智慧养老服务系统，依托一体化平台，实时掌握老年人服务情况，提升信息化管理水平，为老年人提供全面、精准、及时的服务。

目前，盐田区正在探索建设"三合一"智能养老综合服务中心，将"智慧养老产品体验展示中心＋居家养老实训中心＋养老培训中心"三种功能融为一体，满足不同群体的服务需求，如引进先进的智能养老设备供照护者学习，为辖区居民提供前沿的居家养老设施设备体验，为辖区老年人提供体检、医疗、配餐、老年教育、安全监护等服务，以尖端科技、人性设计满足辖区居家养老一站式学习、体验和服务需求。此外，在养老服务场所开展"智能化"试点，通过配置健康一体机、智能摄像头和人脸识别设备，搭建线上线下一体化智慧健康养老服务系统，并链接智慧养老服务平台，实现养老服务场所动态监管。

（四）紧抓本土科创优势，鼓励信息技术企业融合发展

养老产业是多种产业的集合，涉及多个行业领域，深圳充分发挥信息产业聚集优势，鼓励信息技术企业发展养老领域业务，搭建养老产品与养老服务供需对接平台，同时，推动养老企业和高校、科研机构合作，促进智慧养老产业以创新和高水平为目标发展。

2013 年，深圳出台《关于加快发展老龄服务事业和产业的意见》，鼓励老年服务产品的设计和研发、制造和营销，将养老服务事业和产业作为战略任务统筹规划、系统推进。2015 年，深圳市出台《老年人专用智能产品与服务发展行动计划（2015—2017 年)》，基于深圳高新技术、先进制造业等产业优势，重点发展老年人智能便携式移动终端，老年人康复照护产品，助推智慧养老。目前，深圳互联网巨头如腾讯、中兴、平安智慧城市等纷纷进

军智慧养老产业，并涌现了和尔泰、优必选等一批新兴的为老科技企业，以科技应用为核心，专注从事养老领域的科技产品的生产与研发，推进养老业态不断发展，促使健康养老产业成为新的经济增长点。在政府鼓励和引导下，深圳老年人专用智能产品产业快速发展，一批相关企业跻身国内行业前列，一些企业先后入选国家智慧健康养老应用试点示范企业和基地，一些产品也被纳入了我国优秀国产医疗设备产品目录和国家级智慧健康养老产品及服务推广目录。

三　深圳智慧养老服务发展存在的问题

（一）智慧养老统筹规划不足，体制机制有待健全

一是工作统筹指导不明确。2020 年，深圳出台"1336"养老服务体系实施方案，对未来五年深圳养老工作做了全面布局和规划。然而，在具体实践中，相关工作统筹和指导仍有不足。一方面，对于深圳智慧养老工作，市级层面尚未出台具体的实施方案，现有的制度文件多为指导性意见，只有整体思路的描述，缺乏具体明确的操作准则，对智慧养老服务的实践指导有限。另一方面，目前深圳正在搭建全市智慧养老服务平台，各区也根据工作实际探索搭建区级养老服务平台，部分养老企业也搭建了自己的服务管理平台，各方平台处于分而建之、分而治之的状态，尚未从全局角度，针对全市智慧养老服务平台的建设制定统一明确的规划。

二是数据衔接机制不健全。智慧养老依托大数据，需要多方密切配合，实现信息共享和资源对接。当前，深圳民政、卫健、人社、公安等涉老部门和养老服务机构各有平台系统，无论是技术层面还是服务层面，均没有明确的数据衔接要求，使服务系统之间无法有效对接，各类服务数据尚无法充分共享，对老年人个体特征、健康状况、家庭生活状况及其养老服务需求等综合性数据无法及时、动态掌握，从而对推动高效、主动、智能服务产生一定阻碍。

三是服务监管体系不完备。一方面，政府智慧养老服务平台既承担服务监管职能，又提供服务终端，存在"既是裁判员又是运动员"现象，削弱了政府监管的公信力；另一方面，当前养老服务行业缺乏完善的准入和退出机制，难以杜绝服务机构追求经济利益最大化的机会主义行为，影响养老服务的供给质量。同时，专业人才缺乏、监管经验不足和信息不对称，政府对智慧养老服务机构和企业的财务信息、服务质量、安全管理等方面监管不到位等，导致政府在服务监管中声誉大受影响，要打破这个僵局，就需要政府进一步完善购买服务过程中的风险管理机制。

（二）智慧养老服务衔接不畅，技术应用有待加强

一是数据深度应用能力不足。在数据信息处理方面，缺乏成熟的数据分析处理能力，无法有效对智能终端收集的大量数据进行科学分析并实现高效利用，数据使用仅停留在浅层次的存储和基础统计阶段，还无法实现数据信息的充分采集、有效分析、整合处理以及开放共享（张雷、韩永乐，2017）。此外，不论是政府部门还是养老服务机构，对于利用自有平台数据信息提供主动服务的意识和能力比较欠缺，也在一定程度上限制了数据功能的有效发挥。

二是技术与服务接续性不足。养老服务供给主体以政府或服务性机构为主，信息技术供给主体以科技企业为主，两者前期联系不够紧密，导致智慧养老产品与实际服务需求有所脱节，具体表现为智能养老产品单一、智慧服务平台功能单一等。由于信息技术未能与养老服务进行有效对接，当前智能养老设备和应用的开发明显落后于养老服务发展需要，无法有效满足老年人多样化和个性化服务需求。

三是产品适老化设计不足。在打造智慧养老服务时，由于对老年人这一特殊群体的行为功能和生活习惯了解不充分，开发的智能产品使用界面或交互方式"适老性"不足，对老年人使用不友好。老年人学习新事物的难度较大，尤其对科技类产品，理解和应用难度更大，加之现在的科技产品更新迭代速度较快，进一步提高了老年人学习和适应的难度，

导致许多老年人抗拒使用或无法坚持使用智能产品，不利于智慧养老服务的推广。

（三）智慧养老标准体系欠缺，服务规范有待提升

一是智慧养老服务标准不健全。我国尚未建立养老服务机构智慧平台管理、老年人信息管理、涉老科技企业管理等工作标准，在老年人生活照料、医疗保健、精神慰藉等具体服务方面，也没有制定专门的智慧养老服务标准。深圳处于智慧养老发展的起步阶段，相关标准也尚未制定。由于缺乏统一标准的约束和规范，不同服务主体在技术研发和产品设计等方面存在差异性，智慧养老服务市场服务质量不一。

二是智慧养老信息管理不规范。在当前阶段，深圳尚未建立整体性、系统化、规范化信息管理机制。一方面，当前智慧养老服务的探索实践主要依托养老服务机构或企业，缺乏专业技术支撑和整体性思维，存在技术水平低、信息化程度不高、应用性不强等问题；另一方面，在开发系统或平台时，缺乏全方位工作部署，重服务应用，轻信息管理，未建立完善的信息管理机制，不利于智慧养老信息的规范化管理和服务的可持续发展。

（四）智慧养老复合型人才匮乏，人才培养有待加强

深圳养老服务人才培养、保障和激励机制仍不健全，复合型人才缺口仍比较大。智慧养老发展所需的复合型人才既要懂养老，又要懂技术，然而现实情况表现为养老服务人员信息技术水平较低、技术开发企业缺乏养老服务理念等。

从养老服务从业人员来看，当前主要呈现"两高三低"的状态，分别是女性占比高、年龄大，专业水平低、收入水平低和文化程度低。这部分从业人员文化素养普遍不高，且缺乏互联网知识，对智能设备的理解和操控能力较低，一定程度上影响智慧养老服务项目的有效落地。从信息技术企业来看，当前开发智慧养老产品的企业多为传统的科技企业，这类企业对养老服务内涵、养老服务流程、老年人需求特点等方面认知有限，若简单地以面向普通

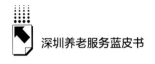
大众的技术研发思路开发养老产品，往往容易与老年人的行为习惯和实际需求相脱节，因此，技术研发人员对养老领域的认知和理解有待进一步提升。

（五）智慧养老产业布局分散，产业链条有待整合

养老产业体系是以涵盖生产、经营、服务为一体的综合性产业体系，涉及领域多，服务产品丰富，智慧养老便是其中的新兴领域。目前，深圳智慧养老产业无论是从服务产品范围还是从产业覆盖面上，均未形成完整的产业体系。

一方面，智慧养老服务发展碎片化，资源整合度不高。目前，深圳的养老产业仍未形成集约化商业模式，整体布局比较分散，各个环节互相独立，上下游产业之间未能形成一条良好的产业链，起不到带动效应，形成了服务成本偏高、分化严重的局面（张雷、韩永乐，2017）。在整个养老产业中，智慧养老作为一个新兴产业仍然占比较低。在深圳6800多家涉老企业中，涉及科技服务或智能服务的企业有1300多家，而明确提供智慧养老服务的仅50多家。深圳智慧养老尚未形成完整的产业链，经营管理不够科学高效，各服务领域和上下游生产服务环节存在断层，规模效应不足，可持续发展能力较为赢弱。

另一方面，智慧养老服务形式和产品种类仍比较单一。在养老服务供给方面，主要集中于老年人的生活照料和精神娱乐层面，面向高龄、失能、失智等需要特殊照护老年人的专业性服务和智能设备应用仍比较缺乏。在智慧养老产品中，以智能手环、红外传感器等常见基础设备为主，技术含量不高。虽然不少养老服务机构开发了智慧养老产品或平台，但由于缺少人、财、物等配套服务资源的支持，很多智慧养老服务仅停留在概念层面，服务形式仍比较单一。

四　构建深圳智慧养老服务体系的建议

深圳构建智慧养老服务体系，应遵循"以政策支持、标准建设、示范

带动为重点，坚持政府引导、企业参与、市场运作"的工作思路，探索形成智慧养老的"深圳模式"，进一步发挥深圳先行示范效应。智慧养老服务体系不仅仅是养老服务体系优化的目标，更是居家、社区、机构养老等模式协同发展的方向，这就需要政府、服务机构、企业、家庭等多方参与，携手促进智慧养老服务朝着系统化、集成化、专业化、标准化的方向发展。

（一）加强智慧养老制度体系建设，推动全局性发展

完整的制度体系是智慧养老发展的根本保证。目前，深圳智慧养老尚处于初级发展阶段，相关制度依据和工作规划较不充分，现有的政策文件多只提及指导性和建设性意见，没有对整体规划和工作要求进行详细说明，不利于智慧养老服务全面有序推进，需进一步加强制度体系的建设完善。

一是明确职责分工，加强统筹指导。做好智慧养老顶层设计，应重点解决好政府规划、管理和监督的问题。政府应加强工作调研，制定科学合理的智慧养老行业发展规划，将智慧养老建设工作细化分解，确立各项任务的责任单位，落实政府各部门的工作职责，加强部门交流与合作，建立常态化部门沟通机制。同时，深圳应基于国家政策导向和养老产业发展趋势，以及深圳的信息技术产业优势，勇于创新，先试先行，出台系列指导性政策，为智慧养老服务开展提供明确依据，加强对制造商、运营商、供应商、消费者等利益相关方的引导，营造健康有序、良好的智慧养老行业环境，促进智慧养老产业蓬勃发展。

二是完善政策配套，激发市场活力。不断健全相关配套支持性文件，从政策法规、行业监管、保障机制等方面，为智慧养老产业全链条管理和可持续发展提供制度依据。一方面，政府加强对智慧养老可持续发展的财政支持，完善财政支持政策，健全财政预算制度，加大财政投入力度，建立财政投入动态增长机制。另一方面，有针对性地出台鼓励社会资本参与智慧养老产业的工商、金融和税务等多方面支持政策，吸引更多社会资本投身智慧养老行业。同时，放宽市场准入标准，引导社会资本通过多样化投资渠道和合作模式，参与深圳智慧养老产业建设，加快推动智慧养老产业发展壮大。

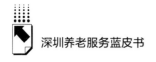

（二）加强智慧养老信息技术对接，推动集约化发展

信息技术有效对接是智慧养老发展的必然要求。现有智慧养老产品和平台发展各自为政，加上缺乏可对接的硬件接口和信息管理标准，数据信息共享和利用程度不足，影响了智慧养老在服务质量、服务效率等方面优势的发挥。

一是大力推进信息技术研发和应用，提高服务智慧化水平。深圳是国内高新技术企业的聚集地，技术优势明显，应加强养老服务与信息技术的融合发展。加强对现有的信息化基础设施及技术成果的应用，将 AR、人工智能、5G、物联网、传感技术、数据存储和信息安全等科技手段整合在一起，综合应用到各种信息化系统和智能设备当中（朱勇，2018）。同时，以定期收集各种养老数据为基础，适当地运用现代信息技术，以智慧养老信息共享平台为媒介，将涉老信息进行整合存档，确保涉老信息的真实有效，为养老服务数据平台提供更可靠的涉老数据和解决方案，提高养老服务的智慧化水平。

二是创建智慧养老信息共享平台，提高服务精细化水平。政府应牵头整合分散在各个领域的智慧养老信息化平台，汇聚各类养老服务资源信息，搭建老年人基础数据信息库，完善动态采集和管理更新机制。政府部门应加强对养老服务信息资源的管理，建立信息资源管理机制，支持智慧养老服务集成性和综合性建设，确保政府各部门、各层级信息及时交流和共享，提高管理精细化水平。此外，引导养老服务机构或企业搭建信息化管理平台，加强与政府部门信息资源对接，实现各类基础信息互联互通和共享利用，提高服务精细化水平。

（三）探索智慧养老标准体系建设道路，推动标准化发展

目前，国内智慧养老服务的规范和标准仍有欠缺，并且对于标准的落实也缺乏行之有效的监管保障。深圳作为经济发展水平和文明程度较高的城市，应更加重视研究制定智慧养老相关标准规范，推动智慧养老标准体系建立完善，在先行示范城市建设中实现智慧养老的"标准引领"。

一是融通智慧养老内涵，构建全方位标准体系。应在智慧养老的管理、服务和监督等多个方面，制定明确、具体、可执行的标准规范，不仅要关注

不同设施设备和信息平台的建设管理、企业产品和服务的信息管理、老年人服务信息管理等，也应结合服务所涉及的行业、领域和实际服务内容，制定相关的服务标准，不断规范服务的流程。同时，智慧养老涉及多个行业和领域，覆盖的老年群体也具有差异化特征，如年龄、性别、需求类型等方面的差异。因此，需从服务和管理两个层面，结合行业、人群的差异化特征，制定有针对性的、全面性的服务标准。

二是加强智慧养老标准宣贯，支持行业标准建设。推动标准落地执行的前提是智慧养老服务标准得到充分的宣贯，这也是智慧养老服务能持续健康发展的关键所在。一方面，政府应当重视智慧养老标准的宣传推广，通过组织标准宣贯会，对服务标准进行详细说明，不仅让各行业主体知晓标准内容，也使其能进一步理解和应用标准，进一步提高智慧养老服务的普及性和影响力。另一方面，政府应鼓励养老服务行业企业总结经验，在实践中探索更加完善的服务流程和管理规范，形成行业标准并推广到整个行业，依托统一的标准促进相关智能硬件和服务平台的对接，营造良好的智慧养老行业的规范化运作环境，以便提高智慧养老服务行业的含金量。

三是增强对标准实施的动态监管，确保实施过程合理有效。为保证智慧养老服务标准的有效实施，既要重视标准建设的科学性和合理性，也要建立健全标准监管和评估体系。应建立标准体系动态管理机制，定期评估和核查养老标准体系的实施情况和反馈效果，确保达到标准制定的目标。同时，对标准体系进行动态更新，对标准应用过程中的实际成效进行总结，及时解决各种阶段性问题，以促进整个标准体系科学合理、健康持续运作。

（四）促进智慧养老产业学研相融合，推动专业化发展

智慧养老人才队伍的素质是影响智慧养老服务效果的重要因素，从业人员不仅要具备良好的个人素质，也要具备专业服务的技能。专业型、复合型人才在智慧养老发展中起到重要的支撑作用。

一是完善养老服务业人才培养培训体系。应完善与养老服务人才专项培养相关政策，建立健全人才培养机制。采用院校培养、专业机构培训、养老

服务机构自行培养等多种培训或培养模式，提高一线工作人员专业技能，培养能够熟练使用信息化产品和平台的多层次、多领域专业人才。可利用高等教育资源开设相关养老专业，培养更全面、更系统的养老服务人才，培养过程中应注重对信息技术的教育培训，打造出一批既能开展老年人健康、医疗及心理等专业服务，又熟悉信息技术理念和熟练操作智能设备应用的复合应用型人才。

二是完善养老从业人才激励和评估考核机制。基于不同岗位职责和工作内容，运用科学、系统的方法，完善智慧养老从业人员的激励机制以及考核机制，更加合理设置从业人员薪资待遇，吸引更多复合型专业人员投身智慧养老服务。同时，加大对智慧养老产业的扶持力度，鼓励更多市场主体参与养老服务供给，自主培养智慧养老领域的技术型人才，吸引更多技术人员参与智慧养老技术研发与产品开发。

（五）加强智慧养老产业链条整合，推动可持续发展

提高产业竞争力和生命力的关键在于加快推进智慧养老产业的转型升级。深圳应探索建立智慧养老综合改革试验区，依托高新技术产业优势，打造完整的智慧养老产业链，推动智慧养老产业可持续发展。

一是持续加大产业扶持力度，强化科技创新能力。引导一批高新技术、5G技术服务于健康服务业和老龄产业，大力发展生物医药、康复辅具、信息技术、机器人、AI技术等健康养老产业，促进生物技术和信息技术的融合发展，充分发挥科技创新引领带动作用，依靠科技创新引领产业升级，使之成为经济社会发展新引擎和转变经济增长方式的重要支撑。深圳可利用粤港澳大湾区的地理区位优势和科技引领优势，打造湾区健康养老"产业高地"，形成具有一定规模效应的"老龄科技产业带"，实施科技赋能战略，为养老产业注入新动能。

二是加强服务资源统筹，丰富智慧养老服务内涵。推动信息技术和人工智能技术产品在养老领域的综合应用，形成以"智慧化＋"日常生活照料、康复护理、医疗保健、文体娱乐、精神慰藉等方面的新业态，拓展并延长养

老服务产业链（朱勇，2018）。目前，智慧养老服务更多集中在日常生活照料、健康管理等基础领域，未来应逐步增加老年人关切的医疗保健、生命体征监测、安全监测等服务内容，真正从衣、食、住、行等方面满足老年人对智慧养老领域全方位的服务需求。同时，进一步探索把智慧养老融入制造业、服务业、金融业等业务领域，带动与之相关的养老产业转型升级，培养一批智慧养老龙头企业，通过龙头企业示范作用带动市场发展，打造全面、可持续的智慧养老服务体系。

参考文献

国家卫健委，2019，《健康中国行动推进委员会办公室新闻发布会》，7 月 29 日。

国家卫健委，2020，《2019 年我国卫生健康事业发展统计公报》，6 月 9 日。

廖远飞，2020，《聚焦"老有颐养"打造积极应对人口老龄化的"深圳样本"》，《中国民政》第 24 期。

深圳市统计局，2020，《2019 年深圳市城镇单位从业人员年平均工资数据公报》，6 月 29 日。

深圳市统计局，2020，《深圳市 2019 年国民经济和社会发展统计公报》，4 月 15 日。

《深圳特区报》，2021，《深圳人的养老保障又多一重！长期护理保险办法开始征求意见》，《深圳特区报》1 月 14 日。

张雷、韩永乐，2017，《当前我国智慧养老的主要模式、存在问题与对策》，《社会保障研究》第 2 期。

朱勇主编，2018，《中国智能养老产业发展报告（2018）》，社会科学文献出版社。

B.9

深圳社区互助养老服务发展报告

——以盐田区互助养老时间银行项目为例

王 娟 陈 颖 侯桂鸿*

摘 要： 在积极应对人口老龄化背景下，社区互助养老越来越受到广泛关注。首先，本报告梳理了社区互助养老的缘起、内涵和功能，并归纳了四种常见模式：会员制互助养老、代际式互助养老、结对式互助养老以及时间储蓄式互助养老模式。其次，本报告描述了深圳社区互助养老的发展现状，指出深圳已初步形成老年协会结对帮扶、日照中心会员互助、三社联动社区互助三种模式，取得了一定成效，但也面临系列问题，如缺少可操作性的制度设计、缺少区域性流通和互惠、缺少智慧化管理平台等。为此，本报告以深圳盐田"时间银行"试点工作为例，介绍盐田"时间银行"的项目设计和创新之处，包括提供可操作性的工作指引、规范时间记录和管理、设计多元兑换机制、吸纳青年志愿者作为劳动力保障机制、设立兜底性担保资金、多措并举加强风险管控。最后，本报告对社区互助养老发展提出了系列相关建议：一是社区互助养老的本质属性是志愿服务，应降低将其货币化或物质化的风险；二是社区互助养老的运营具有非营利性，应保证政府的可持续投入；三是社区互助养老的信任基础是政府和熟人网络，应重视对运营机构的筛选和监管；四是社区互助养老的社会功能远大于经济功能，应重视参与者社会资本的建立；五是时间银行模

---

* 王娟，深圳职业技术学院智慧健康养老服务与管理专业讲师，深圳健康养老学院研究部部长；陈颖，深圳市盐田区民政局局长；侯桂鸿，深圳市盐田区民政局原副局长。

式是互助养老制度化的体现，应重视试点与试点成效评估。

关键词： 人口老龄化 社区互助养老 时间银行

随着人口老龄化和养老资源不足的矛盾不断加深，互助养老成为各地积极应对人口老龄化的一种养老实践形式，并探索形成了不同的模式。本报告在梳理城市社区互助养老发展背景和发展模式的基础上，具体分析深圳社区互助养老发展现状，并以盐田区互助养老时间银行项目为例，分析互助养老制度化、规范化过程中的风险问题，最后提出政策建议，以促进社区互助养老的可持续发展。

一 社区互助养老发展背景

（一）社区互助养老的缘起

基于互助互利而形成的朴素的互助养老，在我国有着深厚的思想基础和实践历史。从儒家的"义利观"、"仁爱观"和"大同思想"，到墨家的"兼相爱，交相利"，再到道家的"承负说"和佛家的"慈悲助人"，都倡导社会成员相互帮助、互补余缺。由此而形成的宗族互助，即在宗族范围内进行互助互济，成为我国古代朴素的互助养老形式（任素娟、张奇，2020）。

1998 年，上海虹口区提篮桥街道开办首家"时间银行"，宗旨是低龄老人为高龄老人服务并形成良性循环，标志着以"时间银行"为代表的制度化的社区互助养老形式在我国首次出现（陈功、黄国桂，2017）。近年来，受社会老龄化加深、家庭养老功能弱化、机构养老人力资源不足等因素影响，互助养老作为新兴的养老形式日益受到政府与社会的关注，被认为是积极应对人口老龄化的有效举措。《国务院关于加快发展养老服务业的若干意见》（国发〔2013〕35 号）明确提出，探索建立健康老人参与志愿互助服

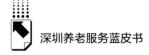
务的工作机制，建立为老志愿服务登记制度。《国务院办公厅关于推进养老服务发展的意见》（国办发〔2019〕5号）提出推动居家、社区和机构养老融合发展，积极开展互助养老服务。

各地积极响应政策要求，上海、南京、广州、青岛、杭州等城市相继出台时间银行互助养老政策，以时间存储方式鼓励社区互助养老发展。

（二）社区互助养老的内涵

社区互助养老，在学术上并无统一的定义，但有以下共识。第一，在互助养老中，老年人既是服务的提供者，也是被服务的对象。第二，参与者是生活在相同地域的一群人。社区互助养老是利用空间距离的就近优势，并依托所在地的养老资源和老年人自身的力量开展服务。第三，社区互助养老方式是通过开展互助活动，满足老年人物质、医疗、精神等多方面的需求。第四，倡导实现老年人自我管理与自我服务。

本报告认为，社区互助养老，是指以社区为依托，在政府支持下，整合社区老年人力量及其养老资源，通过一定的制度与活动安排，促使社区老年人相互提供帮助，满足老年人日常生活照顾、心理与精神慰藉、社会参与和社会支持等多方面的需求，实现老年人之间自助、互助的一种养老形式。

（三）社区互助养老的功能

社区互助养老是家庭养老和机构养老的有力补充，它具备一定的经济功能和独特的社会功能，在居家社区养老中发挥着不可或缺的作用。

首先，社区互助养老能够促进全龄段老年人的社会参与。在互助活动中，无论是作为服务提供者的低龄老年人（包括全龄段的健康活力长者），还是作为被服务对象（服务接受者）的高龄老年人（包括失能等行动不便的老年人），都是当下的活动参与者，都将展现自我社会价值。

其次，社区互助养老能够积极开发老年人力资源。通过一定的培训和组织，在互助过程中，老年人退休后的闲暇时间得到充分利用，人生阅历作为助人活动中难能可贵的知识财富得到积极发挥，甚至老年人在社区积累的社会声望和社会关系等资源，也将得到有效利用。

最后，社区互助养老能够提升老年人的自尊和自我价值感。一方面，在服务他人时，老年人对自我价值的认可会随之增加；另一方面，在接受他人的服务时，老年人不会感到是"被施舍"，而是将他人提供的服务看作对自己过去付出的回馈，或是转化为回馈他人的动力，从而保障老年人的尊严不受影响。

（四）社区互助养老的模式

较早进入老龄化的发达国家或地区，已经发展出一些成熟的社区互助养老模式，我国城市地区也正在探索积累不同形式的社区互助养老模式。综合国内外案例特点，我们大致可以将社区互助养老划分为以下四种类型。

一是会员制互助养老模式。该模式一般由社区互助性质的非营利性机构运营，实行会员制管理，组织会员开展互助服务。政府提供政策、资金等支持。入会后的会员，既是服务提供者，也是服务对象。会员能够获得电器维修、网络购物、缴纳水电费等生活服务，也能参加健身、聚餐、旅游等文娱活动。典型案例是美国"国会山村"社区互助养老模式。

二是代际式互助养老模式。该模式鼓励充分利用不同代际群体的优势资源，实现互惠互助。一般由政府与社会服务机构合作开展项目。例如，德国"三代同堂"互助项目，由政府和福利机构出资建造福利公寓，鼓励独居老人和单亲家庭共同居住，一方面解决了独居老人生活不便且孤独的问题，另一方面也减轻了单亲家庭照顾孩子和工作的双重压力。再如，德国"大学生公寓"互助项目，基于大学生公寓紧张和独居长者缺乏照顾的现状，由城市民政部门和大学服务中心合作，介绍大学生居住到独居长者家中，可减免房租，条件是承担部分照顾老人的义务，如买菜购物、打扫庭院等。

三是结对式互助养老模式。该模式主要由政府或社区发起，鼓励社区老人自愿参与，本着就近便利原则，为需要帮扶的老人安排合适的老年志愿者，开展一对一或多对一的"结对"志愿帮扶活动。老年志愿者可根据自

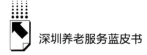
己的能力，为接受帮助的老人提供一些日常生活照顾和关怀服务。代表案例有浙江"银龄互助"、上海"老伙伴"养老计划和京津地区的老年互助社（组）等。

四是时间储蓄式互助养老模式。这种模式是由美国耶鲁大学教授卡恩提出的"时间银行"衍生而来，也被称为"劳务储蓄"互助模式，在我国很多社区有试点。在此模式下，参与并提供为老服务的并不都是低龄老人，还有包括青少年在内的年轻居民，为高龄、空巢及失能老人提供服务。在此模式下服务以时间计算，并以"时间币"的形式记入"时间账户"中，当服务提供者在生活中或年老后需要帮助时，可以支取账户中的"时间币"，享受同等时间量的服务。

二 深圳社区互助养老发展现状

（一）发展基础

深圳作为一座年轻的移民城市，其人口结构、社区组织和社会文化有着不同于其他城市的独特特点，为发展社区互助养老提供了丰沃土壤。从2020年时间银行广州研讨会主题发言报告——《"会员制＋时间银行"可持续社区互助养老服务的构建——深圳的探索与实践》中，可以看到深圳社区互助养老的发展现况。

一是低龄老年人占比高，社会参与意愿强。2020年时间银行广州研讨会主题发言报告《"全员制＋时间银行"可持续社区互助养老服务的构建——深圳的探索与实践》中的数据显示，深圳60～69岁低龄老年人占常住老年人口的70.4%，远高于全国的水平（56.1%）。同时，户籍低龄老年人占户籍老年人的60.7%，非户籍低龄老年人占非户籍老年人的75.7%。低龄老年人群体在参与经济社会活动、保持自身活力方面有着强烈的需求。

二是非户籍老年人多，社会融合需求大。深圳常住老年人即实际管理服务老年人是户籍老年人的3.4倍，远高于其他城市的水平（北京约为1倍，上海约为 1.1 倍，广州约为 1.2 倍）。[①] 倒挂的老年人口结构提醒我们，在深圳生活着庞大的非户籍老年群体，他们有着社会适应和社会融入的需要。

三是志愿服务氛围好，发展基础牢。深圳有 200 万名注册义工，储存了 8000 万小时的服务时长，其中，社区老年志愿者服务队 597 支，老年志愿者 30543 人。深圳是一个"慈善之城"，也是一个"志愿者之城"，自 1990 年内地第一家义工法人团体深圳市义工联合会诞生以来，志愿精神已经植入到深圳人的骨髓里。

（二）发展模式

随着深圳社会组织的日益活跃、慈善事业和志愿服务文化的日益浓厚，深圳探索出了系列社区互助养老模式。

老年协会结对帮扶模式，以社区老年协会为组织平台，申请民生微实事项目经费，培育低龄活力老人做志愿者，定期探访辖区高龄、失能、半失能等困难老人，实现结对帮扶。该模式的最大优势在于，共同生活的社区提供了信任基础，而且无论是提供服务的低龄老人，还是接受服务的独居老人，都乐意参与。他们认为，老人更懂老人。

日照中心会员互助模式，以日间照料中心为平台，由"会员理事会"组织实施，动员会员定期探访"生病无人照料"等困难会员和辖区困难老人。获得的会员积分，可兑换中心各项服务。代表机构是天年之家养老机构

---

① 深圳数据参见《深圳 2020 年将步入老龄社会　两年后户籍老年人口将达 33 万》http：// shenzhen. sina. com. cn/news/s/2018 – 10 – 20/detail – ihmrasqs8135214. shtml；北京数据参见《《北京市老龄事业发展报告（2020）》发布　每四名户籍人口就有一名老年人》，https：// baijiahao. baidu. com/s? id =1710229373380797123&wfr = spider&for = pc；上海数据参见《上海市老龄事业发展"十四五"规划》https：//baike. baidu. com/item/% E4% B8% 8A% E6% B5% B7% E5% B8% 82% E8% 80% 81% E9% BE% 84% E4% BA% 8B% E4% B8% 9A% E5% 8F% 91% E5% B1% 95% E2% 80% 9C% E5% 8D% 81% E5% 9B% 9B% E4% BA% 94% E2% 80% 9D% E8% A7% 84% E5% 88% 92；广州数据参见《2021 广州第七次全国人口普查数据结果（附详细解读）》，http：// gz. bendibao. com/news/2021518/content293883. shtml，《广州市发布 2020 年老年人口和老龄事业数据》http：//wjw. gz. gov. cn/xxgk/wgk/jggk/content/post_7987102. html。

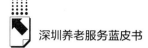

运营的宝安区日间照料中心。该模式的最大优势在于，以会员制形式，营造了熟人社会，增加了公共信任。

三社联动社区互助模式，由社工机构发起，以社区党群服务中心为组织平台，培育低龄活力老人做志愿者，为辖区高龄、失能、半失能等行动不便的老人提供探访服务，获得积分，可用积分定期兑换小礼物等。代表机构是深圳市东西方社工服务社发起的"老伙伴计划"。据深圳东西方社工服务社统计数据，截至 2020 年底，其已开展了 6 年，覆盖 50 多个社区，会员有 3200 人，累计存储约 2 万小时，兑换约 1.8 万小时。

（三）成效与问题

深圳在基层探索经验基础上，将社区互助养老纳入法制化发展范畴。2020 年 5 月，深圳颁布《深圳市构建高水平"1336"养老服务体系实施方案（2020—2025 年)》，明确提出，探索建立以"时间银行"为载体的互助养老，引导低龄、活力老人服务高龄空巢（独居）老人。同年 10 月，颁布《深圳市经济特区养老服务条例》，规定深圳市民政部门应当指导和协助市义工联合会建立养老志愿服务时间储蓄制度，通过智慧养老服务平台，发布服务对象需求、储存和转移志愿者服务时间、评价志愿服务等信息。志愿者或者其直系亲属进入老龄后，可以将志愿者储存的养老志愿服务时间兑换为同等时长的养老服务。

系列政策举措表明，社区互助养老获得政策性支持，政府动员和引导社会力量有序参与养老工作，鼓励老年人社会参与，重视全龄段老年人的身心健康。

但是，深圳在发展互助养老过程中，仍有以下几个方面有待探索和完善。

一是缺少可操作性的制度设计。虽然《深圳市经济特区养老服务条例》明确建立养老志愿服务时间储蓄制度，但是其主张的志愿服务存储与互助养老仍有细微差别，且缺乏可操作性的规范指引，仍有待项目试点积累操作经验。

二是缺少区域性流通和互惠。无论是老年协会结对帮扶模式，还是日照中心会员互助模式，抑或是三社联动社区互助模式，都是在特定机构范围内形成的互助活动，且本质是一种不计回报的志愿服务活动，并未形成具有普遍流通性、兑换性和互惠性的服务资源。

三是缺少智慧化管理平台。朴素的互助养老，如果只发生在封闭式社区（含会员组织）少数群体内部，不需要复杂的计算和记录。但是，现代社区具有强人口流动性和"陌生人社会"的特点，互助养老所依赖的"普遍信任"，需要借助智慧信息平台及时记录服务时数、服务对象、服务内容等信息。

为了弥补上述制度和实践的不足，盐田区民政局率先于 2020 年探索"互助养老时间银行项目"，为全市普及推广"时间银行"互助养老提供试点经验和政策参考。

三　盐田互助养老时间银行模式创新

（一）项目背景

1. 互助养老时间银行项目在国内的发展

互助养老时间银行项目，作为一种"时间储蓄式"互助养老模式，它提倡预存照顾老人服务时间，等自己年老或者家人需要时再支取"服务时间"。近年来，北京、上海、广州、南京、杭州、沈阳、梧州等城市开始探索互助养老时间银行项目，并在小范围试点。

政府主导推动项目发展并发布试点方案，较有影响力和代表性的有三座城市——上海、南京和广州。进一步梳理文献可以发现，时间银行项目在不同城市各具不同功能和特点。上海属于"低龄－高龄互动型"，倡导低龄老人服务高龄老人，重视推动低龄老人的社会参与。其优点在于掌握了互助养老时间银行的精髓，即发挥社会功能，促进老年群体的社会参与。其不足在于，试点方案在运行内容方面较宽泛，缺乏统一规范，不利于"时间币"跨试点区域流通。南京属于"为老服务补充型"，倡导 18 岁及以上志愿者

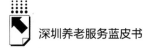

为困难老人提供"五助"服务，侧重将志愿者作为养老服务的人力资源补充。该模式的弊端在于，志愿服务挤占了专业化和职业化服务的市场，不利于养老服务专业化发展和专职人员队伍的发展。广州属于"社区志愿服务型"，以党员为主的志愿者，服务传统的民政救济对象，包括孤寡老人、孤儿、五保户、残障人士、贫困人士等，注重社会参与和社区建设。但是该模式需要政府持续投入巨大资源维持社会组织和管理平台的运作，而且服务内容众多缺乏细分，存在各种安全隐患。

2. 互助养老时间银行项目在盐田试点

深圳作为一座年轻的城市，低龄活力老人居多，也面临养老服务资源不足的问题，因此，发挥低龄活力老人的力量，助力居家社区养老服务发展是深圳推动养老工作可持续发展的重要环节。2021 年，深圳认真贯彻中央、广东省有关决策部署，以建设社会主义先行示范区"老有颐养"民生幸福标杆城市为目标，以第四批中央财政支持开展居家和社区养老服务改革试点为契机，以构建高水平养老服务体系为主线，积极推进全市居家和社区养老服务改革试点项目。在诸多试点项目中，盐田区被确定为社区互助养老模式试点区域。盐田区作为试点区域，有以下特点。

（1）养老服务和社会资源独具特点

从养老服务和社会资源方面看，盐田区具备以下特点。第一，盐田区老龄化程度较高，但总体老年人口规模较小，适合开展精细化服务；第二，盐田区老年志愿服务基础较好，但亟须老年互助长效机制；第三，盐田区公共服务供给充分，社区和社会组织活跃，但养老资源有待盘活，以满足辖区老人多层次、多样化的养老需求。

（2）老年人口偏活力化，常住老年人口多，参与社会活动需求强烈

从老年人口结构方面看，活力老人（户籍和非户籍）数量庞大，长期活跃在社区，是老年群体的主体。盐田户籍老人 9625 人，其中，60～80 岁的中低龄老人（大部分都是活力老人）占比为 84.3%。[①] 此外，盐田区作

---

① 数据来源：来自盐田区民政局提供的数据。

为宜居宜业宜游的滨海城区，每年都在吸纳外地老人跟随成年子女长期生活在辖区，具有长期居住意愿的非户籍老人数量也日益增多。这群活力老人（户籍和非户籍）具有强烈的参与社会活动的意愿和需求，他们能意识到，参加社会活动就是保持身体健康。

（3）老年协会和其他社区组织已有互助基础，但缺乏外部资源整合

社区老年协会每年会探访辖区困难老人。以海山街道海业社区老年协会为例，该协会在2019年申请了5万余元的民生微实事项目资金，招募和培训40位会员服务40位困难老人，广受辖区老人欢迎。老年协会在挖掘最需要帮助的人、匹配志愿结对服务、指导老年群体互助方面，已经具备组织基础和工作经验。但是从访谈得知，资金的不稳定性会影响到帮扶项目的持续性发展。他们急需可持续的资金，也需要专职人员协助处理资金申请和信息化管理等方面的工作。

（4）老人居家养老意愿强烈，多层次、多元化需求仍需得到满足

从老年协会访谈得知，盐田辖区老人普遍倾向居家养老。但目前，一方面，供应商单一，难以满足他们多元化、多层次的需求；另一方面，社会交往的需求未得到重视，尤其是针对高龄、独居、行动不便等老人的服务供给比较缺乏。

因此，鉴于上述实际特点，考虑项目的可持续性发展和低风险发展，盐田的互助养老时间银行，采取"低龄－高龄互助型"模式，借助和整合辖区资源，依托老年协会的组织资源和社会网络资源，引入专业机构，开展项目运营。

3. 盐田互助养老时间银行项目简介

盐田互助养老时间银行指的是以政府信用担保为保障，采取盐田区时间银行总行（以下简称"总行"）统筹管理，盐田区时间银行分行（以下简称"街道分行"）负责具体实施运营的管理机制，整合辖区活力老人力量及各类公益资源，以"会员制＋时间银行"为载体，通过老年互助服务，提供心理支持和精神慰藉、社交网络支持、日常生活帮助、行动上的协助等照顾，实现老年人之间自助、互助的一种养老形式。

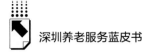

该项目坚持公益性、互助性、持续性原则，构建"社会主办、互助服务、群众参与、政府支持"的时间银行运行方式。其宗旨有两点：一是通过增加活力长者的邻里互助和社区参与机会，增强活力长者的社会参与感和自我价值感，提升活力长者的生活质量；二是通过定期探访和其他志愿服务，满足特殊老人的社会交往和心理关爱需要，完善特殊困难老人关爱体系。

它有三大特征。第一，最本质的特征是促进不同年龄段老人的社会参与。通过"低龄－高龄"之间的互助服务，让低龄老人参与社会活动，参与社区建设，让高龄老人获得除家人以外的社会联系。第二，重视老年人力资源价值。通过组织低龄活力老人向高龄失能老人提供精神慰藉、入户探访等志愿服务，充分彰显低龄活力老人的社会价值，帮助完善特殊老人关爱服务体系。第三，通过时间银行的形式，让社区自发形成的互助行为具有了长效机制，实现了代际互助。

4. 盐田互助养老时间银行项目整体思路

该项目运营初期，政府委托总行开发和认证相关服务产品，发行时间币；各街道分行招募和评估会员（活力老人和特殊老人），通过组织结对帮扶、公益岗位活动，使服务提供者获得时间币；时间币持有者可以兑换各类经备案的"兑换产品"，消费时间币。

本着"今日我为你服务，明日他为我服务"的平等互助思想，时间银行将老年人的服务时间按照"1小时＝1时间币"的规则进行储蓄，并按照"1时间币＝1小时"的原则进行兑换，即老年人可在将来用时间币兑换相同时长的服务（"服务类"产品）。

与此同时，为调动活力老人参与积极性，满足不同老人的多元化需求，该项目采取"延时满足和及时满足相结合"的策略，通过提供"活动类"产品（讲座、参观、旅游等活动）和"实物类"产品，让时间币持有者及时消费，并促进他们的社会参与；通过提供"荣誉类"产品，满足时间币持有者的精神奖励需要，并"回收"部分时间币。

项目初期，考虑"稳步发展，风险可控"，服务产品（时间币发行途径）的发行总量以及兑换产品（时间币消费途径）的范围应在政府（委托总行）备案范围内，并获得政府相应奖励。待项目运作成熟和时间币广泛流通后，将逐渐降低对政府奖励金额的依赖，增加社会资源的注入。与此同时，服务产品（时间币发行途径）实现多元化发展，"兑换产品"（时间币消费途径）实现多渠道加盟，在促进时间币的流通和提升购买力的同时，满足老年群体身体健康、心理健康、社会健康等多样化的需要。

项目整体思路如图1所示。

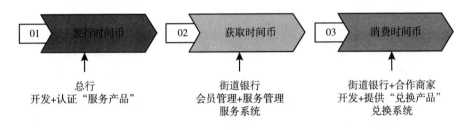

图1　项目整体思路示意

说明：当老人为他人服务时，赚取时间币；当老人享受他人的服务时，消费时间币。无论是赚取还是消费，都表示老人进行了社会参与，都是该项目的成效体现。

（二）项目设计

该项目由服务系统（获得时间币的系统）、兑换系统（消费时间币的系统）、管理机制和保障措施四个部分组成。

1.服务系统

服务使用者：主要是（半）失能失智、独居、失独等困难老人，并根据自理能力（与社会隔离程度）分为三个等级。动员困难老人申请入会，由街道分行委托注册社工对申请人进行入会资格评估、等级评估、需求评估。根据服务使用者的不同等级，由总行发放不同时数的服务包。

服务提供者：主要是活力老人。动员活力老人申请入会（可拓展至50岁及以上退休老人），由街道分行对申请人进行入会资格评估、需求评估、特长评估，并分组到相应的老年志愿服务组（建议2~6人一组）。街道分

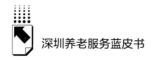

行将 2 名活力老人和 1 名困难老人进行结对。活力老人每完成一次服务，个人账户将获得相应时数的时间币。此外，青年志愿者也可以成为服务提供者，但仅享受志愿者积分，不享受时间币积分。

服务内容：服务内容包含精神慰藉、社会支持、健康管理等方面。试点第一年，以精神慰藉为主，参考广东省地方标准《社区居家养老服务规范》(DB44/T 1518－2015) 制定《盐田区互助养老时间银行服务清单》，设立 5 类 14 项服务产品，每项服务产品设置相应标准时间。以后，将逐步增加健康管理类的服务产品。

此外，鼓励各街道分行根据辖区老人需求和社区资源，自行开发服务产品，经总行备案，纳入时间币（盐田币）的通存兑换体系。街道分行自行开发的服务产品，包含但不限于以下内容：第一类，导师培训类（贡献自己的知识、技能、经验，为其他人群提供讲座、培训等服务）；第二类，组织管理类（贡献自己的经验、时间，为各类活动提供组织、管理、协助等服务）；第三类，临时帮扶类（为其他人群或个体提供临时性帮扶，建议组建专业类别的志愿队，提供临时性帮扶）；第四类，社区参与类（参与社区志愿服务活动）。

对服务产品的备案将重点评估以下方面：第一，服务产品能够满足老人的身体、心理、社会健康的需要；第二，服务产品能够解决特定的社区问题；第三，街道分行具备对该服务产品的项目管理能力；第四，发行量具有可控性（试点第一年的考虑因素）；第五，优先考虑能够实现"自我循环"的街道分行（能够提供不依赖政府采购的兑换产品）。原则上，时间币的发行标准，以是否"为他人做出贡献"为判断依据。

服务时间：服务时间分为实际时间和认定时间两类。实际时间是指服务提供者（活力老人）为服务使用者（困难老人）提供服务的实际时间，以打卡进行计时。认定时间是指打卡记录的时间（一般分为 1 小时/次和 2 小时/次）。无论打卡记录的实际时间是多少，只要具备打卡记录，就将"1 小时/次"或"2 小时/次"作为认定时间存入系统。

服务管理：街道分行负责组织和管理服务，包括会员管理（招募会员、进行会员等级和需求评估、进行服务提供者和服务使用者配对、开展服务提供者培训)，服务过程管理（定期回访服务提供者和服务使用者，改进服务内容)，处理会员投诉（解决会员提出的各类问题，如认定时间有误、补办打卡、服务质量投诉等)。

其他事项：第一，街道分行组织开展志愿服务培训，服务提供者（活力老人）经培训后才能具备接单资格。第二，街道分行为会员购买意外险或场地险。

服务系统流程如图 2 所示。

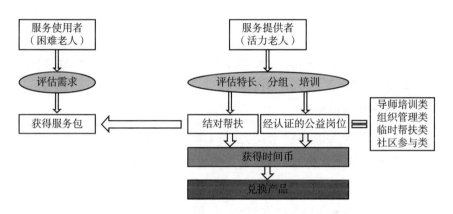

图 2　服务系统示意

说明：时间币的发行，以是否"为他人做出贡献"为判断依据。

2. 兑换系统

（1）兑换产品

该项目采取多元化的兑换方式，满足不同老年人的兑换需求。所有兑换产品，由总行和街道分行开发，并经总行备案。

兑换产品包含四类：活动类、服务类、实物类、荣誉类。活动类产品是指由街道分行开发的讲座（工作坊)、参观、旅游三类活动。服务类产品是指时间币持有者兑换其他人为其提供的志愿服务，服务内容参考《盐田区互助养老时间银行服务清单（第一期)》。实物类产品是指经总行认证的合作商家（如慈善超市等）和街道分行提供的商品（包括物品类和服务类）

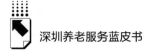

或捐赠品，按一定规则供时间币持有者兑换。荣誉类产品是指时间币持有者捐赠一定数额的时间币，获得由区民政局颁发的荣誉称号，荣誉类产品由总行开发和管理。

（2）兑换价格

活动类产品由街道分行确定兑换价格，报总行备案。服务类产品采取"1 小时兑换 1 小时"的原则，即 1 小时时间币兑换 1 小时其他人提供的服务（活力老人或青年志愿者，青年志愿者的服务时间纳入义工积分，青年志愿者不再获得时间币）。实物类产品采取"积分奖励＋时间币兑换"的方式，赋予"实物类产品"、会员资格和荣誉，由街道分行确定兑换价格，报总行备案。

为吸引会员和运营商的加入，政府委托总行根据街道分行整合的资源和提供的兑换产品进行一定额度的奖励。

（3）其他注意事项

第一，如果老人因离世未用完时间币，剩余的时间币将由街道分行（会员注册经办银行）按照规则优先兑换成相应的荣誉类产品，转交至老人家属；若仍有剩余时间币，则赠送给注册登记的紧急联系人，由紧急联系人自愿决定如何处理。处理方式有两种：一是兑换实物类产品；二是转赠给其他会员（如去世老人所在志愿组的会员或高龄老人）。第二，如果老人在年度内未用完服务包，则自动清零，不能留到下年使用。第三，为预防挤兑风险（全部选择及时消费）和预防未来风险（全部选择延迟消费），一般会建议设定"活动类"和"实物类"兑换不超过时间币个人持有量的60%，具体限额可待试点后调整。

兑换系统流程如图 3 所示。

3. 管理机制

建立全区统一的"信息管理平台"。由盐田区民政局采用购买信息服务的方式，依据总行设计的功能模块，开发一套信息化管理平台。信息化管理平台包括但不限于以下功能：会员账户开设、时间存储、服务项目发布和抢单、会员实名审核认证、签约单位管理、诚信信息记录及互通等。该信息平

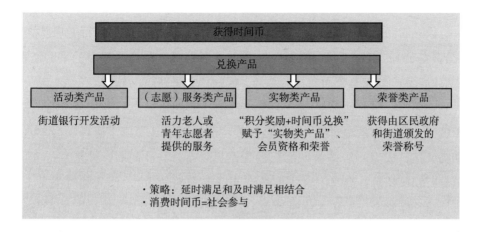

图 3　兑换系统示意

台同步开发手机 APP 或小程序，实现签到、打卡、上传服务记录等功能。信息管理平台实现与街道分行运营商原有系统的对接。如果运营商没有自己的信息系统，则信息管理平台为运营商设立专门模块。信息化管理系统归属盐田区民政局，由第三方运营机构负责运营和维护。

实现"区级总行－街道分行－合作商家"多模式共存。总行由盐田区民政局委托第三方运营，负责运营"盐田区互助养老时间银行"项目，具体职能包括负责维护信息管理平台、负责建立定期协调沟通机制并召集多方会议、策划区级品牌推广活动，募集公益资金、指导和考核街道分行的服务开展情况等。街道分行采取"自愿申请＋总行认证＋区民政局审核"的方式，鼓励符合条件的社会组织和企业运营街道分行，具体职能包括负责组织和管理服务、开发活动类、（志愿）服务类和实物类"兑换产品"等。合作商家采取"自愿申请＋总行认证＋区民政局审核"的方式，鼓励符合条件的社会组织和企业加盟成为合作商家。具体职能包括提供优质优惠产品供时间币持有者兑换。

聘请第三方顾问单位开展评估和动态研究。顾问单位监测和指导该项目的执行，监测货币政策发布与执行，对项目进行整体评估，包括关键指标完成情况、项目成效、项目管理和运营情况、问题与亮点等，并提出下阶段改进建议。

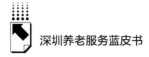

4. 保障措施

设立时间银行专项基金，作为兜底保障金。成立"时间银行专项基金"（公募基金），作为时间币的兜底保障金（不是用于兑换时间币的采购经费或奖励经费）。该基金面向社会募捐，鼓励社会捐助。

建立志愿服务保障机制，无偿"抵消"时间币。总行和街道分行与盐田区义工联注册系统对接，接收经团委注册的义工（青年志愿者），作为长期类义工，成为"服务类产品"的无偿提供者。与此同时，鼓励总行和街道分行积极招募社会义工（如有社会实践需求的学生），作为临时类义工。无论是长期类义工，还是临时类义工，都采取"1小时=1积分"的积分原则，由系统记录积分，不享有时间币（试点初期暂不接受积分转化为时间币），享受区民政局和时间银行项目的精神表彰和物质奖励。

积极整合辖区资源，扩大流通，降低成本。积极申请民微资金，用于社区互助服务的开展；合理设置公益就业岗位，满足辖区部分困难群体的就业需求；积极衔接综合慈善超市等辖区社会企业项目，扩大积分兑换范围；积极整合日间照料中心和福利中心的资源，实现服务供给和服务需求之间的精准化匹配。

维护信息管理平台，保障项目持续运营。信息管理系统作为时间币存储与兑换的处理平台，是时间银行持续运营的基础设施，每年从项目经费中预留一定数额的经费作为日常运营费用，由总行负责运营。

（三）项目创新

1. 提供了可操作性的工作指引

该项目作为区民政部门试点项目，从区级层面明确了服务内容和服务对象，设计了服务系统（如何发行时间币）、兑换系统（如何消费时间币）和管理机制（如何运营），为项目的落地执行以及后期监管提供了清晰的参考。

2. 规范了时间记录和管理

该项目推崇平等互助以及"老年人退休后的时间是等价的"这一价值倡导，按照"1小时=1时间币"的规则进行储蓄和兑换，并同步开发智慧民政平台的互助养老子系统，进行时间记录和管理。

3.设计了多元兑换机制

不同的老年人有不同的需求，例如，在前期座谈中，部分老年人主张兑换小礼物及时肯定个人的劳动付出，部分老年人主张不能用物质奖励降低了志愿服务的精神价值。因此，为吸引更多老年人参与，该项目采取"延时满足和及时满足相结合"的策略，通过提供及时性的"活动类"产品和"实物类"产品，让时间币持有者"及时消费"，促进他们的社会参与；通过提供延时性的"荣誉类"产品和"服务类"产品，满足时间币持有者的精神奖励需要和代际交换需要。

4.吸纳了青年志愿者作为劳动力保障机制

低龄老人和青年志愿者都可以服务高龄、（半）失能等困难老人，但只有低龄活力老人才能赚取时间银行积分（属于互助行为）。青年志愿者只能作为志愿行为，成为劳动力保障，以志愿积分存储（不计入时间银行积分）。这样的制度性安排，一方面符合人口结构老龄化和少子化发展趋势的要求，另一方面体现了《深圳经济特区养老服务条例》关于互助养老时间存储的志愿服务精神。另外，青年志愿者存储的时间可用于化解时间银行的挤兑风险和不可支付风险。

5.设立了兜底性担保资金

鼓励采取公募形式，成立"时间银行专项基金"，作为时间币的兜底保障金。并鼓励发挥第三方运营机构在资源整合方面的优势，拓展专项基金的来源渠道。

6.多措并举加强风险管控

一是采用会员制，申请入会时进行个人资格审查；二是专业人士评估服务使用者的需求，并制定个人年度帮扶清单，明确帮扶内容在安全范围内；三是项目初期，采取结对帮扶和定时定项帮扶，减少突发性行为；四是对服务型会员（志愿者）进行专业培训，提高服务质量；五是为所有会员购买意外险；六是通过开设投诉渠道、开展第三方评估等措施，加强对运营机构的监管；七是鼓励运营机构与辖区各类型组织广泛建立合作关系，提升管理质量。

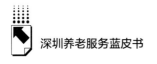

四 社区互助养老发展建议

（一）社区互助养老的本质属性是志愿服务，应降低将其货币化或物质化的风险

从各地发展经验看，社区互助养老，尤其是互助养老"时间银行"这一新兴模式，虽然目的是形成互惠互利的互助长效机制，但本质属性仍是一种以帮助他人为出发点的志愿服务，只是通过互助机制，增强为老助老服务的可持续性。

因此，如果将互助养老简单等同于"等价交换行为"，甚至采取货币手段进行购买或交换，那么很可能导致互助养老从追求志愿服务和互惠互利转变为计算劳务付出的经济价值，从而背离了志愿服务的初衷。

（二）社区互助养老的运营具有非营利性，应保证政府的可持续投入

社区互助养老，通过在社区系统内互帮互助、充分利用社区系统内资源，减少了外界投入，节约了经济成本。但是，不能因此而忽略政府等的责任。社区互助养老，即使是收取一定会费的"会员制＋时间银行"这一模式，其组织运营也是有人力成本和经济成本的，其本质属性是非营利性的，需要政府、社区或慈善力量给予持续的支持。这样才能充分发挥政府政策指导与信任背书的功能，充分发挥社会组织专业运营和资源整合的功能，充分发挥社区动员社区资源和推荐入会的功能，才能各司其职，持续运营。政府投入方面，可参考发达国家"时间银行"多元化资金来源保障的做法，一方面是政府直接为"时间银行"提供充足的资金支持，包括积极整合民生微实事等项目经费，另一方面是通过推行有力的财税减免措施，为"时间银行"运营组织提供间接的资金支持。

（三）社区互助养老的信任基础是政府和熟人网络，应重视对运营机构的筛选和监管

传统互助养老主要依托熟人空间，基于熟人关系特别是亲缘关系的物质供养，以弥补物质供养能力的不足。以时间银行为代表的现代社区互助养老，是对传统互助养老形式的拓展，是建立在"互惠"及"志愿"精神基础上，更是建立在公共信任的基础上的。公共信任的产生主要来自参与者对政府的信赖、对社区的信赖以及对熟人关系的信赖。老年人对互助养老的参与程度，会受到政府宣传力度、熟人推荐、项目工作人员信任感等因素的影响。因此，在项目执行过程中，需要选择公信力强的专业的社会组织作为运营机构，增强公共信任，或促进公共信任的形成。与此同时，在项目执行过程中，政府要对运营机构进行常态化监管，运营机构也要主动公开服务开展情况以及财务情况，接受政府和公众的监督，以获得更强的公信力，获得更广泛社会力量的参与和支持，持续开展项目。

（四）社区互助养老的社会功能远大于经济功能，应重视参与者社会资本的建立

社区互助养老，获益者不仅仅是作为被服务对象的高龄、失能等特殊老年群体，更有作为服务提供者的年轻活力老年群体。因为服务提供者在提供服务的同时，自己也在积极参与社会活动，实现个人的社会价值，有利于老年人的身心健康。这一点是容易忽略的地方，以至于我们在制度设计时将重心放在如何"补偿"服务提供者付出的时间，却忽略了如何进一步增强互助行为对服务提供者的正向功能。更为重要的是，社区互助养老，通过服务提供者和服务对象间的有效双向互动，建立起信任关系、增进成员间的友谊，推动资源在社区内流转，进而提升社会资本。因此，在开展互助养老时，我们应该重视对参与者关系网络的建立与促成，例如，采取小组形式对服务提供者进行培训与日常管理，增加服务提供者之间的互动互助；采取多对一的结对帮扶形式，增加服务提供者与服务对象之间的互动联系。

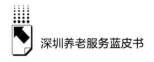

（五）时间银行模式是互助养老的制度化体现，应重视试点与试点成效评估

时间银行互助养老，是城市社区开展互助养老的新模式，标志着互助养老进入制度化发展新阶段。随着时间银行互助养老平台的建立，高龄、独居、失能等特殊老年群体的巡访率将大幅提升，低龄老年人在志愿服务、社区治理等方面的积极作用将进一步得到发挥，青年志愿者和学生志愿者在社区服务、敬老服务等方面的补充作用将进一步获得挖掘，社区活力与凝聚力将进一步增强，敬老孝老文化将进一步被弘扬。在时间银行的概念和理念被推崇的同时，我们也应清醒看到，受制于各种制约因素或影响，各地时间银行项目执行周期或存活周期并不长。再加上，时间银行在境外多属民间组织行为，在我国则上升为政府行为，政府承担着从政策制定到项目推动再到预防破产等各个环节的风险。因此，我们应加大试点力度，在试点中完善志愿者招募、评估、建档流程，完善志愿者培训体系、完善智慧平台的信息化管理功能以及对接各分行数据，积极引入第三方专业机构开展试点成效评估，及时总结优秀经验，优化试点方案，为制定相关政策提供实证依据。

参考文献

陈功、黄国桂，2017，《时间银行的本土化发展、实践与创新——兼论积极应对中国人口老龄化之新思路》，《北京大学学报》（哲学社会科学版）第 54 卷第 6 期，第 111 ~ 120 页。

任素娟、张奇，2020，《中美互助养老"时间银行"模式对比研究》，《医学与哲学》第 41 卷第 1 期，第 50 ~ 53 页。

典型案例

Case Reports

B.10

创新人才培养机制　破解人才培养"瓶颈"

——深圳健康养老学院的创新与实践

李　庆　靳小*

摘　要： 深圳健康养老学院成立于2018年6月，是经深圳市人民政府批准，由深圳职业技术学院举办，并与深圳市民政局共建，在深圳市编办注册的新型事业单位，是深圳推动养老服务综合改革与职业教育"双元制"改革的重要探索。为破解职业教育产教融合难题与突破养老服务人才瓶颈，2020年依托深圳职业技术学院开始招收智慧健康养老服务与管理专业学生。经过三年努力，以独特的新型事业单位运作模式，深圳健康养老学院探索出了一条"政府引导、学校主导、企业主体、行业共建"的产教融合新路径，初步实现了政府愿意投入、企业主动融合、学校推动融合的产教融合新格局。本报告从发展背景、创新模式、

* 李庆，深圳健康养老学院养老政策与产业研究中心主任，社工师；靳小，深圳职业技术学院智慧健康养老服务与管理专业讲师，深圳健康养老学院研究员。

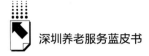

创新成效及发展规划四个方面介绍深圳健康养老学院推动深圳养老服务综合改革、带动职业教育产教融合变革的创新模式与重要实践。

关键词： 职业教育　"双元制"　养老服务综合改革

深圳健康养老学院（以下简称"学院"）作为全国首家由民政部门与地方高校合作共建的专业养老人才学院，由深圳市民政局与深圳职业技术学院共组理事会，实行理事会领导下的院长负责制。理事成员由政府、高校、企业代表共同组成。现有工作人员26人，其中，硕士以上学历20人（博士6人），高级职称4人。学院以体制机制创新作为深化产教融合的保障基石，主要开展"康养政策与产业研究、康养服务人才培养、康养行业与国际交流"等工作，目前设有养老政策与产业研究中心、教育与培训中心、办公室三个部门。

2019年，中国年轻且具创新基因的深圳经济特区被赋予了"老有颐养"先行示范的光荣使命，并在深圳市人民政府发布的《深圳市建设中国特色社会主义先行示范区的行动方案（2019—2025年）》中，明确提出支持健康养老学院构建"双元制"养老服务人才培养模式，为深圳民生发展提供人才支撑。2021年《深圳经济特区养老服务条例》实施，明确以制度引领、标准引领、科技引领、人才引领等要素支撑，探索"老有颐养"先行示范的实现路径。为了回应政策要求，创新养老产业发展，破解养老服务人才瓶颈，2020年，学院依托深圳职业技术学院开始招收智慧健康养老服务与管理专业（原老年服务与管理专业）学生，已完成两届共132人的招生工作。学院积极探索产教融合的落地实施方案，与招商健康、华润置地、深业健康等智慧康养龙头企业，以及全球领先的物联网企业和而泰签署战略合作协议，共同培养智慧康养新型人才。

一　成立背景

（一）国家赋予深圳建设"老有颐养"先行示范新使命

2019 年中共中央、国务院印发《关于支持深圳建设中国特色社会主义先行示范区的意见》，部署了当前到 2025 年、2035 年、21 世纪中叶将深圳建设成中国特色社会主义先行示范区的战略规划。作为战略定位之一，国家对深圳提出了打造"老有颐养"民生幸福标杆城市和构建高水平养老服务体系的新要求。深圳市委、市政府高度重视养老工作，自 2019 年以来，形成了以先后出台的《深圳市人民代表大会常务委员会关于构建高水平养老服务体系的决定》《深圳市构建高水平"1336"养老服务体系实施方案（2020—2025 年）》等规划性文件为基础，以《深圳市机构养老服务设施用地供应暂行办法》《深圳市公办养老机构建设和运营指引》等规范性文件为配套的"1＋N＋X"政策体系，养老服务政策实现了从"碎片化"到"体系化"的转变。2020 年 11 月，深圳谋定而动，迅速出台了《深圳经济特区养老服务条例》，标志着深圳养老服务法治化治理迈入新时代，搭建了深圳积极应对人口老龄化的政策框架，为深圳养老工作注入了活力。在高站位谋划"老有颐养"发展大局与高起点构建"老有颐养"政策体系的过程中，深圳对老有颐养科学内涵的认识实践持续不断深化与创新，以高标准建设老服务硬件设施、高质量推动养老服务发展为抓手，为全国养老服务高质量、可持续发展提供可借鉴的"深圳样本"。

（二）深圳养老服务高质量发展需要专业老龄问题研究机构

"老有颐养"先行示范的实践路径，需要积极推动改革性政策、创新型试点项目以及新兴养老服务产业，引领全国养老政策发展和产业发展，并形成区域和全球示范品牌效应。然而，老龄化不仅是个人或者群体特有的生理变化现象，也是社会发展与历史变迁进程中涉及几乎所有社会领域的新课题。因此，老龄研究是一个综合性研究领域，涉及老龄社会、政策及产业等多专业的融合研究。为实现"老有颐养"先行示范新使命，深圳迫切需要立足深圳、面向全国、放眼世界的专业智库组织，进而构建积极应对人口老龄化的理论体系，引领政策研究和产业研究，推动产业布局，创新产业链发展。在政策出台和现实需求背景下，深圳市民政局坚持以人才为本，共建健康养老学院，发挥人才培养驱动作用。

二　创新模式

（一）"新型事业单位"体制机制创新

根据《关于规范管理事业单位、社会团体及企业等组织利用国有资产举办事业单位的意见》（深编办〔2017〕59号）精神，学院由举办单位深圳职业技术学院向市事业单位登记管理部门申请登记为其他组织利用国有资产举办的事业单位，出资额由深职院自筹解决，不纳入机构编制核定范围，不定机构规格和行政管理岗位等级、不定编制。将学院独立注册登记为事业单位法人，是由养老服务人才必须深度实现产教融合的特点决定的：一是便于清晰地开展产权界定、资产评估和清产核资，保证国有资产在与企业合作中不被分散分割；二是便于规范地承接各类国有资产与各类社会力量参与运营的养老院开展深度合作的项目；三是便于科学地理顺国有资产的所有权、管理权、经营权之间的关系，构筑政府、高校与社会企业之间的"防火墙"，防止国有资产流失。

学院采取理事会领导下的院长负责制，由深圳市民政局、深职院共同组建理事会。其中，深圳市民政局发挥行业主管部门资源优势，深职院发挥职业技能人才培养专业优势，共同讨论学院发展战略方向与重大事项，理顺共建工作机制，逐步走出了一条新兴事业单位可持续发展的新路径。

（二）"研究智库 + 技术咨询"的服务创新

为创新职业院校社会服务发展模式，破解职业教育产教融合"一头热"难题，健康养老学院深入开展养老服务领域的调研，参与深圳市养老服务领域的顶层设计，为深圳"老有颐养"民生幸福标杆城市建设提供综合性智力支持。学院先后为深圳市人大常委会、市政协、市委老干部局、市决咨委、市发改委、市民政局、市医疗保障局等市直部门，以及为深圳市基层政府、街道、社区提供养老领域的政策咨询服务。

同时，依托政校共建体制机制创新优势，学院结合市场供需，搭建政校企交流新平台，帮助企业和政府建立沟通协同机制，推动要素资源共享，形成康养产业协作的发展新格局。以政策为引领，为华润置地、深业健康、招商健康、平安智慧城市、深高速等大型央企、国企，以及和而泰、久远银海、金龄科技等高科技企业提供产业咨询服务；与行业共建发展规范、共同研制技术、服务、产品、人才标准。初步形成了赋能企业发展、引领行业发展的产教融合新格局，被誉为"为政府和企业开处方的智库"。

（三）"双元制"产教融合模式创新

为加强行业部门对养老服务人才培养的指导，根据《国务院关于加快发展现代职业教育的决定》（国发〔2014〕19 号）和教育部、民政部等 9 部门《关于加快推进养老服务人才培养的意见》（教职成〔2014〕5 号）等文件精神，健康养老学院与智慧健康养老服务与管理专业在深圳市民政局的支持下，实施"前校后院""校院融合"的人才培养方式，以学院的行业影响力积极吸引康养企业机构参与专业建设与人才培养，实现了产教融合由过去"学校主动"向"政府投入、企业主动、学校推动"的重大转变。

学院"双元制"人才培养模式示范点建设被列为深圳市先行示范重要任务之一。至 2022 年，在政府部门的推动下，校企双方签署合作培养人才协议，养老服务企业主体、专业主体共同制定人才培养方案，共建养老服务人才职业标准、共同开发"双元制"养老服务人才培养课程与教材，共同

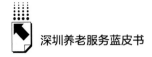

培育"双元制"养老服务人才师资,共同构建"双元制"养老服务人才培养模式,逐步形成"政府引领、双元参与、合同执行、前校后厂"的本土化校企合作模式,激发办学活力。

三 创新成效

为回应政策要求与现实需求,自成立以来,深圳健康养老学院在政策与产业研究、养老服务人才培训、行业与国际交流方面取得了一定成绩,成为深圳乃至粤港澳大湾区有一定影响力的政策咨询中心、产业研究中心与养老人才培训基地。

(一)建设成为深圳养老领域的理论研究中心

学院充分发挥高职院校人力资源聚集的专业优势与研究智慧,为政府部门提供政策咨询服务,为企业提供产业规划服务。

推动老龄政策的顶层设计与实践。学院深度参与政策法规修改修订、协助草拟区域新闻发布、推动规范性文件方案实施等,例如,主持深圳市人大常委会委托的项目——"关于构建高水平养老服务体系的决定"的起草工作和"深圳市养老服务条例立法专业评估"工作,主持深圳市医疗保障局委托的"深圳市长期护理保险政策研究"工作,主持深圳市民政局委托的"深圳市家庭养老床位政策办法""深圳市养老服务人才职业化专业化发展"的研究与起草工作等。同时,全面参与深圳市南山区、罗湖区、盐田区、宝安区、龙岗区、龙华区、光明区等开展的康养服务供给项目,围绕城市康养发展规划,结合各区实际情况,参与制定各区养老服务功能规划,推动构建康养服务发展支持体系,丰富康养服务内涵。

为康养产业发展提供支撑。学院先后与平安智慧城市签署"智慧养老创新实验室"共建协议,共同开展智慧养老标准化研究工作;与华润置地签署"养老服务标准化研究院"共建协议,共同开展养老服务相关标准研究;与前海台鹏养老服务集团签署"失智症研究中心"共建协议,共同开展失智老年人服务相关研究工作等。

与行业企业共同开发标准。学院积极参与和推动养老服务领域及人才相关标准建设。一是编制深圳"老有颐养"标准体系，2021年推出第一批机构养老、居家社区养老服务标准：《养老服务机构公共卫生事件应急防控规范》，四级养老服务设施服务规范、建设规范、服务质量评价规范、人员配置规范、质量监管规范，家庭适老化改造规范等。二是推动深圳养老服务地方标准研究，按照深圳市民政局养老服务工作部署，协同龙岗区民政局建设社区养老服务标准，协同盐田区民政局建设养老服务标准化先行示范区；立项2项地方标准，完善深圳"老有颐养"标准体系建设。三是参与教育部"1＋X"相关证书的研究工作，作为主要参与单位参与了"失智老年人照护职业技能"等级证书的研究工作。四是协同行业企业研究相关产品标准，参与研发了《臭氧体表洗护机》（T/CAAP 003—2019）、《微高压氧舱》（T/CAAP 004—2019）两项养老辅具用品标准，由中国康复辅助器具协会作为第一批团体标准公开发布。

（二）建设成为深圳养老服务人才培养基地

学院紧紧立足人才培养这个根本，针对养老领域从业人员"短缺"与"流动"的痛点，深入开展养老服务人才培训与学历教育，扩大来源，提升能力。

开展多工种多层次技能提升培训。一是持续推动政府加强政策业务培训，针对国内不同干部群体的学习需求，开展提高政策水平和理论水平的专项培训。二是助力康养行业企业多层次人才培养，形成了以岗位核心能力为导向的人才培训模式。学院已发展成为广东省"南粤家政"养老护理职业技能培训机构、深圳市家政服务培训示范基地、中国人民银行老龄金融教育示范基地、深圳市南山区养老服务人才培养基地，年均培训超过2000人次，成为深圳养老行业的"黄埔军校"。

2020年学院打造了"乐龄伙伴"和"家庭护老者"两个培训品牌：以"长江商学院"为依托，招商局慈善基金会每年捐赠200万元，发起"乐龄伙伴"中国养老创新家计划，每年向中国养老行业招募 20 名优秀的养老企业组织创始人、中高层管理人员、养老院院长，进行为期两年的培训，成为中国养老领域最具影响力、最高端的养老服务人才培训项目，构建了养老服务志愿者、养老护理员、养老院院长、养老企业家等多层次的养老服务人才梯队，为企业提供人才支撑，为政府提供服务保障；开展"家庭护老者"能力提升与支持计划，培训 1 万名家庭护老者，构建了全国家庭护老者支持网络。同时，在福彩公益金的资助下，学院开展了老年照护职业技能培训、失智老人照护职业技能培训、有序推进各类养老服务人才培训工作。

开展"证书 + 竞赛 + 职业技能"的技能评价工作。一是由深圳市人力资源和社会保障局官方认定，学院具有深圳市养老护理、老年能力评估、失智老人照护等多项职业技能鉴定资格，2020 年累计技能评价达 500 人次。2021 年，被认定为"国家 1 + X 证书制度社会福祉领域职业技能等级证书升级管理服务中心"。二是学院先后举办多项养老护理员职业技能区赛、市赛：2020 年末，举办深圳市养老护理员职业技能竞赛；2021 年 7月，举行全国养老护理职业技能大赛暨第一届全省"南粤家政"技能大赛养老护理选拔赛，56 人直接获得高级养老护理员职业技能证书，前三名则代表深圳市参加"南粤家政"省赛。三是已组建一批高资质技能评价队伍，依托智慧健康养老服务与管理专业专兼职教师队伍，引入康养行业企业高水平优质实践和管理人员参与技能评价，为技能等级评定提供了坚实的人才保障。

落实"双元制"产教融合人才培养理念。一是学院带动职业教育产教融合变革的重要实践，共同开发课程，打造结构化教学团队，共同开发育训合一式课程和教材，建立全市领先的校企合作专业课程标准与培训标准，启动"老有颐养"系列教材编撰，与深圳不同类型的涉老企业或社会组织共同编写 13 本教材。二是与深圳养老龙头企业共育人才，挂牌成立"深圳健康养老学院附属悦年华颐养中心"。三是深化校企合作育人机制，智慧健康养老服务与管理专业和企业共同开展现代学徒制，签署"现代学徒制"合作协议，利用职业教育扩招机会，首期招收了 20 名学生，进行养老服务人才的现代学徒制的试点工作；专业每年分别从深圳市福彩公益金和上海九如城集团获得高额奖学金，用于智慧康养人才的培养。

（三）建设成为深圳养老服务声音传播窗口

学院紧紧抓住信息这个根本，以"交流中心"为依托，积极打造多元信息融合与传播平台。

构建国内康养交流平台。一是在深圳市老龄事业发展基金会的资助下，每月举办一期"深圳健康养老沙龙"（共举办了 15 期），针对深圳乃至中国养老领域的热点与关键问题，邀请全国行业专家来深圳共议养老话题，在实践中推动研究成果、学历教育、社会培训、行业大赛等信息的深度融合；将政府、行业企业等深度绑定，丰富了产教融合的内容，以优质的服务吸引企业、政府与高校的融合。进而推动养老服务跨越发展，为破解大城市养老难题提供思路。二是学院坚持以专业引领发展，将深圳养老领域的探索与实践以多种形式向全国养老行业进行传播，逐步成为宣传深圳养老政策探索与实践的窗口。

建设国际化高质量职业教育交流平台。一是与德国 F + U 萨克森公益教育集团发起"中国养老护理员"项目，就养老服务标准和课程开发开展合作，每年派教师与专业学生到德国学习老年照护课程和技术。二是与澳大利亚、中国香港、菲律宾、日本等国家和地区的高等院校开展师资培训、学生短期游学、课程标准引进、实训中心建设等方面的合作，开发短期研修学习项目。

经过四年探索，作为龙头，学院引领健康养老领域的产教融合格局，使之发生了深刻变化，同时取得的成果和探索的模式在全国产生了巨大影响，广西、吉林、江西、江苏、贵州、重庆等地方政府、高校纷纷来学院交流学习。

四　发展规划

未来 3～5 年，健康养老学院将持续立足深圳及粤港澳大湾区、面向全

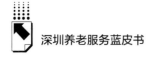

国、放眼世界、高质量高水平打造由多方参与共建的新型国家级专业智库，为粤港澳大湾区和中国积极应对人口老龄化、创新政策发展和产业发展提供研究方案、技术支持、人才保障和理论指导。

建立建设智慧康养产业咨询中心。利用深圳市民政局与深职院共建的深圳健康养老学院的行业影响力，以政策咨询、产业规划、标准贯彻等，为各类智慧康养企事业单位提供项目规划、产品研发、人才培训、品牌建设等服务，打造粤港澳大湾区智慧康养产业的龙头企业、管理品牌、服务标准。

建立粤港澳大湾区智慧康养产业大数据与标准研究中心。一是联合康养龙头企业，搭建数据开发、利用、共享平台。二是基于数据信息研制养老相关评价指数，开展城市养老服务第三方评价工作。三是开展粤港澳大湾区康养人才、设施、设备、服务、管理规范化统计。四是建设康养服务标准体系、产品研发与运维标准体系，促进粤港澳三地智慧康养标准互认。

建立粤港澳大湾区智慧康养产品研发中心。一是链接科技企业创新资源优势与深职院人工智慧、AI 研究、新材料等专业优势，协助企业研发居家智能监测类产品、社区自主体验式设备以及智能养老照护机器人，建设"互联网＋"居家养老或健康管理服务平台。二是搭建智慧康养产品（新品）发布与展示平台。三是举办"全国智慧健康养老服务场景设计大赛"，与企业共同为智慧康养服务场所提供产品及服务解决方案。

建设粤港澳大湾区智慧健康养老服务人才培训基地。一是依托"数据链""创新链""产业链"的资源聚集优势，创新智慧康养职业教育人才培育模式，打造智慧康养服务"人才链"，引入前沿的标准、最新的技术、最龙头的企业参与智慧康养人才培养，深化"产教融合"，创新人工智能、健康养老、康复护理、金融、法律等专业的人才培养模式，培育一批"有情怀、有理论、懂操作"的技术技能型人才，缩短人才培养与企业需求的距离，降低企业用人成本。二是推动粤港澳智慧康养服务人才标准互认，探索"一试两证"。三是举办"粤港澳大湾区智慧康养养老服务技能大赛"，促进粤港澳大湾区智慧康养人才交流和就业。

持续推动"双元制"养老服务人才培养模式。一是与康养企业机构开展"双挂职"，打造"优质师资＋精品课程"的人才培养资源体系。二是深化校企合作，共建康养培训设施体系。加强与招商健康、万科养老、华润置地养老等央企、国企在康养人才培训领域的战略合作，按照"功能完备、技术先进、特色鲜明、共建共享、示范引领"的要求，推进校内校外一体化、育训结合教学与实训场地建设。三是完善"学历教育＋社会培训"的双通道养老服务人才培养模式，构建"学历教育＋技能培训＋技能评价＋技能认证"一体化人才发展体系。

搭建粤港澳大湾区养老领域交流平台。通过举办沙龙、国际论坛等定期交流活动，汇集政策、学术、产业等不同领域的官员、学者、专家，逐步形成"行业内部有带头、国际国内有影响、成员之间有黏性"的养老事业带领者联盟。

构建深圳"老有颐养"指标体系。通过定量定性分析方法，在界定"老有颐养"内涵的基础上，通过文献分析、数理统计分析、专家咨询建立"老有颐养"指标体系。利用该体系设计配套调查问卷，通过调研了解深圳市、区、街道、社区"老有颐养"现状，并发布综合排名。在此基础上，构建"老有颐养"大数据平台，提出"老有颐养"理论、实践和政策建议。

编写"全面推进'老有颐养'民生幸福标杆城市建设"系列丛书。成立丛书编写委员会，系统丰富深圳积极应对人口老龄化的实践经验。

B.11
发挥国企社会担当精神，
创新"四级联动智慧"模式
——深业集团推进"907"幸福康养惠民工程

徐美平　易琴　唐睿*

摘　要： 社区居家"四级服务网络"是构建深圳高水平幸福健康养老服务体系、加快推进"老有颐养"民生幸福标杆城市建设的重要部分。为积极探索社区居家养老服务新模式，充分发挥市属国企在推进社会民生事业中的示范作用，本报告对"907"幸福康养惠民工程的政策背景、工作基础、工程推进情况进行了说明，并以深业集团的创新与实践为例，整理分析深业集团参与推进"907"幸福康养惠民工程的工作情况，并提出了深圳社区居家养老服务体系建设的相关建议。

关键词： 深业集团　"907"幸福康养惠民工程　社区居家养老服务　养老产业

一　"907"幸福康养惠民工程工作背景

（一）政策背景

以习近平新时代中国特色社会主义思想为指导，贯彻落实中共中央、国

---

* 徐美平，深圳市幸福健康产业（集团）有限公司副总经理；易琴，深圳市幸福健康产业（集团）有限公司战略运营部员工；唐睿，深圳市幸福健康产业（集团）有限公司战略运营部员工。

务院关于深圳市打造社会主义先行示范区"民生幸福标杆"的决策部署，为深圳市人民提供普惠、公益、优质的社区居家养老服务，深圳市陆续出台了一系列养老法规与政策，如《深圳经济特区养老服务条例》《深圳市构建高水平"1336"养老服务体系实施方案（2020—2025 年）》等，为深圳市居家社区养老服务提供了充分的政策保障。以此为基础，为充分发挥国企在养老民生领域的基础支撑和示范引领作用，深圳市民政局、深圳市国资委联合印发《深圳市推进老有颐养"907"幸福康养惠民工程工作方案》，依托深业集团组建了国有养老服务平台，开展社区居家养老服务，以实现社区居家养老服务的品牌化、规模化、连锁化、专业化、智慧化运营。

（二）工作基础

1. 参与"907"工作方案编制，助力顶层设计

在深圳市民政局、深圳市国资委的统筹安排下，深业集团作为市属国有企业，勇担重任，全程参与《深圳市推进老有颐养"907"幸福康养惠民工程工作方案》编制，助力完善顶层设计。该方案已于 2020 年 9 月 1 日印发实施，在深圳市民政局、市国资委、各区民政及各街道的大力支持下，深业集团抓紧推进"907"幸福康养惠民工程落地实施。

"907"幸福康养惠民工程，包括智慧养老、居家适老化改造、养老服务平台标准化"三大启动工程"，四级服务网络建设、医养结合一体化、培训疗养机构转型"三大示范工程"和养老服务人才培育、医疗康复长者助餐、养老产业融合发展"三大创新工程"。深圳市国资委、深业集团高度重视"907"幸福康养惠民工程建设，从资金、人员等各方面给予充分支持，确保工作有效推进。

2. 对标行业一流，吸收先进经验

自《深圳市推进老有颐养"907"幸福康养惠民工程工作方案》印发以来，深业集团全面提高站位，立足长远，对标行业一流，迅速组织专业团队，精心策划，先后赴日本、韩国考察并学习"深度老龄化"国家在养老产业建设方面的先进经验。此外，团队还先后赴北京、南京等城市，

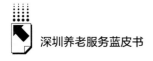

积极与诚和敬等优秀养老企业交流在"社区居家养老服务模式"方面的先进经验，并将可供借鉴学习的优质案例汇总整理，为推进"907"幸福康养惠民工程、打造经济特区特色社区居家养老服务模式提供参考和借鉴。

3.整合内外资源，建立医康养综合体

深业集团在医康养领域积极探索多年之后，通过整合旗下沙河医院医疗资源，市场化组建有丰富经验的专业服务团队，与福建中医药大学合作创办深业康复医院，打造集医疗、康复、养老于一体的大型都市医康养综合体——"深业生命健康中心"，向老年人提供高品质、有保障、医养融合的多层次服务。"深业生命健康中心"开始运营之后收到了良好社会反响，作为探索"医康养一体化发展"的示范项目，受到了社会各界的充分肯定。这也为"907"幸福康养惠民工程的推进提供了有力的支撑。

4.引进优质人才，组建专业团队

社区居家养老服务需求量大，老年人对服务质量要求高，但是由于行业利润空间小，民营企业缺少引进专业人才、扩展服务范围、提升服务水平的动力，导致老年人的服务需求难以得到充分满足，阻碍了行业可持续健康发展。针对社区居家养老产业分散、管理人才匮乏的现状，深业集团多措并举，以外部引进、内部培养相结合的方式，汇集了一批综合素质高、专业能力强的人才团队，向全市老年人提供涵盖医疗、康养、护理等全方位的服务，充分满足老年人的真实刚需，提升老年人的幸福感、安全感。

（三）"907"幸福康养惠民工程推进情况

在深圳市民政局、国资委的指导下，深业集团勇担使命，强化执行，积极承担了以社区居家养老服务为主要内容的"深圳市'907'幸福康养惠民工程"的落地实施工作。至2020年12月底，深业集团完成的智慧养老"907"服务系统一期工程上线试运营；完成了深圳市5个行政区、33个街道、270个社区、965户老人家庭适老化改造工作；编制了68类建设、运营标准化文件；启动了 6 个"四级服务网络建设"示范项目的建设工作，初步形成了"一中心，多站点"的社区居家养老服务网络格局。[①]

二　深业集团推进"907"幸福康养惠民
工程的创新与实践

（一）探索四级联动模式，打通机构、社区、居家服务网络

针对社区居家养老服务"布点散乱""碎片化"经营的现状，深业集团利用其在物业、人才、专业技术等方面的优势及在养老、医疗领域积累的丰富运营经验，在各区政府、区民政局和街道的大力支持下，大力拓展"一中心、多站点"社区居家四级服务网络。目前，分布在全市四个行政区（福田、南山、宝安、龙岗）的 6 个示范项目均在加速推进中。深业集团将通过搭建"一中心、多站点"一体化、全链条的四级服务网络系统，以连锁化、品牌化、规模化为目标，打通街道、社区、小区、家庭四级服务网络，实现街道长者中心资源统一调配，采取机构、社区、居家、上门服务协同发展的模式，同步依托智慧养老"907"服务系统，提供核心、增值、特色三大服务内容，推进"家庭养老床位"建设，打造深圳"智慧化"养老服务网络体系。

（二）编制行业标准规范，发挥示范引领作用

行业标准、制度规范是社区居家养老服务品质提升的支撑保障。深业集团借鉴国内外成熟的社区居家养老服务经验，联合相关院校和行业协会，快速建立深圳市国有养老服务平台的各项标准、规范。目前，已完成共计 68 个建设、运营的标准化文件的编制工作，并形成了标准化指导手册。深圳市

---

① 《迈向"老有颐养"，2020 年深圳做了这些……》，搜狐网，www.sohu.com/a/452264686120055662。

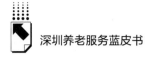
各区配建养老服务设施"四同步"实施办法、居家适老化改造管理规范以及长者服务中心、长者服务站、长者服务点建设设计标准等行业标准的编制工作也在稳步推进。未来，深业集团将通过完善市属国有企业养老产业平台的标准化体系建设，并采取规范化、规模化的运营方式，有效提升深圳市社区居家养老的服务水平。

（三）建设智慧养老服务平台，发挥资源整合作用

智慧养老服务平台功能复杂、市场成熟产品少，深业集团前期组建专项小组经过多轮探讨、多轮筛选，通过一系列高标准、严要求的试运行测试，高效完成了平台功能定位、架构及内容，智慧平台1.0版本现已上线。深业集团将进一步应用物联网、大数据、人工智能、信息传感等信息技术，打造全底数把握、全人群覆盖、全方位供给、全链条监管的深圳市智慧养老"907"服务系统。"907"服务系统一方面将数字化、智慧化、可视化地汇聚政府、产业、民生多维数据，为政府精细化治理和决策提供充分依据，另一方面将充分整合产业链资源，形成"智能 + 平台化"养老新生态，丰富服务供给内容，满足长者全方位的服务需求。智慧平台依托四级服务网络，充分发挥线上与线下相结合优势，利用信息技术实现供需资源有效配置，全面提升深圳市公益、普惠养老服务供给覆盖率，大幅降低整体运营成本，有效解决居家社区养老服务分散、供需脱节等难题。

（四）实施居家适老化改造工程，建设家庭养老床位

为了更好地保障长者在居家养老环境的安全性、便利性、舒适性，按照"政府引导、市场运作、需求导向、自愿申请、试点先行、逐步推开"的原则，深业集团积极实施"0580"居家适老化改造工程，克服了改造点分散、每户家庭需求不一、改造物资品类多、组织实施难度大、改造流程复杂等困难，截至2020年底，保质保量完成了深圳市965户老人家庭的适老化改造及验收工作。适老化改造工作有效改善了长者居家环境，切实提升了老年人的幸福感、安全感、获得感，也得到了长者及其家属的认可和肯定。实施居

家适老化改造，进一步深入了解了居家长者的需求，为后续的适老化改造优化以及网点运营服务拓展积累了极其珍贵的材料，也为四级网络布局"家庭养老床位"打下了坚实基础。

三 深业集团推进"907"幸福康养惠民工程的主要经验、发展建议

（一）主要经验

1. 标准先行，规范行业发展

社区居家养老行业利润空间小，专业人才匮乏，民营企业缺少提升人才素质、严控服务质量、助力行业规范发展的动力。此外，如果仅依靠政府供给，难以满足大规模、差异化的市场需求。深业集团作为国有企业，充分利用自身专业技术优势及医疗、养老运营经验，通过试点项目的建设和运营，迅速建立起行业标准体系；通过四级养老服务网络建设，实现了服务规范化、管理标准化、项目品牌化；通过规模化经营，全方位提供服务，保障项目运营的可持续性和可借鉴性，助力深圳社区居家养老服务行业规范发展。

2. 政企联动，保障基本民生

在四级养老服务网络建设过程中，各区政府、街道办积极支持，提供网点物理空间，深业集团积极配合，承接建设和运营工作。按照"政府支持、社会运营、合理定价"的原则，充分发挥政企联动协同效应，优先做好"保基本、兜底线"的公益养老服务，同时以长者需求为导向，开展市场化的普惠养老服务，扩大优质养老服务供给，满足多层次、多样化的社区居家养老服务需求，推动扩大社区居家养老服务覆盖面和范围，有效增进民生福祉。

3. 科技赋能，促进产业发展

深业集团通过高标准建设深圳市智慧养老"907"服务系统，形成线上和线下相结合的智慧化养老服务模式。系统围绕老人医疗健康、安全救助、

生活照料、情感社交等核心诉求，整合养老服务资源，形成"智能＋平台化"养老生态，精准高效对接老人多样化、深层次的养老服务需求，全面提升深圳市公益、普惠养老服务供给覆盖率，有效解决社区居家养老服务供需脱节难题。同时，通过智慧信息系统实现文化、旅游、餐饮、体育、家政、教育、养生、健康、金融、地产等服务的融合，创新和丰富养老服务产业业态，拓展旅居养老、文化养老、健康养老、养生养老等新型消费领域，充分释放养老服务消费潜力，全面提升产业价值，推动养老产业健康可持续发展。

（二）发展建议

1. 建立高标准人才支撑体系

专业能力强、综合素质高的专业人才队伍是社区居家养老服务质量全面提升的基础支撑保障。通过建立丰富的人才储备库、搭建一流的人才培养体系、建设市场化的人才激励机制等方式，有效增加行业人才供给、提升专业服务能力、保障从业人员权益、降低从业人员流失率，逐步形成深圳市高标准社区居家养老服务行业人才支撑体系，为行业的健康可持续发展提供充分的保障，满足长者对于普惠、可及、多样的健康生活服务的刚性需求。

2. 积极探索医养融合发展路径

医疗护理需求是养老群体的刚性需求，建议鼓励医养一体化发展。可通过在四级服务网络系统内探索设立医疗护理站、医务室，鼓励养老机构和社康中心一体化建设运营，在卫健委、医保局设置"医养结合"专项对接服务窗口，加强医养结合理论研究及相关学科建设等方式，探索医养融合模式的实施路径，有效解决医养服务供给不足难题。

3. 完善老年消费市场体系建设

老年人消费需求的满足，需要有监管有力、健康发展的老年消费市场作为支撑。目前，老年消费市场尚存供需不匹配、商业模式不清晰、行业发展不规范、监管不到位等问题，老年人的消费需求需要正确的引导和有效释放。未来以智慧服务系统为基础支撑，全方位掌握老年人的各类数据资料，通过大数据分析，人工智能算法等技术手段，实现供需之间的精准匹配。通过商业模式的创新发展，建立健全老年消费市场体系，满足各收入阶层老年群体的消费刚需，全面推动老年消费市场的快速健康发展。

4. 创建缓解社会养老负担新模式

面对未来数量庞大的养老群体，在专业护老人才数量跟不上、家庭可支付意愿不强的情况下，传统的养老模式已经难以承载社会整体的养老压力。通过建设家庭养老床位、完善长护险政策、建立"时间银行"储蓄模式、支持智能化可穿戴设备研发生产等方式，全面提升社区居家亲情照护能力，激发低龄老年人回馈服务社会的活力，有效解决社会养老资源不足、专业护老人才匮乏等问题，减轻社会养老负担，并以此弘扬"敬老爱老"的中华传统孝道文化精神，营造互助共赢的和谐社会氛围，实现"老有颐养"发展目标。

5. 加大政策扶持补贴力度

社区居家养老业务前期投入大，培育周期较长，且总体以提供普惠、公益性服务为主，整体人工运营成本高，企业基本无利润空间。为了保障行业的健康可持续发展，在养老产业及市场仍不成熟的阶段，需要政府出台并完善建设补贴、运营补贴、人才补贴等政策措施，同时在税收、物业费及租金等方面给予政策优惠，切实减轻企业的运营压力，以政企协同的方式，保障老年人能够获得长期稳定、高品质、有保障的养老服务，推动行业的健康可持续发展。

6. 打通大健康养老产业链

目前，养老产业的刚性高频需求仍以配餐、家政、护理服务为主，其他相关产业由于缺少人才、技术、资金投入等，发展较为缓慢，产业链整体尚未成型，未能实现带动效应、协同效应。未来需要进一步完善智慧平台建设，以平台为依托，有效整合养老产业链上下游资源，改变各产业"零散"的发展方式。通过"智慧+养老""养老+产业"联动的形式，共同助力打造多元有机协同的养老健康产业链，实现养老产业发展的全面转型升级。

B.12
养老服务 PPP 运营模式探索

—— 以福田区福利中心、南山区社会福利中心二期为例

陈瑶　徐疆南　董蔚颖*

摘　要： 实施积极应对人口老龄化国家战略，事关国家发展全局，对"十四五"和更长时期中国经济社会持续健康发展具有重大和深远的意义。加强公办养老机构改革逐渐成为及时应对、科学应对、综合应对人口老龄化的重要基础。充分发挥政府和市场作用是养老事业发展的重要手段。本报告以万科为例，在陈述公办养老机构社会改革背景的基础上，介绍万科与政府协同推动公办养老机构改革试点基地——福田区福利中心、南山区社会福利中心二期的发展历程和现状。之后，本报告归纳总结了万科参与公办养老机构改革的创新实践和优秀经验。

关键词： 万科养老服务　公办养老机构　公私合作模式　社会资本

一　大势所趋，开创公办养老社会化改革先河

为满足养老服务兜底责任的保障需求，全国各地自 20 世纪陆续建立公办养老机构。政府成为养老服务的主要提供方。但伴随着居民生活水平及老龄化趋势的加剧，公办养老机构受事业单位人员、经费管理、人员招聘难、

---

* 陈瑶，万科集团南方区域养老经营公司首席合伙人、总经理；徐疆南，深圳市福田区福利中心院长；董蔚颖，深圳市南山区社会福利中心二期院长。

流动性大、养老服务专业化程度低等因素制约，越来越难以满足居民对多层次、高品质养老服务的需求。

自 2016 年起，伴随着《国务院办公厅关于全面放开养老服务市场　提升养老服务质量的若干意见》等相关政策陆续出台，放开养老服务市场、降低市场准入门槛、大力推动养老服务供给结构优化，成为养老服务发展的重要改革导向。对于深圳而言，推动政府资本与社会资本合作，以 PPP 项目模式进行改革，探索解决养老服务供需配比严重失衡问题，成为深圳解决超大城市核心区都市社区养老服务体系的创新之举。

万科生于深圳，深耕深圳，感恩深圳。万科作为深圳两个区级大型养老机构社会化改革的践行者，与政府协同，从职能定位、运营机制、服务管理等多维度助推公办养老机构加速发展、加快转型、实现跨越，通过整合内外部资源，搭建集医疗、康复、养老、护理资质和能力于一体的城市级养老服务体系。

二　双核推动，改革引领创新

（一）福田区福利中心：公办养老机构社会化改革深圳首探者

福田区福利中心地处香蜜湖高尔夫球场南侧，是福田区政府和深圳市福彩公益金共同出资兴建的政府下属公办社会福利机构，1998 年开始运营，为福田区民政局下属事业单位，包括福利中心大厦和福利中心 B 栋两栋建筑。福利中心大厦总占地面积 4124 平方米，建筑面积 9855 平方米。福利中心大厦为东西五层、南北七层连廊式建筑。福利中心 B 栋占地面积约 793 平方米，总建筑面积 2053 平方米。

2015 年 3 月，福田区政府召开专题会议，要求"着力抓区福利中心的扩容，着力抓社会养老，积极打造辖区社会化养老品牌"。2016 年 8 月，《福田区福利中心 PPP 项目实施方案》获福田区政府六届 107 次常务会议审议通过。2016 年 12 月，经区政府采购中心公开招标，浙江万科随园嘉树老

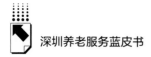

年公寓管理有限公司（万科集团成员企业）中标福田区福利中心 PPP 项目，成为该项目的建设、运营机构。同月，万科与福田区民政局签订项目协议，协议期限为 15 年。万科负责福利中心大厦的改造实施，政府方向万科提供 879 万元的改造补贴，超出投入由万科自行承担。福田区福利中心于 2018 年 8 月完成改造，总床位数达到 420 张，增扩床位 100 张。

福田区福利中心 PPP 试点项目被定位为普惠型养老机构，服务福田区户籍老人，并保障福田区户籍"三无"、"低保"、优抚、高龄及介助、介护等老人的政策性养老服务。万科提供不少于 150 张政策性床位保障福田区户籍老人的政策性养老服务，其余 270 张床位作为经营性床位进行经营。项目采用公办民营的运营管理模式，由万科负责项目运营和维护并自负盈亏，福田区民政局负责项目监督管理。双方成立福田区福利中心 PPP 改革试点项目管理委员会和监督委员会，形成管委会领导下的院长负责制，建立以《福田区福利中心 PPP 试点项目法人治理结构章程》为核心的现代法人治理结构，促进项目持续、健康和高效运行。

自引入万科运营服务以来，2017 年 4 月，福田区福利中心被评选为 2017 年深圳关爱行动"十大关爱事件"之首；2018 年 10 月，成为全深圳市首家获得餐饮服务食品安全 A 级资质的养老机构；2019 年 8 月，顺利通过广东省民政厅评审，获得省级五星级养老院称号。

（二）南山区社会福利中心二期：超大型公办养老机构改革

深圳市南山区社会福利中心位于深圳市南山区留仙大道 7109 号，是南山区民政局的下属事业单位。南山区社会福利中心共运营一期、二期两栋大楼。福利中心二期（以下简称"二期"）占地面积 7258.57 平方米，总建筑面积 29984.1 平方米。二期于 2015 年 7 月完成竣工验收，在 2015 年 12 月正式运营。二期总计有床位 791 张，截至项目改革前总计入住长者 331 位。

南山区民政局通过公开招投标，于 2019 年 7 月 10 日完成项目采购结果确认谈判，确认预成交社会资本方为浙江随园养老发展有限公司（万科集团成员企业）。2019 年 7 月 31 日，南山区民政局与中标方浙江随园养老发展有限公司正式签订合作协议。根据《南山区社会福利中心二期 PPP 项目协议》相关规定，2019 年 9 月 5 日，南山区民政局、浙江随园养老发展有限公司、深圳市万颐养老服务有限公司签订了合作协议，约定深圳市万颐养老服务有限公司对南山区社会福利中心二期进行运营管理。

南山区社会福利中心二期 PPP 项目采用"委托运营"的方式，引进优质的社会资本方全面提升养老服务质量。项目总计有床位 791 张，其中 400 张床位作为政策性床位，391 张床位作为市场性床位。项目改革的初衷是在切实保障全区户籍"三无"、"低保"、优抚、高龄及介助、介护等老人的政策兜底服务的同时，实现部分床位市场化，提升养老服务品质，满足社会养老服务需求。

2020 年 9 月，根据双方协议，第三方评估机构对南山区社会福利中心二期进行项目年检，评估得分为 283.3 分，评级为优秀。2020 年 10 ~ 12 月，南山区社会福利中心拓展多元合作渠道，与深圳大学总医院签订医养合作协议，加入南山区为老服务联盟，成为深圳健康养老学院实践教育基地。

三　PPP 运营模式创新实践经验总结

（一）政企定位精准，资源优势互补

对于 PPP 合作项目，政府和社会资本方需要精准定位、以长者服务为核心，优势互补，资源互通，合力打造标杆项目。区级福利中心的改革需要坚持兜底责任优先、民生保障优先、改善服务优先。政府需要切实履行好政府兜底责任，确保政府责任不缺位、不失职、不遗漏，是项目改革成功的基础和前提。政府从公共服务的直接提供者到社会资本的"合作者"、PPP 项目的"监管者"和养老服务的"协调者"。对于社会资本方，服务品质优先为发展根本。通过引进社会资本，将现有的公办养老床位进行提升改造、增

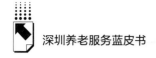

加床位、提升服务。社会资本方是公共服务的"直接提供者"、市场竞争的参与者、政府的"合作者"。精准的角色定位是 PPP 项目可持续发展的关键，通过厘清责任、明确职责、协同配合，实现服务兜底和提升双向并举，推动养老服务的革新和发展。

（二）选准供给侧改革运营方，实现合作共赢

选准供给侧改革运营方，确保改革项目健康、稳定、可持续发展是项目成功的关键。以区级福利中心 PPP 试点改革为例，运营方需要承担着项目升级改造、原有长者转签过渡、运营团队组建、资产交接等多重重要任务，并且交接接管时间短、任务重、要求高、困难大，所以对运营商的投融资能力、社会资源整合、管理运营水平、团队执行力、抗风险能力等要求更高。

（三）精准把握 PPP 合作条件，平衡效益与公平

PPP 合作条件是项目可持续发展的制度性保障。政企合作需要平衡好公平与效率、兜底服务与定制服务、公共服务与市场化的关系。区级福利中心 PPP 试点改革，难点在于切实履行政府兜底服务责任，同时保证运营方健康、可持续、有序发展。对于合作条件的界定，核心权衡点在于社会资本方投资、政策性床位和社会化经营床位的合理配比、运营期限、可回购性床位等关键性因素。合作条件的设置既能满足政府兜底服务的保障需求，又能通过合作期限的设定充分发挥床位资源效益，为运营方的可持续发展提供有效保障，激活现有闲置资源。

（四）创新管理机制，监督与扶持并行

PPP 项目管理主体由政府到企业的转变，意味着共商决策、监督管理、服务共建、国有资产管理等模式的革新。运营模式中政府从"大包大揽"向放开市场、风险共担、合作共赢转变；服务市场的供给模式从"单一型"向社会化、专业化、标准化"多元型"转变；管理体制从"公办公营"向

现代法人治理结构下的"公办民营"转变，搭建互利共赢的合作关系。从项目立项到招标合作，以南山区社会福利中心二期为例，南山区民政局按照 PPP 联席会议精神，通过公开招投标，由专业咨询公司开展实施方案等 6 份文件的编制工作，委托深圳大学社会发展与公共政策研究中心开展社会风险评估，等级为"低风险"。历时 7 个月、6 次走访调研、7 次研讨会、3 轮征求意见、15 家区级单位提出意见及多轮沟通、座谈，为招标工作的顺利开展奠定了扎实的基础。PPP 合作模式催化出新的"法人治理模式"，以福田区福利中心为例，中心聘请深圳国际公益学院时任院长王振耀出任福田区福利中心 PPP 试点项目监督委员会主任，建立以章程为核心的现代法人治理结构，促进项目持续、健康和高效运行。

（五）服务品质先行，推动服务产业发展

引进优质服务。以万科"榕悦""随园"养老品牌为依托，通过构建涵盖养老服务住、乐、食、护、康、医六大模块的 360° 全周期长者照料服务系统，贯穿老龄生活自理、半自理、失能长者的全生命周期，结合长者身体和心理的变化，制定照护方案，为长者营造安全舒心的晚年生活。2020 年，福田区福利中心、南山区社会福利中心二期分别举办活动 1161 场，平均每天就有两场活动来丰富长者在院生活。

打造冠军组织。定期组织人员前往国内外知名养老机构开展实地调研和开展培训，制定专项人才培训计划，建立教学示范基地，形成高效的人才输送、培养合作机制，为养老服务提供学科齐全、经验丰富、富有爱心的人才保障。2020 年，福田区福利中心、南山区社会福利中心二期共举办员工培训 108 场，平均每周组织员工培训两场。

树立一流标准。结合国家、省、市相关管理规范，围绕服务标准化、组织标准化、流程标准化、质量标准化与制度标准化五大方面，以 PDCA 质量管控循环为载体，形成以制度、培训、检查、整改为内核的品质管控体系，通过循环驱动，使标准与运营无缝对接，显著提升老年服务品质。

争创服务基地。对于区级的社会福利中心而言，不仅承担着机构养老服

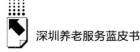
务的责任，更应该充分发挥养老服务基地的建设作用，积极拓展机构外延性服务，助力构建多层级、全覆盖、高效便捷的养老服务网络。以基地带动社区的"涟漪状"辐射模式，构建养老服务体系的圈层式布局，实现全老龄段的养老服务供给，减少集中式托养机构的床位供给压力，实现养老服务与服务对象的精准对位，综合解决城市核心区养老服务供需矛盾。

搭建尊老平台。通过与政府、社区、学校、企业、社会组织等机构的深入互动，鼓励社会各界走进养老院、走进老人，大家帮扶互动，送上关爱温暖，促进和谐共融。充分利用复合型媒体宣传，畅通传播渠道，呼吁社会公众关爱老年人，积极弘扬尊老、爱老、敬老、助老的精神。

B.13
城企联动普惠养老的探索与实践

——以华润置地养老服务项目为例

张 伟 杨海斌*

摘 要: 随着我国老龄化进程的不断加剧，居民多样化养老相关服务需求不断释放，为养老产业发展带来契机。然而，进入养老产业或从事养老服务业，不能期许立刻收获复合性盈利，这要求企业需要从长远的市场潜力和稳定性来定义养老产业的战略规划、运营落地、投资（财务）模型，探索普惠性、高品质养老服务模式。本报告以华润置地为例，阐述了华润置地积极响应城企联动、落实普惠性养老服务供给侧改革的实践，归纳总结了华润置地悦年华普惠养老运营模式的发展经验、改革趋势和创新路径。

关键词: 华润置地 城企联动 普惠养老 品质型养老机构

一 华润置地悦年华普惠养老的思考

我国目前已形成"9073（或9064）"格局，即90%左右的长者居家养老，7%（6%）左右的长者依托社区支持养老，3%（4%）的长者入住机构养老。于政府而言，居家养老社会负担小；于长者来说，其更希望待在熟

---

* 张伟，华润置地副总裁，酒店旅游与健康事业部总监；杨海斌，华润置地酒店旅游与健康事业部业务总监。

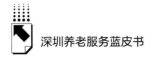

悉的环境养老，而且更加经济。随着长者人群及社会结构的变化，机构养老服务在集约化、规范化、标准化层面不断探索，旨在形成高效服务、普惠产品的稳定模型，形成可借鉴、可连锁的城市级养老服务产品。

随着长者内心需求的不断释放、长者各类需求显现，从现在的解决基本刚需到实现生理、心理的全面养老，从基本的养老生活服务到专业的认知老人照护，对于服务的进一步追求也是一个产业发展的必经之路。在多元的养老产业蓝海中，要寻找适合社会、城市、长者的普惠型养老产品，就需要通过做减法聚焦长者/家属核心诉求，定位明确、集中优势、做精不做全，坚持以高频效、重人效、稳服务、低投资为基线，打造"长者刚需为主、集约高效服务、护理技术人才建设"的养老产品。

养老产业是个需要长期耕耘，非一朝一夕能发展起来的业务。它具有福利性、微利性和缓慢增长性等特点。这些特殊性决定了近 10 年的养老产业发展过程中，各城市之间的政策、福利、长者数量、消费能力、产业发展及品质等不同，发展时间差带来产业供应差。单纯进入养老产业或从事养老服务业，不能期许立刻给企业带来复合盈利，需要从长远的市场潜力和稳定性来定义养老产业的战略规划、运营落地、投资（财务）模型。

根据城市等级，坚持以打造普惠品质型产品为基线，开发契合城市消费人群、消费能力、消费模式的养老产品，基于产品稳定化、规模化及品牌连锁化的目标与规划，立足"企业稳定发展，长者生活有质量，保障就业，促进社会和谐"的经营理念，持续为社会提供普惠型、品质型养老产品，方能推进养老与时代发展的接轨。

二 积极响应城市联动、普惠养老供给侧改革与发展

国内人口老龄化趋势在加速。根据 WHO 2018 年发布的《中国老龄化与健康国家评估报告》，中国人口老龄化进程要远远快于很多中低收入和高收入国家，中国 60 岁及以上老年人口在总人口中的占比预计将从 2010 年的

12.4%增长到2040年的28%，[①] 即中国将拥有近4亿人的老年群体，这为我国养老行业发展提供了庞大的空间。

但养老需求不等于养老市场规模。一方面，消费者需求教育仍有较长的路要走；在中国的传统家庭观念影响下，很多地区的老人往往习惯性抗拒机构养老，甚至拒绝了解。养老服务市场的区域化特征明显，各地区/城市间差异大。北京、上海、广州等经济收入水平高、城市化历程久、人员构成多样化的一二线城市及南方经济发达城市，对社会养老的接受度相对较高。其他地区对社会养老的接受度仍然较低，老人往往把去社会养老机构视为最后选择。另一方面，各类服务优质的养老产品（如健康活力老人社区等）出现时间较短，公众对市场的了解程度不高。此外，照护人员不足、支付保障需进一步加强等客观因素也构成了制约，因此养老服务市场仍需要时间培育。而从民生保障角度出发，政府鼓励、支持养老产业发展的力度过去两年内持续加大。一方面，利好政策不断，如降低养老行业的进入门槛，提升投资回报率；另一方面，在民生考核压力下，各地政府在城市地块出让时越来越多地提出康养综合配套的要求，并不断加大对社区公建民营基础设施的提供。

华润置地自2017年进入养老产业，通过对标、学习，优选在片区排在第3～5位的国内外行业标杆企业及项目，收集大陆、中国香港、中国台湾、日本、美国、加拿大等国家和地区近10年的成功与失败案例；通过参访、调研、深度合作等方式，充分研究各企业/项目的生长、生存、竞争情况，了解城市政策、老龄化状况、消费能力等核心指标对于当地养老产业的影响；通过减法思维，确定城市投资量级、等级，梳理业务、产品模型，聚焦刚需产品供应、康复医疗技术、康养人才培育，建立华润置地悦年华项目库、产品标准库，使投资标准化，最终形成城市级康养机构、CCRC（Continuing Care Retirement Community，持续照护老年社区）等终端产品并面市（具体见图1）。

---

① 《世界卫生组织：中国老龄化与健康国家评估报告》，https://www.waitang.com/report/11417.html，最后访问日期：2022年5月9日。

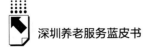

2018 年 11 月，华润置地悦年华成为国家发改委社会发展司首批城企联动、普惠养老的试点单位之一。华润置地分别在深圳、广州、南宁、北京、长沙、武汉等地落户子普惠型品质养老项目，床位数达到 8600 张。其中在广州、南宁两个城市完成第一批"百城百企、普惠养老"专项行动的项目落地，通过中央预算内投资与政策支持、引导，城市政府系统规划养老服务体系及提供土地、规划、融资、财税、消防等全方位政策支持包，实现了普惠养老项目高效落地；通过提供前期资金补助，保障了城市养老服务供给。

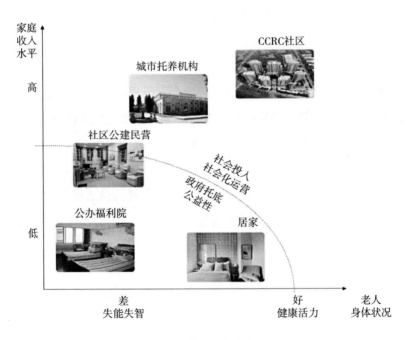

图 1　养老服务业态

三　华润置地悦年华普惠养老运营模式

（一）普惠养老产品运营前置条件

业务核心竞争要素：无论是重资产的 CCRC 模式，还是轻资产的城市托养机构模式，强势的地方品牌和精细化的运营管理都是吸引客户的根本；物业及资金成本控制能力是盈利的保障，尤其是获取城市优质区域且成本较低的物业，将是养老项目成功的重要保障；拥有综合医疗服务能力可提升养老项目的吸引力，但这并非不可或缺的核心竞争要素。

城市托养机构的服务对象多为失智失能的刚需人群，老年人普遍年龄较大，行动不便，生活自理能力日趋退化，需要较多的日常生活照护。而家属也希望能够经常来探望老人，因此这类托养机构多临近城市社区，普遍有50～200床，易于管理。因此，高质量的照护服务、合适的地理位置和精细化的运营管理是关键。

1. 运营服务能力是吸引客户的根本

专业、可靠、优质的服务是养老机构吸引客户的主要因素。这其中包括日常的运营管理、风险或危机事件的应对、人员的培训及照护的标准化建设等。例如，老人慢性病药品的管理、分发、服用等需要做到不遗漏、不出错；失能老人的擦洗、翻身等需要规范且严格执行相应标准以降低褥疮的发病率；失智老人的居住区域需安全方便等。

2. 物业及资金成本控制能力是盈利的保障

无论是重资产模式还是轻资产模式，成本控制能力——土地、建安和资金成本等，是项目能否盈利的关键。

对于轻资产模式，租金、装修建设成本及运营维护成本控制是关键。这方面高度依赖运营者的精细化管理水平，华润置地悦年华项目擅长以相对较低的成本打造较好的居住环境体验，例如深圳项目以暖色调大范围墙面真漆及装饰物营造"一家亲"的感觉。

对于重资产模式，除上述成本因素外，项目盈利更需要重视土地成本和巨额的投入资金成本。地产公司如果通过获取城市综合体的配套来获取地理位置优越但成本相对较低的地块用于开发康养业务，可显著降低开发运营成本，提高项目回报率。

3. 医疗服务能力提升了养老业务的吸引力，但并非核心竞争要素

"医养结合"是许多养老机构宣传的内容和特色。但养老行业需要怎样

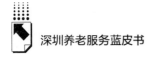

的医疗服务能力？医疗机构能够起到多大的影响？医养结合究竟应该怎样做？

深圳悦年华项目，养老院旁边就是宝安区中医院的社区卫生服务中心，双方持续推进长者家庭医生建档、常规巡诊及应急求助。同时，深圳悦年华项目与社康中心、市区三甲医院联动，打通绿色就诊通道，定时邀请专家来巡诊，并使之成为持续性、稳定性的活动。有它们为养老机构"站台"，老人和家属更安心，从而提升了养老项目的吸引力，加快了床位去化率、提高入住率。

从目前运营来看，医疗服务能力并非养老业务的核心竞争要素。具备医疗机构对于养老业务而言无疑是锦上添花，可提升项目的吸引力；但通过与外部医院达成合作也可以实现该目的。实际上大量养老机构往往也是如此操作的，强调周边毗邻重点医院，可提供"绿色通道"等就医服务。

4. 制定悦年华标准化运营方案，满足不同城市、产品定位，聚焦服务能力建设

目前，康养业务团队牵头起草各项规范和标准，初步形成体制性的成套标准。其中，投资、物业、建造、成本等标准已基本确定；财务、运营、人事、照护、销售等标准正在制定完善中，包括统一的合同规范管理等细节内容；信息化建设也已提上日程。此外，华润置地将国家《养老机构等级划分与评定》（国家市场监督管理总局、国家标准化管理委员会）、CARF（国际康复质量认证委员会）、HKQAA/ RACAS（香港安养院舍认证计划，香港品质保证局、香港老年学会）作为各项目中护理院、康复医院的标准，在每个项目开展前介入并进行指导，通过一线实践及持续升级，打造了华润置地运营标准化及认证体系。

（二）普惠养老产品投资与产品模型

我们对养老服务终端产品进行了情境分析，不同情境下，养老产业中有不同的业态提供相应的产品或服务。我们认为，目前市场上的各类情境将长期共同存在，在不同地域和不同客群中各有侧重。

基于情境分析和养老业务发展现状及能力，社会资本举办的集中养老服务中，目前产品主要包括 CCRC 模式和城市托养机构模式。

第一，CCRC，即持续照护老年社区，起源于美国教会创办的组织，是一种复合式的老年社区，为老年人提供综合的居住设施和服务，使老人在社区中拥有更好的生活条件和更高的生活质量，安全和照顾得到进一步提升。CCRC 多为新建造的小区，是重资产模式，充分融合了普通社区和养老机构的设计特点。一方面，提供社区式居住体验，满足隐私需求；另一方面，充分结合无障碍与安全设计，例如广泛配置轮椅坡道、宽敞房门、医用电梯、连廊、无处不在的扶手、安全监控和报警装置等，从而为老人提供了普通住宅所不能提供的便利性和安全性。

此外，CCRC 社区里配套服务齐全，包括基础医疗服务、餐饮服务、娱乐及社交活动空间、老年用品商店、美发等，为老人的日常生活带来极大便利，极大提高了老年人的生活质量和社会归属感。

第二，城市托养机构则多为轻资产模式，以租赁或改造物业为主，为老人提供集中养老照护服务。城市及家属关注的是成本和生活改善、专业医护，从公益性的角度保障中高层收入群体的刚需照护。

目前，悦年华项目主要服务中高净值客户，为其提供从健康活力老人的持续照护，到半失能、失能失智阶段的专业照护的全年龄段、全身体状况、全业态的服务；同时，兼顾社会公益性的要求，承接部分失能失智老人的托底刚需服务。

（1）对于健康活力老人群体，主要选择业务所在的城市中交通方便、毗邻丰富医疗资源的核心区块地段，或者距离城市一站高铁距离内的自然景观好的地区，以比周边房价低的价格推出高端配置的 CCRC 综合社区及高端公寓产品，并在 CCRC 内设立护理、诊所等配套设施，形成全面服务。CCRC 社区多为重资产模式，以自建并持有物业为主。

（2）对于半失能失智的刚需老年群体，以并购获取当地优质的城市托养机构，通过，控股或投资的方式与之合作：一方面，快速获得运营团队的能力和经验；另一方面，借助被并购团队的当地良好政府关系，快速扩大当

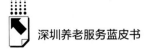

地的业务规模，此外，还可与置地 CCRC 类项目协同互补。而城市托养机构多为轻资产模式，租赁并改造城市核心地段的存量物业，充分利用其政府关系、产品力及品牌等优势，以较低成本获取优质物业，促进养老机构的发展。

（3）对于公益性较强、政府主导的社区小微托养照护需求，以承接政府的公建民营项目为主。这类项目需要承接政府的部分托底功能，具有一定的运营压力。这类项目的经营目标是单体项目实现盈亏平衡即可。

四　结语

通过"城企联动、普惠养老"专项行动，在社会整体的推动下，养老行业进入规模化发展阶段，提供的产品类型逐渐丰富，形成了重资产模式的 CCRC 社区和轻资产模式的城市托养机构等。未来相关政策进一步放开后，如"将老年人住房反向抵押养老保险扩大到全国范围开展"、"健康中国 2030"规划纲要明确提出的促进健康老龄化、发展健康服务新业态等，在培育养老业务龙头企业的过程中，商业模式有望更丰富和更多样化。

但养老行业的盈利模式仍需时间培育和探索。现阶段养老行业整体投资回报偏低，盈利不稳定。重资产模式前期投入大，孵化期长。轻资产模式即使运营良好，单个养老项目的利润率也通常不高，可复制性有区域限制。但养老业务具有稳定的现金流。在中国经济从高速增长切换到中低速增长、个别行业利润率逐渐下降的大背景下，中央预算内投资示范带动作用和地方政府引导作用，可激发社会资本参与养老服务业发展的积极性，畅通养老服务发展投融资渠道，夯实运营服务基础，从而使养老业务持续增长，吸引更多优质项目落地，加快产业竞争与升级。

B.14
发展嵌入式养老
推动养老服务品质化提升

——以中国人寿养老服务项目为例

於孝卿　李宁春　陈瑶*

摘　要： 中国人寿作为大型央企，在大健康、大养老领域积极布局，主动承担社会责任，在深圳构建了"轻资产、重运营、多功能、可复制"的普惠型、高品质社区养老模式，实现了养老"不离社区、不离家"，依靠"三聚焦、三结合"的业务特点实现此种养老模式的可持续发展。本报告分析发现，这种养老模式在实际业务中也面临着选址难、服务项目单一、支付体系不完善、专业人才团队稀缺、运营成本不断攀升、养老市场观念不充分等一系列挑战。针对这一系列挑战，本报告提出了统筹规划社区养老物业资源、支持优势社会资本快速做大做强、制定优惠政策操作指引、强化资源整合、完善养老服务支付体系等发展建议。

关键词： 中国人寿　社区养老模式　嵌入式养老

一　中国人寿社区养老业务概况

中国人寿作为大型央企集团，除了深耕金融保险主业外，在大健康、大

---

* 於孝卿，国寿社区健康养老管理（深圳）有限公司总经理；李宁春，国寿社区健康养老管理（深圳）有限公司业务总监；陈瑶，国寿社区健康养老管理（深圳）有限公司综合管理主管。

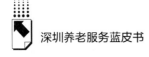

养老领域积极布局，主动承担社会责任。在养老服务方面，中国人寿的布局主要分为两条路线，一是聚焦高端的大型养老社区模式，二是聚焦普惠的社区养老模式。

国寿社区健康养老管理（深圳）有限公司（以下简称"公司"）是中国人寿在深圳设立的专注于社区、居家养老业务探索的专业化公司，也是保险系统内第一家专业化社区居家养老业务平台公司。2018 年，公司首个社区嵌入式托养中心成功开业，截至目前，已在深圳签约落地四个养老项目，业务连锁化布局初步形成，合计管理物业面积 8078 平方米，共有养老床位 236 张。

二 中国人寿普惠型高品质社区养老模式

（一）业务模式

中国人寿在深圳构建的"普惠型高品质社区养老模式"的特点是"不离社区、不离家"，实现了百姓欢迎、政府支持、主业需要、企业获益的多元目标，其业务模式可以总结为"轻资产、重运营、多功能、可复制"。

1. 轻资产：有效降低投资成本

公司现有四个项目都采取与政府合作的模式，均得到了当地政府的大力支持，物业都是政府以免租金形式交由公司使用，大大降低了前期投资的成本。在我国当前养老支付能力还普遍较低的情况下，成本的有效控制是养老项目实现良性可持续发展的重要基础。通过轻资产的方式，以租赁或挖掘社会闲置物业资源替代新建和购置物业的方式，不仅可以加快项目建设的速度，还可以有效降低项目的前期投资成本，单床成本在 15 万元左右，大大提高了资金的利用效率，为项目实现可持续发展奠定了更好的基础。

2. 重运营：实现投建管一体化

养老的核心是运营和服务，只有把服务做扎实、做专业，才能走得长、走得远。公司高度重视运营管理工作，把运营管理作为投资和建设的起点，运管团队全程参与投资和建设工作，通过构建标准化的运管体系，实现了项目高效率、高品质、低风险的运营。

3.多功能：满足多元服务需求，构建和谐幸福社区

公司创新构建了"文化活动中心＋社区饭堂＋托养照护中心"三位一体的功能配置模式，在有限的空间中整合了社区文化、社区生活、社区照护等多样服务功能，有效满足社区全龄人群多元化的服务需求，提升了物业的利用效率，创造了更大社会价值，提升了居民的幸福感，为构建和谐社会助力。

4.可复制：更加匹配普惠人群养老服务需求

相较大型养老社区业务模式，"普惠型、高品质"社区养老模式具有单体投资规模小、项目建设速度快、物业场所要求低、政府支持力度大、客户覆盖更广的特点，更容易实现快速复制，能更好地满足普惠人群的养老服务需求，具备更强的可持续发展能力。

（二）业务特点——"三聚焦、三结合"实现可持续发展

中国人寿"普惠型、高品质"社区养老业务模式的主要特点可以总结为"三聚焦，三结合"。

一是服务定位聚焦刚需。着力于挖掘长者的真实需求，切实为长者解决问题，包括为失能失智长者提供专业的照护服务（对应于照护中心），为居家和活力长者提供便捷就餐、文化活动服务（对应于社区饭堂和活动中心）。

二是客户定位聚焦普惠。在项目的档次定位、建设投入和服务供应上，遵循"实用为主，美观大方"的原则，避免客户为不必要的设施和服务付费，综合月费定于8000～10000元，涵盖市场上最主流的群体，可满足普通大众的养老服务需求，尽可能扩大服务覆盖面。

三是质量定位聚焦品质。除了通过科学的规划、标准化的建设、居家氛围的营造，来保障基础品质外，公司格外注重服务品质，依托于专业的管理团队和标准化的运管体系，为长者提供专业、安全、舒心、自然的品质养老服务。

四是企业资源和政府资源相结合。充分发挥中国人寿央企优势，积极与

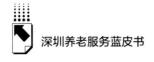
地方政府合作，充分挖掘各类闲置资源，使服务定价更具优势，减轻了居民的负担，也帮政府解决了难题。

五是养老服务与社区公共服务相结合。部分活动区域以公益形式向居民免费开放，将长者餐厅打造成社区饭堂释放服务能力，使封闭的养老设施变成了开放式的综合性服务场所。

六是养老服务与医疗服务相结合。积极与周边的医疗机构（社区健康服务中心）开展业务联动，充分挖掘社区医疗机构专业的医疗服务能力，依托养老床位建立家庭病床，社区健康服务中心医生每周定期巡诊，定期开展健康宣教，实现了养老和医疗在社区中的相互支撑和医养融合发展。这不仅解决了自身医疗服务能力不足的问题，还有效降低了运营的成本。

（三）模式优势——五重优势保障模式生命力

从"普惠型、高品质"社区养老模式试点情况来看，社区居民、长者、家属、政府及中国人寿内部保险营销团队等相关主体均反馈良好，这进一步坚定了我们对这一养老模式的信心，我们认为其在中国的社会文化背景下具有强大的生命力，是未来最具潜力的养老服务模式，其核心优势主要表现在以下五个方面。

一是市场需求旺。按照国家"9073"养老布局，社区养老和居家养老覆盖养老主流需求人群，合计约占97%，依托社区养老项目未来可以拓展和覆盖居家业务。中国人寿相关业务推出后得到了市场的积极反馈，市场需求得到了验证，未来发展空间广阔。

二是投资风险小。社区养老项目单体规模小，资金需求少，建设速度快，项目建成后由于紧邻社区，服务需求旺盛，床位空置时间可极大缩短，能实现快速入住，并产生稳定回报，投资风险较小。

三是盈利见效快。单床投资成本可控制在15万元左右，远低于重资产型项目的单床成本，项目具备较强的自我造血和可持续发展能力。

四是政府支持力度大。近年来，国家不断加大对养老行业的支持力度，密集出台了多项分量很重的养老产业支持政策，因社区养老和居家养老贴近百姓现有的生活模式，受到居民的欢迎，故这些政策又特别强调和重视对社区养老和居家养老这两类养老模式的支持，各地政府均给予较大补助以支持相关业务的发展。这些支持有利于进一步降低项目建设及运营管理的成本，提升盈利能力。

五是品牌传播快。社区养老业务深入到每个社区，可与社区和家庭建立深度的互动关系和情感链接，品牌传播性强，不仅可以助力公司以最快的速度建立起专业化的养老服务品牌形象，也为中国人寿系统内其他金融业务进入社区搭建了有益的平台。

总的来说，中国人寿构建的"普惠型、高品质"社区养老模式是一种百姓欢迎、政府鼓励、保险主业需要、企业可持续的创新型养老模式，公司可以很好地实现社会效益、经济效益和主业协同效应的统筹兼顾。

三　当前面临的主要难点问题与挑战

（一）项目选址难的问题

物业选址是养老项目落地的第一步。一线城市由于寸土寸金，物业成本昂贵，成为制约养老业务发展的第一道难题。养老服务由于服务对象的特殊性，其对物业的区位、格局、周边配套等都有一定要求，这进一步增大了物业选址的难度。物业选址难成为限制社区养老业务模式拓展步伐与速度的重要因素。

（二）服务项目单一的问题

社区养老项目通常是利用社区中现有物业改建而成，单体项目规模一般为 500～2000 平方米，单体规模较小，服务空间较为有限。受制于有限的空间，养老床位数量通常较少，营收天花板比较明显，其他一些延伸服务又常常面临服务频次少、流量不足、叫好不叫座的情况。在有限的空间中提供尽可能多元的服务，满足社区居民和长者多样化的服务需求，增加社区

居民消费的频次，冲破营收"天花板"，是提升社区养老模式可持续发展能力的重要举措。

（三）支付能力不充分、支付体系不完善的问题

当前，我国仍为发展中国家，"未富先老"的情况非常明显，居民的财富积累较为有限，单纯依靠老人的退休金或个人储蓄无法有效负担持续增长的养老消费支出，子女付费成为普遍且现实的选择，但"421"的家庭结构让一个家庭需要同时赡养多个老人，养老支付能力依然较弱。退休金、个人储蓄、子女付费是当前我国养老支付的主要方式，商业保险在 60 岁及以上老人中普及率依然较低，长期养护险尚在试点探索阶段，总的说来，养老支付体系呈现方式单一且结构失衡的情况，个人养老支付负担较重。这也影响了社区养老项目的发展。

（四）养老运营专业人才、团队稀缺的问题

由于我国的养老产业刚刚起步，市场化运作的时间较短，历史积累不足，有成熟经验的专业人才、团队稀缺，建设标准、运营标准、服务标准、评价标准等均未形成统一的行业规范，行业整体上还处在摸索前行阶段。这使得市场上有经验的专业人才招聘难度大，大都是从其他行业转型而来，一定程度上限制了行业的快速发展。同时，由于行业整体面临盈利难、盈利慢的困境，企业常常面临持续的亏损，无法提供具有显著竞争力的薪酬，从而使行业也面临优秀人才留存难的问题。

（五）人口红利消失推动运营成本持续攀升的问题

养老服务业是人力重度依赖型行业，随着我国人口红利的逐步消失，愿意从事养老照护服务的基层服务人员越来越少，存在着人员招募难、培训难、留存难等一系列问题，人力成本持续加大，业务的运营成本不断攀升，这一特征将对业务的发展产生持续且不可逆的影响，再加上当前我国居民有限的支付能力，将给养老运营公司造成巨大的经营压力。

（六）养老观念待转变、市场发育不充分的问题

近年来，社会化养老方式虽然被越来越多的人所接受，但"养儿防老"的观念在中国依然根深蒂固。目前，依然还存在不少老人和家庭把"把老人送入养老院，借助社会化、市场化等第三方养老服务解决养老问题"看作"子女不孝""遗弃老人"。这使一些有养老服务需求的家庭不愿或无法把老人送入专业的养老服务机构，在一定程度上影响了养老需求的释放，使看似很大的养老市场因观念的问题而无法转换成有效消费。这些人群成为"有需求，无消费""看得见，摸不着"的客户，也正因此，中国人寿"普惠型、高品质"社区养老模式在客户定位上选择了对养老照护服务有急迫刚需的人群，但依然面临一定的阻力和障碍。

此外，传统观念导致的"邻避"现象则从另一个层面限制了产业的快速发展。"邻避"现象是指居民因封建迷信或个人私利等，不愿养老服务设施建在离自家较近的位置而抵制项目建设的情况。中国人寿首个项目"国寿·福保社区颐康之家"在建设过程中便遭遇了"邻避"挑战，经过8个月漫长的沟通解释工作才得以化解。

传统养老观念转变是一个漫长的过程，需要政府、社会、企业不断加强宣传教育，推动观念的转化。

四　社区养老发展建议

（一）统筹规划社区养老物业资源

发展社区养老的物业对面积、消防、格局、楼层、交通、周边配套都有一定要求，合适的物业少是社区养老业务发展首先要面临的问题，若采用市场化租赁的方式，则满足以上条件的物业往往价格昂贵，在经济上无法满足投资建设的要求。为解决这一问题，同时基于社区养老的公益和民生属性，

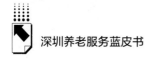

建议政府从国土规划、社区服务功能配置等方面做好顶层设计，从源头上保障社区养老物业的供给。

（二）支持优势社会资本快速做强做大

鉴于社区养老项目单体规模小、营收"天花板"明显、规模效应不足这些特征，在产业发展的起步阶段，为有效提升业务的可持续发展性，建议支持部分有品牌、有品质的社会资本快速做强做大，快速形成规模效应，例如，政府可以通过片区统一招标或多个项目打包招标的形式，一次性把多个项目物业交给同一家机构建设和运营，帮助企业快速建成服务网络，形成规模效应，采用这种方式可避免出现每个项目逐个招标后，运营主体分散，各主体均发展困难的局面。

（三）制定更加清晰细化的优惠政策操作指引

为支持养老产业的发展，国家相关部门明确给予养老服务业水、电、燃气、物业费优惠，相关政策的落地可以有效降低养老企业经营负担。但在具体执行过程中，常常面临缺乏细化的落地指引、跨部门沟通协调成本高、政策无法有效落地的局面。为此，希望政府相关部门制定更加清晰的优惠政策操作指引，破解政策壁垒。

（四）强化资源整合，共建养老新生态

社区养老中心作为深入社区的载体，可以向周边居民提供多元化的服务，但也正是由于服务的多元性，社区养老运营机构不可能所有服务全部自己做，若如此，不仅难以做到服务的专业性，也将大大影响服务开展的效率。为此，建议运营机构在做好自身优势服务的基础上，充分链接、整合外部优质资源，打造分工科学、运转高效的养老新生态，在保障服务专业性的基础上，扩展服务的内涵，提升整体的效率。

（五）构建更加完善、充分的养老支付体系

目前，养老支付面临着资金准备不足、支付方式单一等问题，不仅对长

者的晚年生活质量产生较大影响，也制约着养老服务业的发展。建议大力发展长期护理保险、商业养老保险等专项养老类保险产品，提前为养老做好资金储备，增加养老支付工具，这是解决养老支付问题的重要手段和长效机制。在此基础上，构建更加立体的支付体系，形成客户、政府、慈善、保险等共同组成的立体多元支付体系。

B.15

"物业 + 养老"服务模式

——深圳市共享之家的探索与实践

李志建　李苏洋*

摘　要：　近年来，"物业 + 养老"服务模式越来越受到政府部门重视。开展
"物业 + 养老"服务模式探索，有利于整合碎片化基层物业和养老
资源、完善居家社区养老服务体系、满足老年人多样化就近养老
服务需求。本报告以深圳市共享之家为例，探讨其与长城物业联
合开展"物业 + 养老"服务模式的历程、主要模式、关键做法、
实践经验和发展路径及创新方向。

关键词：　"物业 + 养老"服务模式　居家社区养老服务　资源整合

一　"物业 + 养老"服务模式的探索

2019 年和 2020 年，国家先后发布《关于推进养老服务发展的意见》《关
于推动物业服务企业发展居家社区养老服务的意见》，要求实施"物业 + 养
老"服务模式。2021 年深圳发布《深圳经济特区养老服务条例》，从社区养老
服务设施布局、家庭养老床位建设、居家适老化改造、家庭护老者培训等方
面做了全面的制度建设。"物业 + 养老"服务模式越来越受到政府部门重视。

（一）深圳市共享之家简介

2009 年伊始，共享之家开启了对养老服务市场的调研，先后前往美国、

---

* 李志建，深圳市共享之家养老服务有限公司总经理；李苏洋，深圳市共享之家养老服务有限
公司营销品牌管理中心总监。

法国、日本、中国台湾、中国香港等国家和地区，对全球老龄化相对严重国家的养老服务运营模式和服务模式进行了深度的考察和学习。2011 年，深圳市共享之家养老服务有限公司（以下简称"公司"）正式成立，并委托美国科特勒咨询公司对北、上、广、深等地的长者进行服务需求及生活习惯等方面的调研。2014 年，旗下首家社区养老服务机构——共享之家 3H 颐养复康中心（百花园）正式运营。同年，公司与美国最大的居家养老公司合作的第一家护明德居家养老服务中心在百花片区开业运营，正式开始探索"物业 + 养老"服务模式。

（二）"物业 + 养老"服务模式

公司在"物业 + 养老"服务模式探索工作的推进中，与长城物业集团股份有限公司建立合作关系，从老龄化比例、项目集中度、服务覆盖面、需求强烈程度等多个维度综合考量达成一致决定，选择位于深圳市福田区园岭街道长城社区的 7 个物业项目开展"物业 + 养老"服务试点工作。该试点片区项目集中，从前期物业健康管家与街道办、社区工作站、养老专业员工共同入户进行养老需求调研获得了以下数据：

第一，该试点片区居民户数为 4036 户，居住人数为 14962 人。

第二，60～70 岁长者约为 2535 人，70～80 岁长者约为 286 人，80 岁及以上长者约为 45 人，老龄化比例高达 17%。

公司整合"5G + AI"的智慧化居家社区养老服务系统，将其装设在有需要的长者家中。首批由街道办出资，为 60 余位独居、空巢长者安装了该设备，将长者日常的行为数据（在家中的坐、卧、走）同步到后台，并通过脱敏技术在不侵犯长者隐私的前提下用火柴人的表现形式时刻检测长者的活动情况及求助情况，若长者在家中或社区养老机构内发生跌倒或主动报警，则街道办的养老智慧服务中心、物业一应驿站的健康管家手机 APP 端、共享之家社区养老机构报警终端、居家养老服务中心报警终端会根据长者绑定的服务内容不同，触达相应报警终端，由相应的服务人员或机构为长者及时提供服务。试点物业项目内设置一应驿站（一应驿站是长城物业集团设立在每个项目中为业主解决所有服务需求问题的线下服务点，其中涵盖养老服务；在项目的一应驿站内设置的最小养老服务单元为养老服务工作站），一应驿站内配有养老服务工作站、居家养老服务中心和社区养老服务机构，可为长者提供菜单式服务；公司养老专业服务培训团队为物业管家赋能，提供养老专业培训，使其可以为长者提供更深度的养老服务；在社区内开展认知障碍友好社区活动，为试点项目内的认知障碍长者家庭提供沟通技巧培训、护理知识培训、医生咨询服务等支持性服务，让认知障碍不再是陌生并且不知道如何相处的疾病，让社区生活变得更美好。

在试点项目工作开展前公司已完成的部分工作包括以下内容。

第一，平台搭建：完成了机构运营管理系统、5G智能看护系统、CRM客户关系管理系统的搭建和应用，形成了健康档案电子化、客户咨询线上化、服务提供人性化、客户评估规范化、服务内容定制化、服务数据和流程管理智能化的平台运营模式。

第二，管理体系构建：公司三年中每年均通过了安老院舍评估审核，自主编写了七册完整的管理体系文件，涵盖养老机构服务、企业管控、养老建筑建设标准、养老专业服务等共约706份文件。合作的护明德居家养老服务中心为1994年成立的全美最大的居家养老服务品牌。自2014年在深圳运营至今，我们已将美国的管理体系进行本土落地的完善和改进，形成了真正意义上适合国内长者需求和服务标准的居家养老服务管理体系。

第三，团队建设：坚持与院外社区健康服务中心和医院合作，自主培养并成立了一支包括社工师、护理员、护士、营养师、康复治疗师等的高质量团队。建设了为长者在生活起居、个人健康、娱乐休闲、情感辅导、运动健身五个维度提供服务的"六师团队"。

二 "物业＋养老"服务模式的实践

1. 健康长者

由公司培训一应驿站内的健康管家，为其赋能，培训其基本养老服务技能。健康管家负责管理辖区内养老服务工作基础端的各类事务，不仅作为养老基础服务的提供者，也作为养老服务需求的中转枢纽。向业主提供物业养老增值服务包，与长者签订年度服务合同，按月付费，800 元/（人·月）（原价）。试点项目所在街道将从签约长者名单内筛选出孤寡老人，为其补贴部分费用，拟定 600 元/（人·月）（优惠价），服务包内容包含：

（1）健康餐单的制定（每月四次，以周为单位进行餐单的更新）；

（2）居家安全隐患排查（每月一次）；

（3）药品整理（每周一次，根据医嘱对长者家中药品进行整理）；

（4）适老化改造建议方案的制定（签订服务后，次月月底为试点长者提出适老化改造建议方案，根据试点长者家中现场环境及 5G 居家安全防护系统的行为数据进行行为检测并制定方案，对改造后的行为数据进行持续跟踪，以保障长者居家安全及健康）；

（5）无障碍车辆预订及出行服务（每月提供两次 15 公里以内单程出行服务，长者可通知每个小区内一应驿站的健康管家为其预订公司无障碍车辆的出行服务）；

（6）危机响应（若试点长者在家中发生意外，则会通过已安装的 5G 居家安全防护系统数据分析，触发警报链接至长城物业智慧化养老平台，长城物业负责拨打急救电话）；

（7）辅助器械的使用评估、代购、指导使用（根据长者健康评估结果和需求，康复治疗师给予辅助器械使用的建议并为长者评估符合其需求的辅助器械，涵盖出行类、助餐类、助浴类等，如有需要，可为长者提供代购服务并入户指导使用）。

2. 有专业养老服务需求的长者

由该试点片区内的共享之家 3H 颐养复康中心和护明德居家养老服务中心为长者进行身体健康评估，为长者定制护理、康复、生活及营养膳食计划，与长者签订服务协议并为其服务。

居家养老服务和社区养老服务内容如表 1、表 2 所示。

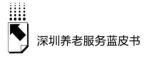

表1　居家养老服务内容

<table>
<tr><td rowspan="11">居家养老服务</td><td>生活照料</td><td rowspan="8">根据评估的护理等级不同，选择服务内容，制订服务计划套餐，按套餐内的各项服务频次计算整体费用</td></tr>
<tr><td>陪同就医</td></tr>
<tr><td>身体护理</td></tr>
<tr><td>长者按摩</td></tr>
<tr><td>陪伴与社交</td></tr>
<tr><td>慢性病护理</td></tr>
<tr><td>恢复性锻炼（康复锻炼）</td></tr>
<tr><td>阿尔茨海默病
专项训练</td></tr>
<tr><td>远程居家看护服务</td><td rowspan="2">服务费按月收取；设备费另计</td></tr>
<tr><td>紧急救助</td></tr>
<tr><td>适老化改造</td><td>根据需求制定方案</td></tr>
</table>

表2　社区养老服务内容

<table>
<tr><td rowspan="4">持续护理服务
短期托养
日间照料服务</td><td>餐饮</td><td>持续护理每日六餐，三正（早餐、午餐、晚餐）、三辅（水果餐、下午茶、夜宵），根据长者吞咽能力及营养搭配，提供正常餐、糖尿病餐、低嘌呤餐、碎食餐、糊餐，可堂食或配送</td><td rowspan="4">持续护理服务收费（含短期托养），5000～20000 元；日间照料收费，2000～3800 元</td></tr>
<tr><td>康复</td><td>上肢功能训练（17 项）
下肢功能训练（8 项）
肌肉训练（4 项）
平衡训练（3 项）
认知训练（3 项）
中西医另付费类康复项目（32 项）</td></tr>
<tr><td>护理</td><td>根据长者护理等级不同，按照护理计划的项目收费，持续护理接受自理、1 级、2 级、3 级和特级护理长者，日间照料仅接受自理、1 级、2 级护理长者</td></tr>
<tr><td>社交娱乐活动</td><td>每日两节、节庆活动、每周外出活动（疫情期间不开展）、每月外出早茶</td></tr>
</table>

三 "物业＋养老"服务模式的发展意义

（一）完善居家社区养老服务模式

"物业＋养老"服务模式聚焦社区养老和居家养老市场，在公司充分调研养老服务市场基础上，以各级政府政策为指导，以"家门口的养老"为定位，深度融入"1336"养老服务体系建设框架开展全方位建设。

（二）打造"互联网＋养老"模式，整合线上、线下资源

公司整合的"5G＋AI"智慧化居家社区养老服务系统，与深圳统一的物业管理智慧化平台、养老服务管理平台、社康中心医疗平台互联互通；丰富"一应驿站"线下服务网点服务内容，开展网格化健康管理，实现养老服务线上、线下无缝结合。积极参与和开展公共空间或企业自营空间的适老化改造业务。为试点项目片区长者提供街道、社区、小区、家庭四位一体的基层健康养老服务。

（三）升级服务标准体系和培育专业服务队伍

借鉴国外养老服务优秀案例经验，结合企业自身优势，完善服务标准、培训和管理体系。基于已有高质量行业企业标准制度，开展企业各类人员的岗前岗中培训，完善评估检测系统，加大对员工的奖惩力度。

四 "物业＋养老"服务模式打造过程中所做的工作

（一）机构层面

深圳市共享之家养老服务有限公司＋护明德居家养老（深圳）有限公司＋长城物业集团股份有限公司的合作，形成了"物业＋养老"服务模式的

组织机构，由共享之家和护明德运营专业养老服务业务部分，与长城物业在管项目进行"物业＋养老"模式的探索和实践，同时尝试与其他物业公司进行合作。

（二）人才培养层面

第一，养老从业人员的选聘及培养是养老行业的重中之重，是最需要解决的问题。公司通过和多家院校合作，结合社会招聘、内部员工转型等多种方式开展养老业务各层面员工的选聘和培养工作。

第二，公司对养老服务专业人员的培养工作高度重视，专门成立服务质量管理部负责师资团队的建立、专家顾问的聘请和授课管理、员工的入职培训及考核，不仅对员工开展企业内部"两学一做"（学习心灵建设类课程、学习养老服务技能类课程、做合格的共享之家人）的月度学习和技能考核，而且每年组织公司下属多家机构全体护理类、康复类员工参加技能考核大赛，并举办行业专业领域的沙龙，和同行在养老服务领域互通有无、交换经验、探讨更优照护方案等。

（三）场地层面

公司与物业企业合作，虽然是物业企业在管理社区的物业，但这些物业并非由物业公司来支配，资源的使用是需要政府和业主们的支持和配合的，其中重中之重的资源即场地资源。公司目前在长城物业试点项目所在区域的社区养老服务机构采取租赁形式，租赁了长城一花园配套建筑体（20 世纪90 年代初建成，该建筑体规划图纸标明为"养老活动中心"）。另外，居家养老服务中心也采用了租赁形式，但租用的是由长城二花园由架空层改造的场地。养老场地的选择是决定养老业务能否顺利开展的重要环节，在试点项目所在区域的选址上，我们考虑了以下几个要素。

（1）老龄化较重，服务需求明显且集中。

（2）临近社区、嵌入社区，但服务场地不深入社区，在社区外围，可直通社区出口。

（3）周边车程10分钟之内有三甲医院，社区周边有社区健康服务中心。

（4）租金合理，且租赁周期10年以上。

（四）税费补贴层面

试点项目的社区养老服务机构可享受免收增值税的税费优惠政策。在公司社区养老服务机构共享之家3H颐养复康中心（百花园）这类养老机构获得的补贴方面，公司曾在民办养老机构可与民办非企业养老机构同等享受补贴政策时，获得过日常运营补贴、场地补贴、床位补贴（福田户籍长者）、阿尔茨海默病患者养老补贴等；但在2017年深圳对养老机构的补贴不再包括民办养老机构，故再未得到政府补贴款项。公司旗下的共享之家3H颐养复康中心和护明德居家养老（深圳）有限公司均为深圳市居家养老消费券定点服务机构，该类型机构可接收长者居家养老消费券。

（五）建立多部门联合机制

在试点项目的前期筹备工作和已完成的试点工作中，公司得到了多部门的支持和配合，但也遇到过问题，例如，在前期服务需求调研筹备过程中，业主配合度相对较低、调研难度较大，但经过与街道办、社区工作站、业主委员会多次沟通并就调研内容进行讨论确定后，由上述单位共同组织服务需求调研小组上门对业主开展调研，取得了良好的调研效果。

（六）智慧平台的建设

合作方长城物业集团股份有限公司经过多年的建设，已完成了物业大数据平台的打造工作，共享之家在多年运营经验的基础上，通过购买和二次开发的形式在运行和使用的系统包括：智慧化机构运营管理系统、CRM客户大数据管理系统、"5G＋AI"智慧化管理平台系统，在试点项目开展期间，公司将尝试将上述系统数据端口打通，以实现数据的共享、互通，让"物业＋养老"的服务模式能够有机结合，为长者提供更精准、更快速、更适合的"物业＋养老"服务。

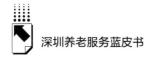

五　意见与建议

（一）完善筹资机制

政府需支持社会资本流入养老服务市场，出台配套扶植政策。社会资本为养老服务市场带来新鲜血液，可提供多元化养老服务和产业，如评估服务、失智康复训练、居家智能监测等。建议通过政府购买"物业＋养老"服务模式，完善养老服务筹资渠道，降低家庭养老服务成本，从政府层面保障老年人及其家属权益。

（二）加强人才队伍建设

养老服务人才队伍不完善是养老服务事业发展的瓶颈，也是"物业＋养老"服务模式发展的重要阻碍。要加大人才队伍建设力度，建立完善的养老服务人才引进、培训、培养和评估制度，提升物业部门参与养老服务建设人员的整体素养，为"物业＋养老"服务模式的完善储备人才。

（三）推动医疗养老深度融合

健全医疗保险、养老保险、商业保险相互补充的社会保障制度，完善"物业＋养老"服务模式保障体系。科学合理配置医疗和养老服务资源，建立养老和医疗联合体，促进医疗和养老服务供给互通。推进基层医疗和养老服务机构与上级服务机构之间的养老和健康双向转诊，在医疗机构，专设老年病科、配置老年人专用挂号、就诊、拿药窗口，为老年人提供便捷式一条龙康养服务。

B.16
深港养老服务资源联动的探索与实践

——以香港复康会为例

莫思杰　古亮辉*

摘　要： 2019 年，《粤港澳大湾区发展规划纲要》出台，加速了大湾区相应政策的实施，预计会有更多香港人到大湾区生活。香港统计处于 2020 年 6 月发布的《主题性住户统计调查第 71 号报告书》显示，极有兴趣/颇有兴趣将来到内地大湾区城市生活（包括居住或退休、工作或做生意、读书或进修）的 15 岁及以上的人估计达 266200 人，其中，65 岁及以上的人占 60.1%，两地政府必须做好政策配套，促进两地居民的融洽。另外，长者随子女在珠三角城市养老，会助力深圳及香港养老服务体系建设和发展。2002 年，香港复康会在深圳市盐田区投入兴建一所安老院舍——香港赛马会深圳复康会颐康院。多年来，在深圳政府及盐田区政府的大力支持下，颐康院有了长足的发展。随着大湾区健康养老建设、管理经验、制度创新的发展，颐康院有望成为深圳健康养老先行示范中的一颗安老服务的明珠。本报告以香港复康会为例，探讨其在深圳建设颐康院的初心、深港联动模式实践以及资源联动策略，并提出相应发展建议。

关键词： 深圳和香港地区　养老服务　资源联动

---

* 莫思杰，香港赛马会深圳复康会颐康院院长；古亮辉，香港赛马会深圳复康会颐康院副院长。

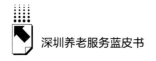
一 香港复康会在深圳建设颐康院的初心

（一）香港复康会简介

香港复康会（以下简称"复康会"）于 1959 年成立，是提供日间和住院医疗康复的先行者，其后扩展至无障碍运输、社区复康和长者持续照顾服务，并致力于赋权残疾和面对健康挑战的人士，推动自助互助，让他们恢复最佳潜能，参与社会，享受丰富人生。香港复康会在香港及内地设有 32 个服务点，每年服务超过 132 万人次。

（二）建立颐康院的缘由

香港在 1997 年回归祖国，同时面对亚洲金融风暴，香港复康会会长方心让教授认为，应发挥深港互补共融机遇，试行跨境养老。经过 6 年构思及选址，并获香港赛马会慈善信托基金拨款资助，香港复康会于 2002 年在深圳盐田区兴建跨境养老院舍——香港赛马会深圳复康会颐康院（以下简称"颐康院"），并于 2006 年投入运营。颐康院占地面积 2.8 万平方米，建筑面积 1.6 万平方米，包括一座 6 层高的主楼及 36 套独立别墅屋，共提供 328 个宿位及各类型的复康设施。①

颐康院运营至今，服务对象包括中国内地和香港两地长者及需院舍康复服务的人士。院舍得到了深圳市政府和盐田区政府的支持，通过深港两地优势互补，搭建了集安老养老、康复治疗、教育科研于一体的完善的服务平台，并本着让入住的长者"有所居、有所养、有所属、有所医、有所为、有所学及有所乐"的服务宗旨，融合护理安老、中西复康治疗及适健养生的非营利服务体系设计，无分彼此、一视同仁地服务两地长者及残疾人士。

---

① 《深圳复康会颐康院》，http://www.yantian.gov.cn/cn/service/shbz/shfl/lnrfl/fwjg/content/post_9345005.html，最后访问日期：2022 年 5 月 9 日。

二 颐康院养老服务深港联动实践模式

（一）深港养老服务的政策现状

深圳未雨绸缪，提前规划布局养老事业，前瞻性地解决养老难题。2018年12月，深圳市民政局、深圳市发展和改革委员会印发《全面放开养老服务市场提升养老服务质量若干措施》，提出精简行政审批手续，放宽准入条件，优化养老市场环境，加快公办养老机构改革，加强养老服务基础设施建设，全面提升养老机构服务质量，推动"医养结合"发展。2020年，深圳市民政局等11个部门联合发布了《深圳市养老服务投资扶持政策措施清单》，打消社会资本开办养老服机构的顾虑和减轻其压力，扶持深圳养老机构行业发展。2021年施行的《深圳经济特区养老服务条例》对深圳市养老服务体系建设做出全面部署，从构建高水平养老服务体系、建立基本养老服务制度、加强设施空间保障、做强居家和社区养老服务、建立长期护理保险制度、发展公益慈善为老服务事业、发挥养老人才和科技支撑作用等七个方面开创了深圳市积极应对人口老龄化的新格局。

香港特区政府在1997年实行《综援长者广东及福建省养老计划》，此计划是社会福利发展的一个重要突破。此外，综援跨境到内地也有利于打破过往社会福利的地域限制。除了引入跨境综援，香港特区政府也于2013年在公共福利金计划下附设"广东计划"，让在广东省养老的港人长者可以续领高龄津贴（俗称长者津贴），其后也延伸至福建省。

2014年香港特区政府推出《广东院舍住宿照顾服务试验计划》，为在轮候册上登记并轮候入住资助护理安老宿位的合资格香港长者提供多一个选择。颐康院成为该试验计划的院舍之一，此计划亦自2020年起已成为持续的政策。自2015年起，香港特区政府为跨境长者提供面值2000港元的医疗券，同时施行《长者医疗券香港大学深圳试点计划》，让香港长者可以使用医疗券支付港大深圳医院指定科室提供的门诊医疗服务费，并从2019年起，

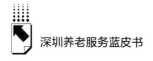

政府把试点计划恒常化。该计划是跨境安老政策的重要组成部分，其目的是方便经常居住在深圳的香港长者免去舟车劳顿之苦回港就医。

（二）颐康院康养服务已取得的成效

颐康院拥有一支充满热诚的跨专业服务团队，包括医生、护士、康复治疗师和社工，全心全意为院友提供优质服务。颐康院兼顾院友的医疗保健、护理及康复，有系统、按程度提升院友的健康及自理能力。长者可善用舒适宽敞居住环境，让不同背景及需要的长者得享健康、独立及有尊严的生活。

颐康院整体入住率从 2016 年起持续保持在 90% 以上。香港长者及内地长者入住人数持续攀升的背后和颐康院的科学合理运营有着以下密切关系。

（1）颐康院的管治制度和文化，包括政策的厘定、行政运作、财务监督、风险管理、人员的聘用和发展。院舍需要在每年向复康会"财务委员会"提交完整的管治制度和程序，应对可能发生的情况；鼓励委员和员工共同培养和保护颐康院的文化，进而达到以戒为自律、以爱为管理。管治委员都是无薪酬志愿者并须接受香港相关法律法规监管。

（2）不断提高颐康院的服务质量，结合复康训练和治疗、社工服务与专业护理，为院友们提供健康和丰富的院舍生活和社区活动。颐康院持续增加员工的配备和编制，透过复康会的管理及专业督导，不断提高服务团队专业水平。颐康院也是国内首家通过香港老年学会"香港安老院舍评审计划"、具有国际级水平的认证院舍。

（3）建设以下两个专科康复护老项目。一是为有游走行为和认知障碍的老年院友配备"喜智园"，设有专门的休憩区域和复康器材及提供相应的专业治疗，也为家人照顾者提供社工服务。二是为初次中风患者在康复黄金期内提供 6 个月的住院密集复康治疗。参与专业培训为内地护老院舍训练医疗和康复专业人才。颐康院已经为北京师范大学、香港浸会大学联合国际学院、华东理工大学、贵阳学院、五邑大学等高等院校提供社工实习训练；为香港园艺治疗协会提供园艺治疗课程实习；为香港理工大学中文及双语学系言语治疗硕士提供言语治疗师实习训练。这些实习机会为培育年轻医护的专业担当发挥了重要作用，也为日后资源联动奠定了基础。

（4）建立"义工发展系统"，让不同类别的义工支持院舍的持续发展。一是发展院友义工，鼓励用者参与。为发挥长者潜能和自我价值，颐康院充分发动院友参与院舍的管理和义工服务，如院舍膳食小组、各功能活动室管理等使长者通过助人助己，丰富自己的生活。二是发展友好机构义工。颐康院长期与香港和内地不同界别的义工团体保持紧密联系，每年有超过 1000 名义工参与各项服务，健康活跃以至极度衰弱的长者都能受惠，这是颐康院能提供优质服务的重要因素。这些服务帮助长者融入院舍，享受优质生活，使长者摆脱常有的孤立与孤单感。

三　港深养老服务资源联动对策与建议

（一）港深区域环境与资源问题分析

香港老年人口持续增长，香港特区统计处 2020 年的数据显示，65 岁及以上的老人将由 2019 年的 132 万人（占总人口的 18.4%）上升至 2039 年的 252 万人（33.3%）。目前，香港的安老服务存在几个严峻挑战。一是院舍照顾服务和社区照顾服务供不应求，等待入住养老院的平均时间为 26 个月，许多需要护理照顾的长者和家人的迫切需求不能得到满足。二是养老院护士和护理员严重短缺，与不断增长的长者服务需求不匹配。三是养老院舍特别是一些私营养老院舍，质量不一，长者对私营养老院舍望而却步。目前，有近三成的私营养老院舍的床位空置，造成资源浪费。

目前，有 4.6 万名 65 岁及以上香港长者居住在广东，随着大湾区相应政策的实施，将会有更多老人随子女在深圳养老。但深圳健康养老供给在数量、服务质量等方面尚不能完全满足在深养老长者及日益增多的港人在内地托养所需，养老服务体系建设迫在眉睫。目前，面临的困难主要有以下几点。

（1）深港健康养老服务具体规划有待深化。

（2）尚未建立健康养老合作平台和专责工作小组，与香港健康养老机

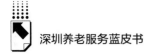
构合作载体少，粤港养老合作试点经验没有及时总结。

（3）养老、医疗、社保政策障碍未能打通，体制机制创新不足，现有政策对健康养老支持保障力度不够。

（4）失能老人的评估、服务标准差异大。各地对健康养老机构、对需要照护的老人缺乏统一规范的评估标准，加之缺乏训练有素的照护人员，服务质量差距大。

（5）养老机构护理床位缺口大，承担社区养老的日间照料中心医疗服务能力不足。

（6）香港长者在内地养老依然存在深港两地福利共融的问题，既难享受香港公立医疗和社会服务也无法尽享内地医保、社保和老年福利。

（二）养老服务港深资源联动的对策建议

第一，在服务香港特区长者方面，希望可以积极协助香港特区政府延伸至大湾区内的内地城市的养老护老政策，让香港的长者和他们的家人能选择在香港特区或在大湾区内的内地城市养老。如果他们选择在大湾区养老，则香港特区政府的福利政策同样适用于在大湾区内的内地城市养老的香港长者，即相关福利跟着长者的选择走。

第二，扩大香港特区政府的"长者院舍住宿照顾服务券（院舍券）试验计划"的范围。服务券直接发给长者，让长者选择适合自己的院舍。香港特区政府应将类似政策延伸到大湾区内的内地养老机构，供长者选择。两地政府应以长者的晚年养老为主相互协调、相互配合。

第三，借鉴香港的做法，建立失能老人评估、服务标准体系。深圳率先推行香港"安老服务统一评估机制"，推行国际标准的护理人员的资格认证及培训，建立包括职称晋级、湾区就业、养老机构内医疗护理等专业人才待遇优惠政策。以香港养老机构的服务质量和服务水平为对标，建立深圳健康养老服务标准体系。

（三）深入推进粤港澳大湾区养老业合作的政策建议

一是创新养老合作模式，从单一政府主体，转变成区域政府间互动、多方主体参与合作的共建共享模式。三地的企事业单位（特别是已布局养老产业的金融机构）、社会组织（如提供养老护理服务的社工组织）、具备专业技术技能的养老专业人才以及公众，应积极提供专家指导意见、成熟的运作经验、专业服务以及相关建议。

二是加强社保制度与养老资源对接。参考美加、欧盟以及长三角等区域间政府合作模式，设立粤港澳养老合作专责小组协调各方，加快实现社会福利和社会综合援助的三地互认。加快整合粤港澳三地医疗资源，搭建粤港澳区域数据平台，构建粤港澳养老资讯资料库，实现养老资讯资源共享。

三是内地政府会同港澳相关机构探索制定养老服务行业从业人员水准评价标准，优化水准分级培训模式，实现内地养老服务业同国际标准接轨。同时，探索建立服务粤港澳大湾区养老服务业的养老护理和专业技术人才合作培养基地，实现资本与土地互补、标准及人口互补。

（四）大湾区养老服务的愿景

在《粤港澳大湾区发展规划纲要》和《中共中央　国务院关于支持深圳建设中国特色社会主义先行示范区的意见》的落实中，颐康院旨在推动大湾区养老服务行业发展中扮演一个更加积极的角色。复康会经研究认为，应在原有基础上扩建，增设约500张养老床位，并持续提供康复训练、医养结合、安宁照顾服务。扩建项目将把颐康院打造成大湾区标杆养老服务机构。

一直以来，颐康院非常乐意与内地的养老机构以及其他关注护老养老的机构或政府部门交流和分享经验，携手推动养老行业发展。复康会一直支持院长为内地不同界别的养老院包括民营机构和私营团体提供顾问服务。颐康院将发挥外展功能，支持长者在居家和社区养老。颐康院的专业人士及院内资源，加上人工智能及科技的应用，将发挥更好的作用。

附　　录

Appendices

B.17
深圳养老服务法规政策

一　综合篇

1.《深圳市人民政府关于加快发展老龄服务事业和产业的意见》（深府〔2013〕54号）。

2.《深圳市民政局　深圳市发展和改革委员会印发〈关于全面放开养老服务市场提升养老服务质量的若干措施〉的通知》（深民〔2018〕132号）。

3.《深圳市人民代表大会常务委员会关于构建高水平养老服务体系的决定》（2019年10月31日深圳市第六届人民代表大会常务委员会第三十六次会议通过）。

二　老人津贴篇

1. 《关于发放高龄老人津贴的通知》（深民〔2011〕70号）。

2. 《关于印发〈深圳市高龄老人津贴实施细则（试行）〉的通知》
（深民〔2011〕89号）。

3. 《深圳市民政局关于调整高龄老人津贴有关事项的通知》（深民规
〔2019〕2号）。

三　机构队伍篇

1. 《深圳市民政局　深圳市市场和质量监督管理委员会　深圳市卫生
和计划生育委员会　深圳市公安局　深圳市老龄办关于印发〈深圳市养老
院服务质量建设专项行动工作方案〉的通知》（深民函〔2017〕601号）。

2. 《深圳市民政局关于印发〈深圳市公办养老机构入住评估轮候管理
办法（试行）〉的通知》（深民规〔2017〕3号）。

3. 《深圳市民政局　深圳市财政委员会关于印发〈深圳市民办养老机
构资助办法〉的通知》（深民规〔2018〕2号）。

4. 《深圳市人力资源和社会保障局　深圳市民政局关于印发〈深圳市
"南粤家政"养老服务培训项目实施方案〉的通知》（深人社函〔2019〕
988号）。

四　社区居家养老篇

1. 《关于印发〈深圳市社区居家养老服务实施方案（第二次修订）〉的
通知》（深民函〔2010〕648号）。

2. 《关于印发〈深圳市居家养老消费券定点服务机构管理暂行办法〉和
〈深圳市居家养老消费券管理暂行规定〉的通知》（深民〔2010〕23号）。

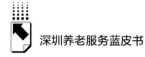

3.《深圳市民政局　深圳市市场监督管理局　深圳市财政局关于印发
〈关于加快推进长者助餐服务的工作方案〉的通知》（深民〔2019〕23号）。

4.《深圳市民政局　深圳市财政局关于开展居家和社区养老服务改革
试点工作的通知》（深民函〔2019〕1338号）。

五　价格与保险篇

1.《深圳市发展和改革委员会　深圳市民政局关于调整公办公营养老
机构养老服务收费标准的通知》（深发改〔2017〕548号）。

2.《深圳市发展和改革委员会　深圳市民政局关于我市养老机构服务
收费问题的通知》（深发改〔2017〕491号）。

3.《深圳保监局　深圳市民政局关于印发〈深圳市关于加快商业养老
保险发展的实施意见〉的通知》（深保监发〔2018〕28号）。

六　医养结合篇

1.《市卫生计生委　市民政局　市人力资源保障局关于印发〈深圳市
医养结合试点工作方案〉的通知》（深卫计发〔2017〕17号）。

七　中长期规划篇

1.《深圳市养老服务业发展"十三五"规划》（深民〔2016〕116号）

2.《深圳市养老设施专项规划（2011—2020）》。

3.《深圳市人民政府关于印发〈深圳市生命健康产业发展规划
（2013—2020年）〉的通知》（深府〔2013〕121号）。

八　老龄工作篇

1.《深圳市老龄工作委员会关于印发〈深圳市加强困难老年人关爱服

务十条措施〉的通知》（深老龄委〔2017〕5 号）。

2.《深圳市民政局　深圳市老龄工作委员会关于印发〈深圳市发放智慧养老颐年卡实施方案〉的通知》（深民〔2019〕59 号）。

九　标准化篇

1. 社区老年人日间照料服务规范（SZDBZ 240 – 2017）。

2. 居家养老服务与绩效评估规范（SZDBZ 242 – 2017）。

B.18
养老服务现行标准汇总

表1　国家、广东省、深圳市标准

序号	标准编号	标准名称	标准性质	发布部门
1	GB 38600－2019	养老机构服务安全基本规范	国家标准	国家市场监督管理总局 国家标准化管理委员会
2	GB 50437－2007	城镇老年人设施规划规范	国家标准	建设部 国家质量监督检验检疫总局
3	GB 50642－2011	无障碍设施施工验收及维护规范	国家标准	住房和城乡建设部 国家质量监督检验检疫总局
4	GB 50763－2012	无障碍设计规范	国家标准	住房和城乡建设部 国家质量监督检验检疫总局
5	GB/T 20002.2－2008	标准中特定内容的起草　第2部分：老年人和残疾人的需求	国家标准	国家质量监督检验检疫总局 国家标准化管理委员会
6	GB/T 24433－2009	老年人、残疾人康复服务信息规范	国家标准	国家质量监督检验检疫总局 国家标准化管理委员会
7	GB/T 29353－2012	养老机构基本规范	国家标准	国家质量监督检验检疫总局 国家标准化管理委员会
8	GB/T 29426－2012	光荣院服务规范	国家标准	国家质量监督检验检疫总局 国家标准化管理委员会
9	GB/T 30443－2013	保健服务通用要求	国家标准	国家质量监督检验检疫总局 国家标准化管理委员会
10	GB/T 30444－2013	保健服务业分类	国家标准	国家质量监督检验检疫总局 国家标准化管理委员会
11	GB/T 32417－2015	信息技术　用于老年人和残疾人的办公设备可访问性指南	国家标准	国家质量监督检验检疫总局 国家标准化管理委员会

序号	标准编号	标准名称	标准性质	发布部门
12	GB/T 33168–2016	社区老年人日间照料中心服务基本要求	国家标准	国家质量监督检验检疫总局 国家标准化管理委员会
13	GB/T 33169–2016	社区老年人日间照料中心设施设备配置	国家标准	国家质量监督检验检疫总局 国家标准化管理委员会
14	GB/T 35560–2017	老年旅游服务规范 景区	国家标准	国家质量监督检验检疫总局 国家标准化管理委员会
15	GB/T 35796–2017	养老机构服务质量基本规范	国家标准	国家质量监督检验检疫总局 国家标准化管理委员会
16	GB/T 36732–2018	生态休闲养生（养老）基地建设和运营服务规范	国家标准	国家市场监督管理总局 国家标准化管理委员会
17	GB/T 37276–2018	养老机构等级划分与评定	国家标准	国家市场监督管理总局 国家标准化管理委员会
18	GB/T 39510–2020	老年保健服务规范	国家标准	国家市场监督管理总局 国家标准化管理委员会
19	GB/Z 36471–2018	信息技术包括老年人和残疾人的所有用户可访问的图标和符号设计指南	国家标准	国家市场监督管理总局 国家标准化管理委员会
20	—	养老护理员国家职业技能标准（2019年版）	行业标准	人力资源和社会保障部 民政部
21	GZB 202–2004	社会工作者（试行）	行业标准	劳动和社会保障部
22	GZB 3–2001	心理咨询师（试行）	行业标准	劳动和社会保障部
23	GZB 99–2000	家政服务员	行业标准	劳动和社会保障部
24	JGJ 450–2018	老年人照料设施建筑设计标准	行业标准	住房和城乡建设部
25	JGJ/T 484–2019	养老服务智能化系统技术标准	行业标准	住房和城乡建设部
26	04J923	老年人居住建筑	行业标准	住房和城乡建设部

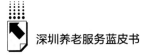

续表

序号	标准编号	标准名称	标准性质	发布部门
27	12J926	无障碍设计	行业标准	住房和城乡建设部
28	13J817	老年养护院标准设计样图	行业标准	民政部 住房和城乡建设部
29	14J819	社区老年人日间照料中心标准设计样图	行业标准	民政部 住房和城乡建设部
30	建标143–2010	社区老年人日间照料中心建设标准	行业标准	住房和城乡建设部 国家发展和改革委员会
31	建标144–2010	老年养护院建设标准	行业标准	住房和城乡建设部 国家发展和改革委员会
32	建标184–2017	特困人员供养服务设施（敬老院）建设标准	行业标准	住房和城乡建设部 国家发展和改革委员会
33	LB/T 052–2016	旅行社老年旅游服务规范	行业标准	国家旅游局
34	MZ 008–2001	老年人社会福利机构基本规范	行业标准	民政部
35	MZ/T 032–2012	养老机构安全管理	行业标准	民政部
36	MZ/T 039–2013	老年人能力评估	行业标准	民政部
37	MZ/T 064–2016	老年社会工作服务指南	行业标准	民政部
38	MZ/T 131–2019	养老服务常用图形符号及标志	行业标准	民政部
39	MZ/T 132–2019	养老机构预防压疮服务规范	行业标准	民政部
40	MZ/T 133–2019	养老机构顾客满意度测评	行业标准	民政部
41	MZ/T 168–2021	养老机构老年人健康档案管理规范	行业标准	民政部
42	MZ/T 169–2021	养老机构社会工作服务规范	行业标准	民政部
43	MZ/T 170–2021	养老机构服务标准体系建设指南	行业标准	民政部
44	MZ/T 171–2021	养老机构生活照料服务规范	行业标准	民政部

续表

序号	标准编号	标准名称	标准性质	发布部门
45	RB/T 303 – 2016	养老服务认证技术导则	行业标准	国家认证认可监督管理委员会
46	WS 372.4 – 2012	疾病管理基本数据集 第4部分：老年人健康管理	行业标准	卫生部
47	WS/T 484 – 2015	老年人健康管理技术规范	行业标准	卫生和计划生育委员会
48	WS/T 552 – 2017	老年人营养不良风险评估	行业标准	卫生和计划生育委员会
49	WS/T 556 – 2017	老年人膳食指导	行业标准	卫生和计划生育委员会
50	SB/T 10944 – 2012	居家养老服务规范	行业标准	商务部
51	HG/T 5294 – 2018	老年橡塑鞋	行业标准	工业和信息化部
52	DB44/T 1518 – 2015	社区居家养老服务规范	广东省地方标准	广东省质量技术监督局
53	DB44/T 1750 – 2015	养老机构服务规范	广东省地方标准	广东省质量技术监督局
54	DB44/T 1984 – 2017	养老机构服务规范 临终关怀	广东省地方标准	广东省质量技术监督局
55	DB44/T 1999 – 2017	养老机构社会工作服务规范	广东省地方标准	广东省质量技术监督局
56	DB44/T 2200 – 2019	农村特困人员供养服务机构运营规范	广东省地方标准	广东省市场监督管理局
57	DB44/T 2231 – 2020	老年人照顾需求等级评定规范	广东省地方标准	广东省市场监督管理局
58	DB44/T 2232 – 2020	养老机构认知症老人照顾指南	广东省地方标准	广东省市场监督管理局
59	DB4403/T 104 – 2020	医养结合质量评价规范	深圳市地方标准	深圳市市场监督管理局
60	DB4403/T 107 – 2020	居家护理服务规范	深圳市地方标准	深圳市市场监督管理局
61	DB4403/T 69 – 2020	社区养老服务质量评价规范	深圳市地方标准	深圳市市场监督管理局
62	SZDB/Z 231 – 2017	医养融合服务规范	深圳市标准化指导性技术文件	深圳市市场监督管理局

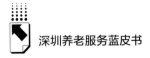

续表

序号	标准编号	标准名称	标准性质	发布部门
63	SZDB/Z 240 – 2017	社区老年人日间照料服务规范	深圳市标准化指导性技术文件	深圳市市场监督管理局
64	SZDB/Z 242 – 2017	居家养老服务与绩效评估规范	深圳市标准化指导性技术文件	深圳市市场监督管理局

表2　其他地方标准

序号	标准编号	标准名称	发布部门
1	DB11/T 1121 – 2014	养老机构社会工作服务规范	北京市质量技术监督局
2	DB11/T 1122—2014	养老机构老年人健康档案技术规范	北京市质量技术监督局
3	DB11/T 1217—2015	养老机构老年人生活照料操作规范	北京市质量技术监督局
4	DB11/T 1309—2015	社区养老服务设施设计标准	北京市质量技术监督局 北京市规划委员会
5	DB11/T 1353—2016	养老机构图形符号与标志使用及设置规范	北京市质量技术监督局
6	DB11/T 148—2017	养老服务机构服务质量规范	北京市质量技术监督局
7	DB11/T 149—2016	养老机构院内感染控制规范	北京市质量技术监督局
8	DB11/T 1515—2018	养老服务驿站设施设备配置规范	北京市质量技术监督局
9	DB11/T 1549—2018	养老机构康复辅助器具配置基本要求	北京市质量技术监督局
10	DB11/T 1573—2018	养老机构评价指标计算方法	北京市质量技术监督局
11	DB11/T 1598.10 – 2020	居家养老服务规范　第10部分：信息采集与档案管理	北京市市场监督管理局
12	DB11/T 1598.1 – 2018	居家养老服务规范　第1部分：通则	北京市市场监督管理局
13	DB11/T 1598.2 – 2019	居家养老服务规范　第2部分：助餐服务	北京市市场监督管理局
14	DB11/T 1598.3 – 2019	居家养老服务规范　第3部分：助医服务	北京市市场监督管理局
15	DB11/T 1598.4 – 2018	居家养老服务规范　第4部分：助洁服务	北京市市场监督管理局

序号	标准编号	标准名称	发布部门
16	DB11/T 1598.5－2018	居家养老服务规范　第5部分：助浴服务	北京市市场监督管理局
17	DB11/T 1598.6－2018	居家养老服务规范　第6部分：助急服务	北京市市场监督管理局
18	DB11/T 1598.7－2019	居家养老服务规范　第7部分：康复服务	北京市市场监督管理局
19	DB11/T 1598.8－2020	居家养老服务规范　第8部分：呼叫服务	北京市市场监督管理局
20	DB11/T 1598.9－2019	居家养老服务规范　第9部分：精神慰藉服务	北京市市场监督管理局
21	DB11/T 1723－2020	养老机构心理咨询服务规范	北京市市场监督管理局
22	DB11/T 1754－2020	老年人能力综合评估规范	北京市市场监督管理局
23	DB11/T 3002—2015	老年护理常见风险防控要求	北京市质量技术监督局
24	DB11/T 303—2014	养老机构服务标准体系建设指南	北京市质量技术监督局
25	DB12/T 3002－2015	老年护理常见风险防控要求	天津市市场和质量监督管理委员会
26	DB12/T 488－2013	居家养老　社区服务规范	天津市质量技术监督局
27	DB12/T 489－2013	居家养老　入户服务规范	天津市质量技术监督局
28	DB12/T 526－2019	养老机构服务质量规范	天津市市场监督管理委员会
29	DB12/T 610－2015	养老机构等级划分与评定	天津市市场和质量监督管理委员会
30	DB12/T 671－2016	养老机构社会工作服务规范	天津市市场和质量监督管理委员会
31	DB12/T 880－2019	养老机构医疗养老结合基本服务规范	天津市市场监督管理委员会
32	DB12/T 890－2019	综合养老社区服务规范	天津市市场监督管理委员会
33	DB12/T 892－2019	老年人能力评估	天津市市场监督管理委员会
34	DB12/T 893－2019	老年人照护需求评估	天津市市场监督管理委员会
35	DB12/T 977－2020	养老服务基本术语	天津市市场监督管理委员会
36	DB12/T 978－2020	养老服务标准体系建设指南	天津市市场监督管理委员会
37	DB12/T 979－2020	居家养老送餐服务规范	天津市市场监督管理委员会
38	DB12/T 980－2020	居家养老护理人员培训规范	天津市市场监督管理委员会

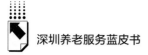

序号	标准编号	标准名称	发布部门
39	DB12/T 981 – 2020	社区嵌入式养老服务规范	天津市市场监督管理委员会
40	DB12/T 982 – 2020	社区老年人日间照料中心管理规范	天津市市场监督管理委员会
41	DB12/T 983 – 2020	养老机构老年人健康档案管理规范	天津市市场监督管理委员会
42	DB12/T 997 – 2020	养老机构膳食服务基本规范	天津市市场监督管理委员会
43	DB13/T 1185 – 2010	养老服务机构服务质量规范	河北省质量技术监督局
44	DB13/T 1194 – 2010	医院、养老院、福利院、幼儿园消防安全"四个能力"建设指南	河北省质量技术监督局
45	DB13/T 1441 – 2011	养老服务机构星级评定	河北省质量技术监督局
46	DB13/T 1603 – 2012	养老服务机构老年人健康评估规范	河北省质量技术监督局
47	DB13/T 1838 – 2013	居家养老服务质量规范	河北省质量技术监督局
48	DB13/T 2103 – 2014	老年人生活能力评估规范	河北省质量技术监督局
49	DB13/T 2264 – 2015	养老机构日常照护规范	河北省质量技术监督局
50	DB13/T 2293 – 2015	多元化养老服务规范	河北省质量技术监督局
51	DB13/T 2430 – 2016	养老机构心理支持服务规范	河北省质量技术监督局
52	DB13/T 2515 – 2017	老年人洗浴护理操作规程	河北省质量技术监督局
53	DB13/T 2573 – 2017	养老机构安宁疗护服务规范	河北省质量技术监督局
54	DB13/T 2738 – 2018	居家养老服务中心验收规范	河北省质量技术监督局
55	DB13/T 2739 – 2018	居家养老服务中心建设规范	河北省质量技术监督局
56	DB13/T 2741 – 2018	社区养老服务中心服务规范	河北省质量技术监督局
57	DB13/T 2742 – 2018	养老服务需求评估规范	河北省质量技术监督局
58	DB13/T 2923 – 2018	老年人生活能力评估规范	河北省市场监督管理局
59	DB13/T 3002 – 2015	老年护理常见风险防控要求	河北省质量技术监督局
60	DB14/T 1033 – 2014	家庭养老服务规范	山西省质量技术监督局
61	DB14/T 1330 – 2017	养老机构服务规范	山西省质量技术监督局
62	DB14/T 1331 – 2017	医疗养老结合基本服务规范	山西省质量技术监督局
63	DB14/T 1524 – 2017	养老机构标准体系	山西省质量技术监督局
64	DB14/T 1525 – 2017	养老机构等级划分	山西省质量技术监督局
65	DB14/T 1526 – 2017	养老机构接待服务规范	山西省质量技术监督局
66	DB14/T 1527 – 2017	养老机构老年人日常生活安全管理	山西省质量技术监督局

续表

序号	标准编号	标准名称	发布部门
67	DB14/T 1528 – 2017	养老机构院内感染预防与控制要求	山西省质量技术监督局
68	DB14/T 1529 – 2017	养老机构康复服务规范	山西省质量技术监督局
69	DB14/T 1530 – 2017	养老机构从业人员要求	山西省质量技术监督局
70	DB14/T 1531 – 2017	养老机构配餐要求	山西省质量技术监督局
71	DB14/T 1532 – 2017	养老机构基础设施设置与基本设备配置要求	山西省质量技术监督局
72	DB14/T 1533 – 2017	养老机构社会工作服务规范	山西省质量技术监督局
73	DB14/T 1534 – 2017	老年人护理等级划分	山西省质量技术监督局
74	DB14/T 1535 – 2017	老年人生活照料操作规程	山西省质量技术监督局
75	DB14/T 1546 – 2017	社区养老机构服务规范	山西省质量技术监督局
76	DB14/T 1547 – 2017	社区养老机构基本条件	山西省质量技术监督局
77	DB14/T 1548 – 2017	社区养老机构等级划分	山西省质量技术监督局
78	DB14/T 1549 – 2017	社区养老机构等级评定	山西省质量技术监督局
79	DB14/T 1886 – 2019	养老机构医养结合服务质量要求	山西省市场监督管理局
80	DB14/T 1887 – 2019	养老机构志愿者服务规范	山西省市场监督管理局
81	DB14/T 1888 – 2019	养老机构职业健康安全管理规范	山西省市场监督管理局
82	DB14/T 1889 – 2019	养老机构设施设备管理要求	山西省市场监督管理局
83	DB14/T 1890 – 2019	养老机构临终关怀服务规范	山西省市场监督管理局
84	DB14/T 1891 – 2019	养老机构老年人压疮护理服务规范	山西省市场监督管理局
85	DB14/T 1892 – 2019	养老机构老年人居室卫生要求	山西省市场监督管理局
86	DB14/T 1893 – 2019	养老机构老年人健康档案技术要求	山西省市场监督管理局
87	DB14/T 1894 – 2019	养老机构老年人护理常见风险因素防控要求	山西省市场监督管理局
88	DB14/T 1895 – 2019	养老机构康复治疗服务规范	山西省市场监督管理局
89	DB14/T 1896 – 2019	养老机构服务人员礼仪基本要求	山西省市场监督管理局
90	DB14/T 1897 – 2019	养老机构服务评价	山西省市场监督管理局
91	DB14/T 1898 – 2019	养老机构服务合同管理规范	山西省市场监督管理局
92	DB14/T 1899 – 2019	养老机构餐饮环境要求	山西省市场监督管理局
93	DB14/T 1900 – 2019	养老机构安保服务规范	山西省市场监督管理局
94	DB14/T 1901 – 2019	养老护理员培训要求	山西省市场监督管理局
95	DB14/T 1902 – 2019	养老机构信息管理要求	山西省市场监督管理局

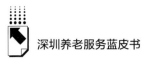

续表

序号	标准编号	标准名称	发布部门
96	DB14/T 1903－2019	养老机构文体娱乐服务规范	山西省市场监督管理局
97	DB14/T 1904－2019	养老机构突发事件处置要求	山西省市场监督管理局
98	DB14/T 1905－2019	养老机构生活照料服务质量要求	山西省市场监督管理局
99	DB14/T 1906－2019	社区老年人健康档案技术要求	山西省市场监督管理局
100	DB14/T 1907－2019	养老机构入住调访要求	山西省市场监督管理局
101	DB14/T 1908－2019	养老机构入住评估质量要求	山西省市场监督管理局
102	DB14/T 1909－2019	民办养老机构人员配置要求	山西省市场监督管理局
103	DB14/T 1910－2019	介护老年人居家照护服务规范	山西省市场监督管理局
104	DB14/T 2137－2020	居家养老康复服务规范	山西省市场监督管理局
105	DB14/T 2138－2020	养老机构查房服务要求	山西省市场监督管理局
106	DB14/T 2139－2020	养老机构介护老年人安全保护服务规范	山西省市场监督管理局
107	DB14/T 2140－2020	养老机构认知症老年人照护服务指南	山西省市场监督管理局
108	DB14/T 2141－2020	养老机构老年人常见慢性病护理规范	山西省市场监督管理局
109	DB14/T 2142－2020	养老机构老年人常见慢性病管理规范	山西省市场监督管理局
110	DB14/T 2143－2020	养老机构介护老年人护理风险防控规范	山西省市场监督管理局
111	DB14/T 2144－2020	养老机构中医保健服务规范	山西省市场监督管理局
112	DB14/T 2145－2020	养老机构老年人精神慰藉服务要求	山西省市场监督管理局
113	DB14/T 2146－2020	养老机构老年人生活环境基本要求	山西省市场监督管理局
114	DB14/T 2147－2020	养老机构护理文书书写规范	山西省市场监督管理局
115	DB14/T 2149－2020	养老机构老年人健康评估规范	山西省市场监督管理局
116	DB14/T 2150－2020	养老机构老年人教育服务规范	山西省市场监督管理局
117	DB14/T 2151－2020	养老服务从业人员培训规范	山西省市场监督管理局
118	DB14/T 2152－2020	居家养老陪同就医服务规范	山西省市场监督管理局
119	DB14/T 2153－2020	养老机构常用图形符号及标志应用要求	山西省市场监督管理局
120	DB14/T 2154－2020	健康养老服务标准体系	山西省市场监督管理局
121	DB15/T 1791－2020	社区养老服务规范	内蒙古自治区市场监督管理局

序号	标准编号	标准名称	发布部门
122	DB15/T 1959 – 2020	养老机构服务质量信用等级划分与评定	内蒙古自治区市场监督管理局
123	DB15/T 509. 6 – 2012	公共场所消防安全管理 养老院、福利院、幼儿园	内蒙古自治区质量技术监督局
124	DB1501/T 0003 – 2020	居家养老服务机构等级评定规范	呼和浩特市市场监督管理局
125	DB1501/T 0004 – 2020	病员(养老)生活护理服务规范	呼和浩特市市场监督管理局
126	DB1501/T 0005 – 2020	居家养老服务管理规范	呼和浩特市市场监督管理局
127	DB1501/T 0006 – 2020	养老护理员培训规范	呼和浩特市市场监督管理局
128	DB1501/T 0007 – 2020	养老护理员服务质量要求	呼和浩特市市场监督管理局
129	DB1501/T 0010 – 2020	老年公寓服务规范	呼和浩特市市场监督管理局
130	DB1501/T 0011 – 2020	养老机构社会工作服务规范	呼和浩特市市场监督管理局
131	DB1506/T 14 – 2020	养老机构服务操作规范	鄂尔多斯市市场监督管理局
132	DB21/T 1813. 6 – 2010	社会单位消防安全能力建设 第六部分:医院、养老院、福利院、幼儿园	辽宁省质量技术监督局
133	DB21/T 2044 – 2012	社区居家养老服务规范	辽宁省质量技术监督局
134	DB21/T 2094 – 2013	辽宁省养老机构服务质量规范	辽宁省质量技术监督局
135	DB21/T 2240 – 2014	老年人健康评估规范	辽宁省质量技术监督局
136	DB21/T 2344 – 2014	养老机构服务质量星级划分	辽宁省质量技术监督局
137	DB21/T 2938 – 2018	居家养老电子商务服务规范	辽宁省质量技术监督局
138	DB21/T 3312 – 2020	医养结合基本服务规范	辽宁省市场监督管理局
139	DB2101/T 0014 – 2020	重大传染病流行期间养老服务机构疫情防控消毒技术指南	沈阳市市场监督管理局
140	DB2102/T 0003 – 2020	老年专列旅游服务规范	大连市市场监督管理局
141	DB22/T 1807 – 2013	居家养老服务与管理规范	吉林省质量技术监督局
142	DB22/T 1940 – 2013	农村居家养老服务大院基本规范	吉林省质量技术监督局
143	DB22/T 2221 – 2014	养老机构心理支持服务规范	吉林省质量技术监督局
144	DB22/T 2312 – 2015	社区居家养老服务中心服务管理规范	吉林省质量技术监督局
145	DB22/T 2402 – 2015	养老护理员培训规范	吉林省质量技术监督局
146	DB22/T 2412 – 2015	居家养老服务员服务规范	吉林省质量技术监督局
147	DB22/T 2440 – 2016	失能老年人居家长期照护服务规范	吉林省质量技术监督局
148	DB22/T 2505 – 2016	养老机构等级评定规范	吉林省质量技术监督局

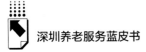

序号	标准编号	标准名称	发布部门
149	DB22/T 2680－2017	居家养老服务机构助餐服务规范	吉林省质量技术监督局
150	DB22/T 2681－2017	居家养老护理员培训规范	吉林省质量技术监督局
151	DB22/T 2932－2018	医养结合机构老年人服务规范	吉林省市场监督管理厅
152	DB22/T 2934－2018	养老机构入住评估规范	吉林省市场监督管理厅
153	DB22/T 3012－2019	中医医院老年病科评价规范	吉林省市场监督管理厅
154	DB22/T 3108－2020	养老机构失智老人服务规范	吉林省市场监督管理厅
155	DB22/T 3112－2020	养老机构康复辅助器具配置要求	吉林省市场监督管理厅
156	DB22/T 3115－2020	老年轻度认知功能障碍中医药诊疗规范	吉林省市场监督管理厅
157	DB22/T 3150－2020	老年人朝医药健康管理服务技术规范	吉林省市场监督管理厅
158	DB23/T 1519－2013	养老服务机构服务质量	黑龙江省质量技术监督局
159	DB23/T 1583－2015	黑龙江省养老设施建设标准	黑龙江省质量技术监督局
160	DB23/T 1759－2016	老年人健康养护培训服务规范	黑龙江省质量技术监督局
161	DB23/T 1785－2016	候鸟式养老服务规范	黑龙江省质量技术监督局
162	DB23/T 1810－2016	候鸟式农养结合养老规范	黑龙江省质量技术监督局
163	DB23/T 1811－2016	候鸟式旅养结合养老规范	黑龙江省质量技术监督局
164	DB23/T 1812－2016	候鸟式医养结合养老规范	黑龙江省质量技术监督局
165	DB23/T 1864－2017	机构养老护理服务规范	黑龙江省质量技术监督局
166	DB23/T 1866－2017	居家养老护理服务规范	黑龙江省质量技术监督局
167	DB23/T 1990－2017	居家社区养老服务规范	黑龙江省质量技术监督局
168	DB23/T 1992－2017	医养结合服务质量规范 医疗机构	黑龙江省质量技术监督局
169	DB23/T 2612－2020	养老机构新型冠状病毒肺炎疫情防控规范	黑龙江省市场监督管理局
170	DB23/T 2677－2020	养老机构康复辅具基本配置服务规范	黑龙江省市场监督管理局
171	DB23/T 2689－2020	养老机构院内感染预防控制规范	黑龙江省市场监督管理局
172	DB23/T 2690－2020	养老机构照护等级划分	黑龙江省市场监督管理局
173	DB23/T 2708－2020	养老服务行业信用评价体系	黑龙江省市场监督管理局
174	DB31/T 1023—2016	老年宜居社区建设细则	上海市质量技术监督局
175	DB31/T 1080—2018	养老机构建筑合理用能指南	上海市质量技术监督局
176	DB31/T 1201－2019	老年照护统一需求评估规范	上海市市场监督管理局
177	DB31/T 329.21—2015	重点单位重要部位安全技术防范系统要求 第21部分:养老机构	上海市质量技术监督局

续表

序号	标准编号	标准名称	发布部门
178	DB31/T 461—2009	社区居家养老服务规范	上海市质量技术监督局
179	DB31/T 540.6—2014	重点单位消防安全管理要求 第6部分:养老机构	上海市质量技术监督局
180	DB31/T 564.1 – 2011	老年旅游服务规范 第1部分:旅行社	上海市质量技术监督局
181	DB31/T 684—2013	老年照护等级评估要求	上海市质量技术监督局
182	DB31/T 685—2019	养老机构设施与服务要求	上海市市场监督管理局
183	DB31/T 794—2014	老年护理院分级护理要求	上海市质量技术监督局
184	DB31/T 801—2020	老年护理院安全卫生要求	上海市市场监督管理局
185	DB31/T 813—2014	养老机构服务应用标识规范	上海市质量技术监督局
186	DB31/T 883—2015	老年友好城市建设导则	上海市质量技术监督局
187	DB32/T 1644 – 2010	居家养老服务规范	江苏省质量技术监督局
188	DB32/T 2871 – 2016	病员(养老)生活护理服务规范	江苏省质量技术监督局
189	DB32/T 3192 – 2017	老年精神关爱服务规范	江苏省质量技术监督局
190	DB32/T 3452 – 2018	老年教育机构服务规范	江苏省质量技术监督局
191	DB32/T 3458 – 2018	居家养老送餐服务规范	江苏省质量技术监督局
192	DB32/T 3460 – 2018	养老机构医养结合服务规范	江苏省质量技术监督局
193	DB32/T 3530 – 2019	智慧养老建设规范	江苏省市场监督管理局
194	DB32/T 3633 – 2019	社区老年人日间照料"五助"服务规范	江苏省市场监督管理局
195	DB32/T 3635 – 2019	养老机构入住评估服务规范	江苏省市场监督管理局
196	DB32/T 3761.8 – 2020	新型冠状病毒肺炎疫情防控技术规范 第8部分:养老机构	江苏省市场监督管理局
197	DB32/T 482 – 2001	社区服务 养老服务规范	江苏省质量技术监督局
198	DB3201/T 1004 – 2020	养老机构社会工作服务规范	南京市市场监督管理局
199	DB3205/T 1006 – 2020	虚拟养老院运行管理规范	苏州市市场监督管理局
200	DB3206/T 1008 – 2020	居家养老服务基本规范	南通市市场监督管理局
201	DB3210/T 1011 – 2018	社区养老服务中心服务与管理规范	扬州市质量技术监督局
202	DB3212/T 1001 – 2019	老年人助浴点建设规范	泰州市市场监督管理局
203	DB3212/T 1002 – 2019	老年人助浴点服务规范	泰州市市场监督管理局
204	DB3212/T 2056 – 2018	养老机构文化服务规范	泰州市质量技术监督局
205	DB33/T 1100 – 2014	浙江省城镇居家养老服务设施规划配建标准	浙江省住房和城乡建设厅

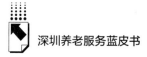

续表

序号	标准编号	标准名称	发布部门
206	DB33/T 1125 – 2016	老年活动中心建设标准	浙江省民政厅 浙江省住房和城乡建设厅
207	DB33/T 2001 – 2016	养老护理员培训规范	浙江省质量技术监督局
208	DB33/T 2055 – 2017	老年活动中心管理和服务规范	浙江省质量技术监督局
209	DB33/T 2127 – 2018	老年电视大学办学规范	浙江省质量技术监督局
210	DB33/T 2134 – 2018	养老机构失智症服务与管理规范	浙江省质量技术监督局
211	DB33/T 2171 – 2018	医养结合机构基本服务规范	浙江省市场监督管理局
212	DB33/T 2225 – 2019	养老服务机构康复辅具配置基本要求	浙江省市场监督管理局
213	DB33/T 2241.9 – 2020	新冠肺炎疫情防控技术指南　第9部分:养老机构	浙江省市场监督管理局
214	DB33/T 2267 – 2020	养老机构护理分级与服务规范	浙江省市场监督管理局
215	DB33/T 828.5 – 2011	社会单位消防安全标准化建设指南　第5部分:医院、养老院、福利院、幼儿园	浙江省质量技术监督局
216	DB33/T 837 – 2011	居家养老服务与管理规范	浙江省质量技术监督局
217	DB33/T 926 – 2014	养老机构服务与管理规范	浙江省质量技术监督局
218	DB3301/T 0315 – 2020	居家养老服务质量规范	杭州市市场监督管理局
219	DB3302/T 1014 – 2018	居家养老服务机构等级规范	宁波市质量技术监督局
220	DB3307/T 76 – 2018	农村居家养老服务与管理规范	金华市质量技术监督局
221	DB3311/T 20 – 2014	生态休闲养生(养老)基地建设规范	丽水市质量技术监督局
222	DB3311/T 21 – 2014	生态休闲养生(养老)基地运营服务规范	丽水市市场监督管理局
223	DB34/T 2468 – 2015	养老机构常见病预防控制规范	安徽省质量技术监督局
224	DB34/T 2469 – 2015	养老机构休养人员心理护理规范	安徽省质量技术监督局
225	DB34/T 2470 – 2015	养老机构休养人员情绪沟通规范	安徽省质量技术监督局
226	DB34/T 2471 – 2015	养老机构信息管理规范	安徽省质量技术监督局
227	DB34/T 2472 – 2015	养老机构介护休养人员临终关怀规范	安徽省质量技术监督局
228	DB34/T 2473 – 2015	养老机构介护休养人员保护性护理规范	安徽省质量技术监督局
229	DB34/T 2474 – 2015	养老机构人员培训管理规范	安徽省质量技术监督局
230	DB34/T 2475 – 2015	养老机构康复基础训练规范	安徽省质量技术监督局

序号	标准编号	标准名称	发布部门
231	DB34/T 2476 – 2015	养老机构危险源识别与控制规范	安徽省质量技术监督局
232	DB34/T 2599 – 2016	老年旅游服务规范	安徽省质量技术监督局
233	DB34/T 2606.1 – 2016	家政培训服务规范 第1部分：居家养老	安徽省质量技术监督局
234	DB34/T 2624 – 2016	养老机构自理休养人员日常服务规范	安徽省质量技术监督局
235	DB34/T 2625 – 2016	养老机构业务咨询服务规范	安徽省质量技术监督局
236	DB34/T 2626 – 2016	养老机构休养人员入住评估规范	安徽省质量技术监督局
237	DB34/T 2627 – 2016	养老机构突发事件应急处置通用规范	安徽省质量技术监督局
238	DB34/T 2628 – 2016	养老机构介护休养人员日常服务规范	安徽省质量技术监督局
239	DB34/T 2629 – 2016	养老机构查房服务规范	安徽省质量技术监督局
240	DB34/T 2945 – 2017	养老机构社会工作小组工作服务规范	安徽省质量技术监督局
241	DB34/T 2952 – 2017	失独老人社会工作服务指南	安徽省质量技术监督局
242	DB34/T 2954 – 2017	养老机构合同管理规范	安徽省质量技术监督局
243	DB34/T 3236 – 2018	社区养老服务指南	安徽省市场监督管理局
244	DB34/T 3526 – 2019	医养结合型养老基本术语	安徽省市场监督管理局
245	DB3401/T 206 – 2020	养老机构出入院服务规范	合肥市市场监督管理局
246	DB3401/T 207 – 2020	养老机构辅助器具基本配置规范	合肥市市场监督管理局
247	DB35/T 1367 – 2013	养老机构护理服务规范	福建省质量技术监督局
248	DB35/T 1479 – 2014	老年人生活自理能力等级划分与评定	福建省质量技术监督局
249	DB35/T 1518 – 2015	城市社区居家养老服务规范	福建省质量技术监督局
250	DB35/T 1702 – 2017	养老机构老年人分级护理服务规范	福建省质量技术监督局
251	DB35/T 1809 – 2018	医养结合养老机构基本服务规范	福建省市场监督管理局
252	DB36/T 1011 – 2018	社区老年人日间照料中心服务质量规范	江西省质量技术监督局
253	DB36/T 807 – 2014	养老机构消防安全管理规范	江西省质量技术监督局
254	DB36/T 899 – 2016	养老助餐服务质量规范	江西省质量技术监督局
255	DB36/T 944 – 2017	养老护理服务质量规范	江西省质量技术监督局
256	DB37/T 1111—2008	家政服务——居家养老服务质量规范	山东省质量技术监督局

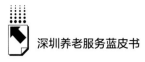

续表

序号	标准编号	标准名称	发布部门
257	DB37/T 1598.1—2010	家政培训服务规范 第1部分：居家养老	山东省质量技术监督局
258	DB37/T 1934—2011	社区居家养老服务标准体系	山东省质量技术监督局
259	DB37/T 1935—2011	社区居家养老服务人员管理规范	山东省质量技术监督局
260	DB37/T 1936—2011	社区居家养老－日托服务质量规范	山东省质量技术监督局
261	DB37/T 1937—2011	社区居家养老－入户服务质量规范	山东省质量技术监督局
262	DB37/T 1938—2011	社区居家养老服务信息管理规范	山东省质量技术监督局
263	DB37/T 2891—2016	养老服务基本术语	山东省质量技术监督局
264	DB37/T 2892—2016	老年公寓服务规范	山东省质量技术监督局
265	DB37/T 2893.1—2016	居家养老 生活照料服务规范	山东省质量技术监督局
266	DB37/T 2893.2—2016	居家养老 康复护理服务规范	山东省质量技术监督局
267	DB37/T 2893.3—2016	居家养老 陪同就医服务规范	山东省质量技术监督局
268	DB37/T 3091—2018	养老服务人员培训规范	山东省质量技术监督局
269	DB37/T 3092—2018	养老机构服务人员配备及技能要求	山东省质量技术监督局
270	DB37/T 3093—2018	养老服务顾客满意度测评	山东省质量技术监督局
271	DB37/T 3094—2018	农村幸福院建设与运行规范	山东省质量技术监督局
272	DB37/T 3095—2018	居家养老 家居适老化改造通用要求	山东省质量技术监督局
273	DB37/T 3096—2018	山东省养老服务信息基本数据集	山东省质量技术监督局
274	DB37/T 3097—2018	服务质量管理体系 养老机构应用 GB/T 19001—2016 指南	山东省质量技术监督局
275	DB37/T 3583－2019	智慧居家养老服务信息平台 管理与服务规范	山东省市场监督管理局
276	DB37/T 3584－2019	老年人照护等级划分与评估	山东省市场监督管理局
277	DB37/T 3586－2019	养老服务标准实施效果评价指南	山东省市场监督管理局
278	DB37/T 3587－2019	养老机构护理型床位认定	山东省市场监督管理局
279	DB37/T 3775－2020	社区居家老年人助浴服务规范	山东省市场监督管理局
280	DB37/T 3776－2020	社区居家养老服务质量评估规范	山东省市场监督管理局
281	DB37/T 3777－2020	社区养老设施管理与运行规范	山东省市场监督管理局
282	DB37/T 3778－2020	养老机构突发事件应急处置规范	山东省市场监督管理局
283	DB37/T 3888－2020	老旧电梯及其主要部件安全评估导则	山东省市场监督管理局

序号	标准编号	标准名称	发布部门
284	DB37/T 3961 – 2020	养老机构安全风险分级管控体系实施指南	山东省市场监督管理局
285	DB37/T 3962 – 2020	养老机构安全事故隐患排查治理体系实施指南	山东省市场监督管理局
286	DB37/T 4086 – 2020	机构医养结合服务基本规范	山东省市场监督管理局
287	DB37/T 4087 – 2020	社区医养结合服务基本规范	山东省市场监督管理局
288	DB37/T 4088 – 2020	医养结合（服务）机构分类与要求	山东省市场监督管理局
289	DB3701/T 0007 – 2020	养老机构消毒卫生规范	济南市市场监督管理局
290	DB41/T 1298 – 2016	社区居家养老服务规范	河南省质量技术监督局
291	DB41/T 1299 – 2016	老年人健康能力评估	河南省质量技术监督局
292	DB41/T 1370 – 2017	养老机构入住评估规范	河南省质量技术监督局
293	DB41/T 1374 – 2017	医养结合机构服务规范	河南省质量技术监督局
294	DB41/T 595 – 2015	养老护理员等级规定及服务规范	河南省质量技术监督局
295	DB41/T 687 – 2011	老年人社会福利机构消防安全四个能力建设标准	河南省质量技术监督局
296	DB41/T 801 – 2013	养老服务机构星级评定标准	河南省质量技术监督局
297	DB41/T 802 – 2013	养老服务机构服务质量规范	河南省质量技术监督局
298	DB4106/T 17 – 2020	居家和社区养老助餐机构服务规范	鹤壁市市场监督管理局
299	DB4106/T 18 – 2020	居家和社区养老助浴机构服务规范	鹤壁市市场监督管理局
300	DB4106/T 19 – 2020	居家养老助洁机构服务规范	鹤壁市市场监督管理局
301	DB4112/T 289 – 2020	家政服务 居家养老操作基本规范	三门峡市市场监督管理局
302	DB42/T 1246 – 2017	养老机构服务质量规范	湖北省质量技术监督局
303	DB42/T 1247 – 2017	养老机构 护理员日常服务操作规范	湖北省质量技术监督局
304	DB42/T 1248 – 2017	养老机构 老年人日常护理精细化服务流程	湖北省质量技术监督局
305	DB42/T 1250 – 2017	居家养老服务通则	湖北省质量技术监督局
306	DB42/T 1251 – 2017	养老机构常见服务风险防控基本规范	湖北省质量技术监督局
307	DB42/T 1330 – 2018	养老机构康复辅具基本配置规范	湖北省质量技术监督局

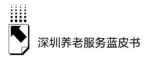

序号	标准编号	标准名称	发布部门
308	DB4209/T 16－2018	养老机构临终关怀服务规范	孝感市质量技术监督局
309	DB4212/T 16－2020	新冠肺炎疫情防控技术指南　养老机构（试行）	咸宁市市场监督管理局
310	DB43/T 1309－2017	老年人能力筛查评估	湖南省质量技术监督局
311	DB43/T 1612－2019	养老机构岗位设置及人员配备指南	湖南省市场监督管理局
312	DB43/T 1613－2019	养老机构老年人文化娱乐服务规范	湖南省市场监督管理局
313	DB43/T 1614－2019	养老机构老年人精神慰藉服务规范	湖南省市场监督管理局
314	DB43/T 1641－2019	养老机构健康管理服务规范	湖南省市场监督管理局
315	DB43/T 1642－2019	养老机构中医养生保健服务规范	湖南省市场监督管理局
316	DB43/T 1666－2019	养老机构医养结合服务规范	湖南省市场监督管理局
317	DB43/T 1667－2019	养老机构社会工作服务规范	湖南省市场监督管理局
318	DB43/T 1795－2020	养老机构分级护理服务规范	湖南省市场监督管理局
319	DB4401/T 1－2018	老年人照顾需求等级评定规范	广州市质量技术监督局
320	DB4401/T 20－2019	养老机构管理规范	广州市市场监督管理局
321	DB4413/T 3－2019	居家养老送餐服务规范	惠州市市场监督管理局
322	DB45/T 1272－2015	家庭服务　养老护理员服务质量要求与等级划分	广西壮族自治区质量技术监督局
323	DB45/T 1606－2017	养老机构安宁（临终关怀）服务规范	广西壮族自治区质量技术监督局
324	DB45/T 1607－2017	老年人宜居社区建设规范	广西壮族自治区质量技术监督局
325	DB45/T 1832－2018	养老机构服务规范	广西壮族自治区质量技术监督局
326	DB45/T 1878－2018	疗养型养老机构服务规范	广西壮族自治区质量技术监督局
327	DB46/T 503－2019	养老机构失能失智老年人生活照料服务规范	海南省市场监督管理局
328	DB50/T 590－2015	养老机构老年人介护服务规范	重庆市质量技术监督局
329	DB50/T 716－2016	养老机构社会工作服务规范	重庆市质量技术监督局
330	DB50/T 762－2017	社区养老服务规范	重庆市质量技术监督局
331	DB50/T 772－2017	养老机构老年人护理常见风险防控规范	重庆市质量技术监督局

序号	标准编号	标准名称	发布部门
332	DB50/T 773－2017	养老机构老年人评估服务规范	重庆市质量技术监督局
333	DB50/T 866－2018	社区养老服务设施建设规范	重庆市质量技术监督局
334	DB50/T 908－2019	养老机构等级划分与评定	重庆市市场监督管理局
335	DB50/T 965－2020	老年人新冠肺炎疫情防护技术指南	重庆市市场监督管理局
336	DB50/T 981－2020	养老机构新冠肺炎疫情防控技术指南	重庆市市场监督管理局
337	DB51/T 1799－2014	养老服务社会化示范社区建设规范	四川省质量技术监督局
338	DB51/T 2199－2016	家政服务 居家养老服务规范	四川省质量技术监督局
339	DB51/T 2398－2017	农村敬老院建设与管理规范	四川省质量技术监督局
340	DB51/T 2535－2018	养老机构等级评定规范	四川省质量技术监督局
341	DB5101/T 34－2018	老年护理常见风险防控指南	成都市质量技术监督局
342	DB5101/T 35－2018	成都市养老机构医养结合建设规范	成都市质量技术监督局
343	DB510100/T 144－2015	成都市养老机构基本要求	成都市质量技术监督局
344	DB510100/T 145－2015	成都市养老机构星级评定	成都市质量技术监督局
345	DB510100/T 146－2015	成都市养老机构护理服务等级划分	成都市质量技术监督局
346	DB510100/T 147－2015	成都市养老机构老年人健康及功能综合评估	成都市质量技术监督局
347	DB510100/T 149－2015	老年社会工作服务要求	成都市质量技术监督局
348	DB510100/T 212－2016	成都市养老机构从业人员行为规范	成都市质量技术监督局
349	DB5103/T 20－2020	家政服务 自贡"盐帮人"居家养老护理服务规范	自贡市市场监督管理局
350	DB5104/T 25－2020	医养结合服务点 第3部分:老年住宿服务类	攀枝花市市场监督管理局
351	DB5104/T 28－2020	康养旅居地老龄友好康养社区建设、服务与管理规范	攀枝花市市场监督管理局
352	DB5104/T 3－2018	攀枝花市养老护理常见风险防范基本要求	攀枝花市质量技术监督局
353	DB5104/T 7－2018	攀枝花市老年人健康档案的建立与管理规范	攀枝花市质量技术监督局

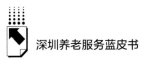

序号	标准编号	标准名称	发布部门
354	DB5104/T 8－2018	攀枝花市医养结合机构老年人常规健康管理指南	攀枝花市质量技术监督局
355	DB5104/T 9－2018	攀枝花市医养机构老年人突发危重症识别处置转诊指南	攀枝花市质量技术监督局
356	DB5114/T 14－2020	养老机构订单式服务规范	眉山市市场监督管理局
357	DB5114/T 15－2020	养老机构失能人员照护服务规范	眉山市市场监督管理局
358	DB5115/T 2－2019	宜宾市居家养老服务规范	宜宾市市场监督管理局
359	DB5115/T 3－2019	宜宾市社区老年人日间照料中心服务规范	宜宾市市场监督管理局
360	DB52/T 1128－2016	社区居家养老服务规范	贵州省质量技术监督局
361	DB52/T 1292－2018	精准扶贫 特困人员救助供养工作规范	贵州省质量技术监督局
362	DB52/T 1327－2018	养老机构服务规范	贵州省质量技术监督局
363	DB52/T 1328－2018	养老机构建设指南	贵州省质量技术监督局
364	DB52/T 1553.6－2020	易地扶贫搬迁安置社区 第6部分:老年服务中心服务规范	贵州省市场监督管理局
365	DB5222/T 103－2018	社区居家养老服务规程	铜仁市质量技术监督局
366	DB53/T 865－2018	居家养老服务质量	云南省质量技术监督局
367	DB54/T 0193－2020	养老机构标准体系建设指南	西藏自治区市场监督管理局
368	DB54/T 0194－2020	养老机构清洁卫生服务规范	西藏自治区市场监督管理局
369	DB54/T 0195－2020	养老机构洗涤服务规范	西藏自治区市场监督管理局
370	DB54/T 0196－2020	养老机构膳食服务规范	西藏自治区市场监督管理局
371	DB54/T 0197－2020	养老机构护理服务规范	西藏自治区市场监督管理局
372	DB54/T 0198－2020	养老机构休闲娱乐服务规范	西藏自治区市场监督管理局
373	DB54/T 0199－2020	养老机构安宁服务规范	西藏自治区市场监督管理局
374	DB54/T 0200－2020	养老机构医疗保健服务规范	西藏自治区市场监督管理局
375	DB54/T 0201－2020	养老机构环境管理规范	西藏自治区市场监督管理局
376	DB54/T 0202－2020	养老机构能源管理规范	西藏自治区市场监督管理局
377	DB54/T 0203－2020	养老机构设施设备及用品管理规范	西藏自治区市场监督管理局
378	DB54/T 0204－2020	养老机构人员管理规范	西藏自治区市场监督管理局
379	DB54/T 0205－2020	养老机构档案管理规范	西藏自治区市场监督管理局
380	DB54/T 0206－2020	养老机构突发事件应急管理规范	西藏自治区市场监督管理局
381	DB54/T 0207－2020	养老机构接收捐赠管理规范	西藏自治区市场监督管理局

序号	标准编号	标准名称	发布部门
382	DB54/T 0208－2020	养老机构消防安全管理规范	西藏自治区市场监督管理局
383	DB54/T 0209－2020	养老机构食品安全管理规范	西藏自治区市场监督管理局
384	DB54/T 0210－2020	养老机构服务评价与改进	西藏自治区市场监督管理局
385	DB61/T 1140－2018	社区居家养老服务规范	陕西省质量技术监督局
386	DB61/T 1244－2019	养老护理服务规范　认知障碍老年人照护	陕西省市场监督管理局
387	DB61/T 1245－2019	社区智慧养老服务导则	陕西省市场监督管理局
388	DB61/T 1246－2019	养老服务人员培训指南	陕西省市场监督管理局
389	DB61/T 1311－2019	养老机构康复服务规范	陕西省市场监督管理局
390	DB61/T 1329－2020	养老机构设施、设备及用品配置规范	陕西省市场监督管理局
391	DB61/T 1330－2020	养老机构心理与精神支持服务规范	陕西省市场监督管理局
392	DB61/T 1331－2020	养老机构老年人入住管理规范	陕西省市场监督管理局
393	DB61/T 1341－2020	养老机构档案管理指南	陕西省市场监督管理局
394	DB61/T 922－2014	家政服务指南　居家养老护理	陕西省质量技术监督局
395	DB61/T 997－2015	养老机构服务质量规范	陕西省质量技术监督局
396	DB62/T 2581－2015	机构养老服务管理规范	甘肃省质量技术监督局
397	DB62/T 2582－2015	居家养老服务管理规范	甘肃省质量技术监督局
398	DB62/T 2583－2015	社区养老服务管理规范	甘肃省质量技术监督局
399	DB63/T 1322－2014	社区老年人日间照料服务规范	青海省质量技术监督局
400	DB63/T 944.5－2010	消防安全"四个能力"建设　第5部分　医院、养老院、福利院、幼儿园	青海省质量技术监督局
401	DB64/T 1495－2017	社区居家养老服务基本规范	宁夏回族自治区质量技术监督局
402	DB64/T 1496.1－2017	养老机构生活照料服务规范　第1部分:穿衣	宁夏回族自治区质量技术监督局
403	DB64/T 1496.2－2017	养老机构生活照料服务规范　第2部分:修饰	宁夏回族自治区质量技术监督局
404	DB64/T 1496.3－2017	养老机构生活照料服务规范　第3部分:口腔清洁	宁夏回族自治区质量技术监督局
405	DB64/T 1496.4－2017	养老机构生活照料服务规范　第4部分:饮食照料	宁夏回族自治区质量技术监督局
406	DB64/T 1496.5－2017	养老机构生活照料服务规范　第5部分:排泄护理	宁夏回族自治区质量技术监督局

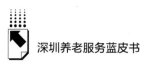

序号	标准编号	标准名称	发布部门
407	DB64/T 1496.6－2017	养老机构生活照料服务规范 第6部分:皮肤清洁	宁夏回族自治区质量技术监督局
408	DB64/T 1496.7－2017	养老机构生活照料服务规范 第7部分:压疮预防	宁夏回族自治区质量技术监督局
409	DB64/T 1496.8－2017	养老机构生活照料服务规范 第8部分:床单位整理	宁夏回族自治区质量技术监督局
410	DB64/T 1496.9－2017	养老机构生活照料服务规范 第9部分:睡眠照料	宁夏回族自治区质量技术监督局
411	DB64/T 1521－2017	老年慢性病护理服务指南	宁夏回族自治区质量技术监督局
412	DB64/T 1522.1－2017	养老机构安全应急处置规程 第1部分:老年人意外	宁夏回族自治区质量技术监督局
413	DB64/T 1522.2－2018	养老机构安全应急处置规程 第2部分:火灾	宁夏回族自治区质量技术监督局
414	DB64/T 1522.3－2018	养老机构安全应急处置规程 第3部分:震灾	宁夏回族自治区质量技术监督局
415	DB64/T 1522.4－2018	养老机构安全应急处置规程 第4部分:食物中毒	宁夏回族自治区质量技术监督局
416	DB64/T 1522.5－2018	养老机构安全应急处置规程 第5部分:传染病疫情	宁夏回族自治区质量技术监督局
417	DB64/T 1523.1－2017	老年慢性病护理服务规范 第1部分:老年高血压护理	宁夏回族自治区质量技术监督局
418	DB64/T 1523.2－2017	老年慢性病护理服务规范 第2部分:老年冠心病护理	宁夏回族自治区质量技术监督局
419	DB64/T 1523.3－2017	老年慢性病护理服务规范 第3部分:老年糖尿病护理	宁夏回族自治区质量技术监督局
420	DB64/T 1523.4－2018	老年慢性病护理服务规范 第4部分:阿尔茨海默病	宁夏回族自治区市场监督管理厅
421	DB64/T 1523.5－2018	老年慢性病护理服务规范 第5部分:帕金森病	宁夏回族自治区市场监督管理厅
422	DB64/T 1523.6－2018	老年慢性病护理服务规范 第6部分:退行性骨关节病	宁夏回族自治区市场监督管理厅
423	DB64/T 1523.7－2019	老年慢性病护理服务规范 第7部分:老年性白内障	宁夏回族自治区市场监督管理厅

序号	标准编号	标准名称	发布部门
424	DB64/T 1523.8－2019	老年慢性病护理服务规范　第8部分:老年性耳聋	宁夏回族自治区市场监督管理厅
425	DB64/T 1523.9－2019	老年慢性病护理服务规范　第9部分:慢性阻塞性肺疾病	宁夏回族自治区市场监督管理厅
426	DB64/T 1561－2018	养老机构安宁服务规范	宁夏回族自治区市场监督管理厅
427	DB64/T 1757－2020	养老机构突发传染病疫情防控规范	宁夏回族自治区市场监督管理厅
428	DB64/T 592－2010	医院、养老院、福利院、幼儿园消防安全"四个能力"建设标准	宁夏回族自治区质量技术监督局
429	DB64/T 741－2019	特困人员供养服务设施(敬老院)建设管理服务规范	宁夏回族自治区市场监督管理厅
430	DB65/T 4055－2017	养老机构服务质量规范	新疆维吾尔自治区质量技术监督局
431	DB65/T 4080－2017	养老机构社会工作服务规范	新疆维吾尔自治区质量技术监督局
432	DB65/T 4081－2017	养老机构生活照料服务规范	新疆维吾尔自治区质量技术监督局
433	DB65/T 4082－2017	养老机构出入院管理规范	新疆维吾尔自治区质量技术监督局
434	DB65/T 4187－2019	家政服务　居家养老服务规范	新疆维吾尔自治区市场监督管理厅
435	DGJ 08－103－2003	无障碍设施设计标准	上海市建设和管理委员会
436	DGJ 08－82－2000	养老设施建筑设计标准	上海市建设委员会
437	DB/2102 YLFW 001－2015	养老服务机构服务质量	大连市质量技术监督局 大连市民政局

B.19
深圳养老机构名录

表1　深圳养老机构名录（2020 年）

序号	辖区	机构名称	性质(公办/民办/公建民营)	地址	备案情况
1	市级	深圳市养老护理院	公办	深圳市南山区桃源街道龙苑路 56 号	已备案
2	市级	深圳市社会福利中心老人颐养院	公办	深圳市龙华区观光路 1340 号	已备案
3	福田区	深圳市福田区福利中心	公建民营	深圳市福田区新沙路 56 号	已备案
4	福田区	华强北街道长者服务中心	公建民营	深圳市福田区桑达雅苑 2 楼	已备案
5	福田区	深圳市福田区园岭八角楼托养中心（园岭街道长者服务中心）	公建民营	深圳市福田区园岭东路 5 号	已备案
6	福田区	深圳市福田区滨江社区颐康之家	公建民营	深圳市福田区上步南路 1001 号	已备案
7	福田区	深圳市福田区新兴社区颐康之家	公建民营	深圳市福田区梅林路 133 号上梅林文体中心	已备案
8	福田区	深圳市福田区景田社区颐康之家	公建民营	深圳市福田区回雁路 40 号景龙大厦首层	已备案
9	福田区	深圳市福田区梅京社区颐康之家	公建民营	深圳市福田区梅林街道梅山苑 2 期 6 栋	已备案
10	福田区	深圳市福田区田面社区颐康之家	公建民营	深圳市福田区华富路田面花园 4 栋 1 楼	已备案
11	福田区	深圳市福田区益田社区颐康之家	公建民营	深圳市福田区福强路益田村活动东栋三楼	已备案

续表

序号	辖区	机构名称	性质(公办/民办/公建民营)	地址	备案情况
12	福田区	深圳市福田区海滨社区颐康之家	公建民营	深圳市福田区福强路福雅园裙楼二、三层	已备案
13	福田区	深圳市福田区福保社区颐康之家（国寿健康福保分公司）	公建民营	深圳市福田区福保社区桂花苑四栋一层	已备案
14	福田区	深圳市福田区康欣社区颐康之家（国寿健康莲花分公司）	公建民营	深圳市福田区北环大道7011号传麒景苑2层	已备案
15	福田区	深圳市福田区润华松鹤颐养中心（润华松鹤养老管理有限公司）	民办	深圳市福田区下梅林梅亭路1号	已备案
16	福田区	深圳市福田区金地海景颐养中心（复瑞健养老服务有限公司）	民办	深圳市福田区金地海景花园21栋二层	已备案
17	福田区	深圳市福田区莲花北社区华龄颐康之家（莲花街道长者服务中心）	民办	深圳市福田区莲花路1116号吉莲大厦裙楼二层JL3－201号	已备案
18	福田区	香蜜湖街道长者服务中心（深业健康福田分公司）	公建民营	深圳市福田区红荔西路深业中城7号楼1层和3层	已备案
19	罗湖区	深圳市罗湖区社会福利中心	公办	深圳市罗湖区太宁路73号	已备案
20	罗湖区	深圳市罗湖区翠竹长者服务中心	公建民营	深圳市罗湖区文锦路东文锦广场裙楼第二层B2区	已备案
21	罗湖区	深圳市罗湖区长寿人颐养院	民办	深圳市罗湖区红岗路1299号龙园山庄龙园大厦三楼	已备案

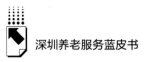
续表

序号	辖区	机构名称	性质(公办/民办/公建民营)	地址	备案情况
22	罗湖区	深圳市罗湖区黄贝岭颐养院	民办	深圳市罗湖区黄贝岭中村89号2-10楼	已备案
23	盐田区	盐田区社会福利中心·招商观颐之家(深圳市招商观颐养老服务有限公司)	公建民营	沙头角盘山公路2号	已备案
24	盐田区	沙头角街道长者服务中心(国寿健康梧桐分公司)	公建民营	盐田区沙头角官上路24号	已备案
25	盐田区	复康会颐康护理(深圳)有限公司	民办	深圳市盐田区盐田路2号	已备案
26	南山区	深圳市南山区社会福利中心(南山区社会捐助接收管理站)	公办	深圳市南山区西丽街道留仙大道7109号	已备案
27	南山区	深圳市南山区社会福利中心二期(深圳市万颐养老服务有限公司)	公建民营	深圳市南山区西丽街道留仙大道7109号	已备案
28	南山区	桃源街道长者服务中心(深业健康南山分公司)	公建民营	深圳市南山区桃源街道塘朗社区留仙大道3355号朗麓家园小区综合楼2-6楼	已备案
29	南山区	深圳市南山区深圳湾社区托养中心(颐百年养生养老产业投资有限公司)	公建民营	深圳市南山区蛇口街道中心路卓越维港名苑南区9-13栋裙楼1-48号	已备案
30	南山区	深圳市南山区四海长者颐养院	公建民营	深圳市南山区光大路四海小区四海长者颐养院	已备案

序号	辖区	机构名称	性质(公办/民办/公建民营)	地址	备案情况
31	南山区	深圳市南山区招商观颐之家（招商创业蛇口养老服务分公司）	民办	深圳市南山区育才路7号	已备案
32	南山区	深圳市敬夕阳颐养院	民办	深圳市南山区保龙路6号	已备案
33	宝安区	宝安区福利中心	公办	深圳市宝安区航城街道洲石路743号深业世纪工业中心D栋宝安区社会福利中心养老部	已备案
34	宝安区	深业颐居养老运营（深圳）有限公司	民办	深圳市宝安区航城街道洲石路743号深业世纪工业中心D栋	已备案
35	宝安区	深圳市宝安区前海人寿幸福之家养老院（前海幸福之家投资管理有限公司）	民办	深圳市宝安区新安街道新安六路1099号	已备案
36	宝安区	深圳市复亚护养院	民办	深圳市宝安区松岗街道松明大道179号	已备案
37	宝安区	深圳市宝安区悦年华颐养中心	民办	深圳市宝安区松岗街道东富路1号联投嘉苑2栋	已备案
38	宝安区	深圳市任达爱心护理院	民办	深圳市宝安区石岩街道洲石公路旁任达山庄内	已备案
39	宝安区	福海街道长者服务中心（福安长者家园）	民办	深圳市宝安区福海街道新塘路78-6号	已备案
40	龙岗区	深圳市龙岗区第七人民医院简竹护理院	公办	深圳市龙岗区南湾街道吉厦社区简竹路2号	已备案
41	龙岗区	龙岗区任达爱心护理院	公建民营	深圳市龙岗区龙岗街道南联社区龙溪路1号	已备案
42	龙岗区	深圳市南联颐养中心	民办	龙岗街道南联路46号	已备案

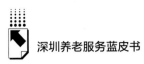
续表

序号	辖区	机构名称	性质(公办/民办/公建民营)	地址	备案情况
43	龙岗区	龙岗区群爱园老年人服务中心	民办	龙岗区横岗街道松柏路140号	已备案
44	龙岗区	龙岗区利群颐养院	民办	龙岗街道龙岗村龙河路4号	已备案
45	龙岗区	深圳市共享之家护理服务有限公司龙城店	民办	龙岗区龙城街道天昊华庭配套组团3、组团4	已备案
46	龙岗区	南湾街道长者服务中心	公办	龙岗区南湾街道南岭村社区综合市场4楼	已备案
47	龙华区	深圳市龙华区晚晴苑养护院	民办	龙华区福城街道大水坑社区大三村196栋2-8层	已备案
48	龙华区	观湖街道长者服务中心	公建民营	深圳市龙华区环观中路18号A栋一、二楼	已备案
49	坪山区	坪山区颐康院(坪山区蓝天社颐康中心)	公建民营	深圳市坪山区坑梓办事处梓兴路55-1号	已备案
50	坪山区	坑梓街道长者服务中心	公建民营	深圳市坪山区坑梓街道梓兴路55-1号	已备案
51	光明区	公明街道长者服务中心(深圳祈康养老服务有限公司)	公建民营	深圳市光明区公明街道公明社区红花中路1号B福利院A101	已备案
52	大鹏新区	深圳市知己圆明颐养院	民办	深圳市大鹏新区葵涌街道金业大道92号知己工业园3号宿舍楼	已备案
53	大鹏新区	深圳市金海岸颐康院	民办	深圳市大鹏新区葵涌街道溪涌南一巷9号	已备案
54	大鹏新区	深圳市大鹏新区福泰源养老中心	民办	深圳市大鹏新区葵涌街道官湖社区葵鹏路127号	已备案
55	宝安区	深圳市宝安西乡敬老院	公办	深圳市宝安区西乡街道铁岗水库路118号	未备案
56	宝安区	深圳市宝安区福永敬老院	公办	深圳市宝安区福永街道福新街一号	未备案

序号	辖区	机构名称	性质(公办/民办/公建民营)	地址	备案情况
57	宝安区	深圳市宝安区沙井敬老院	公办	深圳市宝安区沙井街道沙博路	未备案
58	宝安区	深圳市宝安燕罗颐年院	公办	深圳市宝安区燕罗街道洋涌路 26 号	未备案
59	龙岗区	龙岗区布吉街道敬老院	公办	布吉镇龙岭东路福康街 2 号	未备案
60	龙岗区	龙岗区横岗街道敬老院	公办	横岗街道富康路 103 – 1 号	未备案
61	大鹏新区	大鹏敬老院	公办	大鹏街道鹏新东路 151 号	未备案

Abstract

Population aging is a public issue which China and the whole world face. In order to alleviate the contradiction between population and social development caused by aging and release the hidden demographic dividend of aging, China has formulated a series of policies related to elderly care service since the 21st century to promote the scientific and healthy development of elderly care. As an important engine for the construction and development of the Guangdong-Hong Kong-Macao Greater Bay Area and the Pilot Demonstration Zone of Socialism with Chinese Characteristics, in 2019, Shenzhen was entrusted with the sacred mission of building a benchmark city for "Lao You Yi Yang" by the central government. Shenzhen has carried out high-rise-building, high-quality and efficient strategies to actively respond to population aging, and has explored a "Shenzhen Planning" with socialist characteristics in the construction of a high-level elderly care service system, the development of the elderly care industry, and the reform of comprehensive elderly care service. That is, Shenzhen has contributed "Shenzhen Wisdom" to the solution to the global aging problem.

This book is the first of the "Blue Book on the Development of Elderly Care Service in Shenzhen". The book consists of five parts: general report, sub-report, special report, typical case and appendix. On the basis of defining the connotation of Shenzhen's "Lao You Yi Yang" with "being health, happy life, active participation, and good elderly care", the general report describes the current situation of aging in Shenzhen, presents the development characteristics of Shenzhen's elderly care service, and summarizes the innovative practice highlights of Shenzhen's "Lao You Yi Yang", such as elderly social governance system, multi-level elderly care service system, elderly social welfare system, elderly care talent training system, and health care industry system, etc. The general report also analyzes the "dual-regional drive", the "window period" of population development, the advantages of technology and economic development and other opportunities faced by Shenzhen's "Lao You Yi Yang", as well as the upside-down population structure of the elderly, the mismatch between supply and demand of the elderly care service, and the pressure of the epidemic predicament. On this basis, the general report provides a path guide for Shenzhen's "Lao You Yi Yang" pilot demonstration by proposing the "three-step" strategy and the "five leading" ideas of concept, system, technology, standard, and talent.

The sub-report presents the development status of Shenzheninstitutional elderly care, home-community-based elderly care, combination of medical care and elderly care, and the elderly care industry according to the elderly care service providers. Through the reform of the PPP model of public elderly care service institutions, the institutional elderly care has continuously innovated the elderly care service management system, quality improvement system, supervision and evaluation system, etc. ; Shenzhen home-community-based elderly care service are gradually established under the policy guidance and support of the governments at all levels, through building institutions and mechanisms, improving the top-level system design, promoting the empowerment of technology and wisdom, and promoting the co-construction and sharing of social forces. The integration of medical care and elderly care in Shenzhen is still in the stage of exploration and development, mainly including two modes of integrated care and joint operation. It faces problems such as unclear boundaries between medical care and elderly care, inefficient policy management, weak supply capacity, uneven resource allocation, and imperfect factor payment system. This requires to clarify the boundaries of medical and elderly care, improve policy system, strengthen service supply and support the construction of security system. On the basis of grasping the opportunities for coordinated development of Guangdong-Hong Kong-Macao Greater Bay Area, Shenzhen's elderly care industry will develop in an all-round way through industrial system innovation, technological and economic development, consumer market stimulation, and talent cultivation.

There are four thematic reports in total. In the process of further promoting the construction of the "Lao You Yi Yang", Shenzhen continues to learn from the developed countries and regions, and lead the development of enterprises in the elderly care industry in the standardization of elderly care service; Facing the talent bottleneck, Shenzhen is not afraid of a series of international problems such as talent gap, brain drain, and lack of talents in elderly care service, and actively explores the reform of the "dual system" to cultivate a large number of high-quality elderly care service talents; Shenzhen is also actively using its own technological advantages to give full play to the power of cutting-edge intelligent system, network, product and service to empower the construction of "Lao You Yi Yang" and provide intelligent support for the development of the elderly care industry; In addition, Shenzhen is actively exploring new elderly care service models, summarizing the city's typical regional elderly care service innovation cases, such as time banks and other mutual-aid elderly care methods, to provide theoretical and practical reference for the construction and improvement of the elderly care service system.

The typical case section shows the innovative measures and practical explorations of seven representative elderly care-related service institutions in Shenzhen. Various elderly care service institutions have taken measures according to local conditions, combined with relevant national, Guangdong and Shenzhen elderly care service policies, and referred to regional elderly care service development planning, which has embarked on a unique development path for elderly care services. Shenzhen Healthcare and Elderly College actively undertakes the "dual mission" of the comprehensive reform and innovation of Shenzhen's elderly care service and the reform and innovation of vocational education and social service models, and vigorously carries out theoretical and empirical research on elderly care talent cultivation, elderly care policies and industries, and contributes wisdom to Shenzhen elderly care; Shenye Group gave full play to its social responsibilities as a state-owned enterprise, and innovated the "four-level linkage command" model by assisting the "907" project of happiness, well-being, health care and benefiting the people; Vanke Group actively participated in the reform of public elderly care service institutions, and improved the operation model of PPP elderly care service institutions through dual-core promotion, creating a precedent for socialized reform of public pensions; China Resources Land has actively responded to the requirements of the national urban-enterprise linkage and inclusive pension policies by launching the pilot project of Joy Nianhua and high-quality elderly care service institutions, and contributed to the local care for Shenzhen residents; China Life focused on the construction of home-community-based elderly care service system, and realized the expansion of home-community-based elderly care services by exploring the quality development of community-embedded elderly care services; Shenzhen Shared Home provides a model for the supply-side reform of community elderly care services by practicing the "property + elderly care" service model; The Hong Kong Society for Rehabilitation has implemented the Shenzhen-Hong Kong cooperation policy while creating social well-being for the elderly in Shenzhen and Hong Kong through the construction of Yee Hong Court in Shenzhen.

Through lists and tables, the appendix lists the relevant policy items of Shenzhen elderly care service, the national and regional elderly care service standards, and lists the elderly care institutions in Shenzhen , so as to provide guidance for further understanding of the development of Shenzhen elderly care service.

Keywords: "Lao You Yi Yang" ; Elderly Care Service Model; Elderly Care Policy; Elderly Care Industry

Contents

I General Report

Abstract: In 2019, China gave Shenzhen the mission of building "Pioneering Demonstration Zone" and "Lao You Yi Yang" . From "Lao You Suo Yang" to "Lao You Yi Yang", the word "change" reflects the ardent expectation for Shenzhen to take the lead in creating a path with Chinese characteristics to deal with the challenges of aging. Based on the connotation of "Lao You Yi Yang" with "health", "participation", "happy life" and "annuity" as the core, this report points out that the current aging in Shenzhen is younger and denser, and the household registration and non-household registration are upside down, and the old people are getting richer with empty nest, chronic disease. This report also summed up Shenzhen's construction of "Lao You Yi Yang" in many aspects, such as social governance system, multi-level elderly care service system, elderly social welfare system, elderly care talent training system, and health care industry system. Then the achievements and challenges were put forward. Under this background, on the one hand, Shenzhen should seize the policy opportunity of "Double-zone superposition" and the important "window period" of aging, direct development through the "three-step" strategy; on the other hand, Shenzhen should vigorously promote the "five leaderships" of concept leadership, system leadership, standard leadership, technology leadership, and talent leadership, and contribute Shenzhen's wisdom and experience to the exploration of "China's solutions" to actively respond to the population aging.

Keywords: "Lao You Suo Yang"; "Lao You Yi Yang"; Active Aging; "Five Leaderships"

II Topical Reports

B. 2 Report of Institutional Elderly Services

Development in Shenzhen　　　　*Hu Xiaole, Chen Dan* / 033

Abstract: In recent years, China's population over 65 years old has been growing rapidly. As an emerging city dominated by young immigrants, Shenzhen has not yet entered the aging stage. However, as the early immigrants gradually enter the elderly group, and more and more elderly people from accompanying families pour into Shenzhen, the aging problem in Shenzhen has gradually become a major topic in the field of people's livelihood. This paper takes the institutional elderly care in Shenzhen as the research object. On the basis of summarizing the concept definition, main types, relevant subjects and status of institutional elderly care, this report combs the development status of institutional elderly care in China and Shenzhen, and selects two key elderly care service institutions in Shenzhen for introduction. Through the analysis, it is concluded that there are some problems in the field of institutional elderly care in Shenzhen, such as unclear positioning, dislocation of supply and demand of elderly care services, insufficient operability and accuracy of policies and systems, low quality of elderly care services in some institutions, structural imbalance in elderly care institutions in various districts and shortage of professional talent resources. According to the existing problems, this report puts forward a series of countermeasures and suggestions, such as adjusting the connection between supply and effective demand, improving the operability and accuracy of pension service policies, clearly standardizing pension service

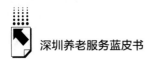
standards and strengthening supervision, scientifically and reasonably distributing pension institutions and cultivating professional talent service teams.

Keywords: Population Aging; Institutional Elderly Care; Contradiction between Supply and Demand; Service Quality; Structural Imbalance

B.3 Report of Home-community-based Elderly Care Services Development in Shenzhen　　　　　*Wang Manli, Jin Xiao* / 060

Abstract: Through literature analysis and policy analysis, this report describes the current situation and problems of the development of home-community-based elderly care service in Shenzhen from three perspectives, including the development status, forms and challenges, and work prospects. The results of this study believe that, in 2020, Shenzhen's home-community-based elderly care service policy system, four-level elderly care service network, "empowerment + support" system, "Lao You Yi Yang" standard system, "Internet + elderly care" action, social force participation, and the general welfare system for the elderly care have been initially established, and the construction of Shenzhen's home-community-based elderly care service system has achieved certain results. However, currently in Shenzhen, the elderly care service system still faces a series of challenges and problems, including the construction of "double zones", the inversion of the household registration structure, technological and industrial changes, the first demonstration of "Lao You Yi Yang", the resource allocation for service implementation, the mismatch between supply and demand, lower affordability and family care capacity, single supply system. In this context, this study believes that the development of Shenzhen's home-community-based elderly care service system should improve the design of policies and system, formulate special plans for home-community-based elderly care, strengthen technological empowerment, and promote comprehensive policy implementation.

Keywords: Home-community-based Elderly Care Service; Resources Allocation; "Lao You Yi Yang"

B. 4   Report of the Integrated Medical and Elderly care Services
Development in Shenzhen

Wang Jiguo, Wang Manli, Xu Chang and Fang Haiqing / 077

Abstract: The combination of medical care and elderly care is an important way to integrate the fragmented resources of medical care and elderly care, and it is also a core measure to meet the growing needs of residents for medical care and elderly care services. In recent years, the state has introduced a series of policies for the integration of medical care and elderly care to accelerate the practice of combining medical care and elderly care. Based on the perspective of supply and demand matching, under the guidance of matching theory and through literature analysis, second-hand data collection, policy text analysis, statistical description and other analysis methods, this report firstly points out that 35. 31% of the elderly in Shenzhen have a need for combined medical and nursing care; Then, this report takes Longgang district as an example, and points out the types of needs of the elderly, mainly including medical care, economic security, life care, sports and entertainment, and spiritual comfort. It explores the development stage, and summarizes the two types of Shenzhen's integrated medical and elderly care supply - integrated care and joint operation, and states the current situation of Shenzhen's integrated medical and elderly care. Thirdly, based on the perspective of supply and demand matching, this report summarizes the dilemma of the integrated development of medical and elderly care in Shenzhen from the four levels of management, supply, demand and security, that is, the supply model is outdated, the allocation of resources is uneven, the public demand is not matched, and there is a lack of organization, finance, policy, talent, and social security. This report suggest that Shenzhen should improve the policy management system, optimize resource allocation, enhance supply capacity, and improve security mechanisms to make the integration of medical and elderly care develop well.

Keywords: Integrated Medical and Elderly Care Services; Supply and Demand Matching; Resources Allocation

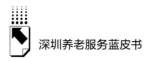

B.5　Report of Elderly Care Industry Development in Shenzhen

Hou Wu / 099

Abstract：Promoting the development of pension and pension industries is to solve the aging of population, promote the economic development of the silver and firing, and implement the thoughts that actively address the aging of the population aging. The seventh national census data in Shenzhen, shows that Shenzhen City is currently in the pre-aging stage, but the older population is huge, the growth rate is fast, and the high degree of density is characterized by the development of Shenzhen pension industries. This report first analyzed the development status of Shenzhen pension industries. From the industrial system, industrial structure, industrial informationization and industrial financial levels, the current situation and achievement of the development of Shenzhen pension industry; secondly analysis of Shenzhen pension industries the environment of development is analyzed from the legal policy environment, the economic analysis, the social environment and the technical environment. Again, analyze the opportunities and challenges of Shenzhen's old-age industry development. Actively responded to the aging of the population, create a "double cycle" new development pattern, in the context of the integration of Guangdong, Hong Kong and Macao District and innovative driving development, Shenzhen pension industry welcomes new development opportunities, but the export-oriented economic model, industry development Unbalanced, the lack of weakness of the old-age consumption and the construction of talents has brought new challenges for the development of Shenzhen pension industries. Finally, in conjunction with the current situation of the internal and external environment, based on the current situation of the development of Shenzhen, this report proposes the countermeasures for the development of Shenzhen pension industry：First, improve the industrial development policy, build a pension industry policy system；the second is to play intelligent technology advantages, improve the value of the whole industry chain；third is to cultivate the silver and hair consumption market, increase service needs；fourth is to innovate industrial development model, improve industrial development ability；five is to increase talents and build multi-level industrial talents.

Keywords: Population Aging; Pension Industry; Industrial Value

Ⅲ Special Reports

B.6　Report of the Construction of Standard System of

　　"Lao You Yi Yang" in Shenzhen　　　*Tang Xia*, *Jia Lili* / 123

Abstract: Shenzhen, as a pilot demonstration area of socialism with Chinese characteristics, undertaking the important mission of creating a benchmark for elderly livelihood and happiness. Based on a new stage, Shenzhen elderly care services are facing higher standards and higher quality development requirements, need to look international and look to the future, establish and improve standard system of elderly livelihood and happiness. This report systematically studies ISO and other international standardization organizations, as well as the work experience in the standardization of elderly care services in developed countries such as the United Kingdom and Japan, comprehensively review the current status of my country's elderly care service standard system construction, standard development and standardization pilot work, as well as Shenzhen's major standardization work results in recent years. This paper puts forward the problems existing in the coordination of departments, the implementation of the standard system, the formulation of standards, the training of compound talents, and the expansion of international vision in the standardization work of the elderly care services in Shenzhen. It also proposed to establish a long-term synergy mechanism for standardization work, improve the standard system of "old care for the elderly", promote the effective implementation of elderly care service standards, give play to the demonstration and leading role of pilot units, cultivate "elderly care + standardization" compound talents, and track international standardization in the field of elderly care. Dynamic countermeasure suggestions.

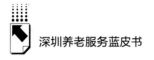
Keywords："Lao You Yi Yang"；Elderly Care；Standard System；Standardization Pilot

B.7 Report of Elderly Service Talent Team Construction and Development in Shenzhen　　　*Hao Ning，Yang Qiuting* ∕ 148

Abstract：Elderly service is the top priority in our work of ensuring and improving people's well-being, it is related to the national economy and people's livelihood and the long-term stability of the society. The development of the elderly service industry depends on talents. This study conducted a questionnaire survey on the supply and demand status of elderly service organizations and employees in 10 districts of Shenzhen. 103 questionnaires of elderly service organizations, 999 questionnaires of employees, sorting out survey data of current problems and analysis of the team construction causes, combined with successful advanced practical experience at home and abroad, focusing on improving the laws and regulations of elderly service, improving the talent team structure, strengthening talent training, improving career development and promoting the social status, put forward strategies for talent team building.

Keywords：Elderly Care Service Industry；Nursing Members for the Elderly；Vocational Education；Talent Caltivation

B.8 Report of Smart Elderly Care Service System in Shenzhen
Zhong Yuanting ∕ 178

Abstract：Based on the main characteristics of Shenzhen's elderly population, this paper clarifies the current situation of Shenzhen's smart elderly care development from the aspects of policy formulation, platform construction, technology application, and the advantages of the local information technology industry. On the whole, Shenzhen's smart old-age care is still in its infancy, facing many problems in overall planning, service connection, standard construction, talent training and industrial layout, which is not conducive to the sustainable development of Shenzhen smart elderly care services. According to the "Action Plan for the Development of Smart Health and Elderly Care Industry (2021 −2025)" issued by the Ministry of Industry and Information Technology, the Ministry of Civil Affairs and the National Health Commission, "By 2025, the scientific and technological support capabilities of the smart health and elderly care industry will be significantly enhanced, and products and services will be enhanced. The supply capacity has been significantly improved, the results of pilot demonstration construction have become increasingly prominent, and the industrial ecology has been continuously optimized and improved." Based on the policy orientation and development situation, this paper provides a series of reasonable suggestions for Shenzhen to build a smart and sustainable old-age care service system, and finally to solve the mentioned issues of Shenzhen's smart old-age care development.

Keywords: Aging Population; Smart Elderly Care; Information Technology; Industry

B.9　Report of Community Mutual Support Services

　　　　Development in Shenzhen: Taking the Time

　　　　Bank Project in Yantian District as an example

Wang Juan, Chen Ying and Hou Guihong / 194

Abstract: In the context of responding proactively to population aging, community mutual support for the aged has attracted more and more attention. This paper firstly combs the origin, concept and function of community mutual support for the aged, and summarizes four common modes: membership mutual support for the aged, inter-generational mutual support for the aged, pair mutual support for the aged, and time saving mutual support for the aged. Then, we

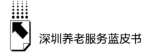

describes the current situation of the development of the mutual community support for the aged in Shenzhen, with four kinds of pattern: the elderly association pair support, adult day care center members mutual aid, and social community support patters, fowling with limitations, such as lacking workable system design, lacking regional distribution and reciprocity, lacking intelligent management platform. For these reasons, this paper takes a pilot project "the time bank mutual aid for the aged" in Shenzhen Yantian as a case, with its project design and innovations, including workable and operational guidance, the standardized time record and management, the multiple exchange mechanism design, the absorbed young volunteers as backup labor force, setting up guarantee funds, many measures to control and prevent risks. Finally, this paper puts forward a series of relevant suggestions for the development of community mutual support for the elderly. First, the community mutual support for the aged is a kind of voluntary service, which should reduce the risk of monetization or materialization. Second, the operation of community mutual support for the aged is non-profit, which should ensure the sustainable investment from the government. Third, the trust foundation of community mutual support is from the government and the network among acquaintances, which need us to pay more attention to the screening and supervision of the operating institutions; Fourthly, the social function of community mutual support for the aged is far greater than the economic function, therefore, we should pay attention to build participants' social capital. Fifth, the time bank model is the institutionalization of mutual support for the elderly, therefore, we should evaluate the pilot effect and improve policies in time.

Keywords: Population Aging; Community Mutual Support for the Aged; the Time Bank

Ⅳ Case Reports

B . 10 Innovation of the Talent Training Mechanism and Crack of

the "Bottleneck" of Talent Training: Innovation and

Practice of Shenzhen Health and Elderly College

Li Qing , Jin Xiao / 215

Abstract: Shenzhen Elderly HealthCare College was established in June 2018. It is a new type of public institution registered in Shenzhen, which is approved by the People's Government of Shenzhen, organized by Shenzhen Polytechnic and co-built with the civil service of Shenzhen. In order to solve the problem of the integration of vocational education with industry and the bottleneck of elderly service talents, relying on Shenzhen Polytechnic, it started to recruit students majoring in Smart Health Care Service and Management in 2020. After exploring for four years, with a unique new operation mode of public institution, the Shenzhen Elderly HealthCare College has explored a new path of the integration of vocational education with industry in "government guidance, school-led, enterprise dominant and industry co-construction", and has realized a new pattern of the integration of vocational education with industry, in which the government is willing to invest, enterprises are actively integrated, and school is driving to integrate. This chapter introduces the innovative model and important practice, which is about Shenzhen Elderly HealthCare College promotes the comprehensive reform of Shenzhen's senior care services and the reform of the integration of vocational education with industry, from four aspects: development background, innovation model, innovation effect and development.

Keywords: the Integration of Vocational Education with Industry; "Dual System"; the Comprehensive Reform of Senior Care Service

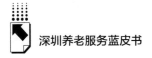
B.11 Report of Giving Full Play to the Social Responsibility of
State-owned Enterprises and Innovating the "Four-level
Linkage Wisdom" Model: Shenye Group through
Promoting the "907" Project of Happiness,
Well-being and Health Care

Xu Meiping, Yi Qin and Tang Rui / 226

Abstract: The community-home-based "four-level service network" is an important part of building a high-level happy and healthy elderly care service system and accelerating the construction of a benchmark city for people's livelihood and happiness in Shenzhen. In order to actively explore a new model of home-community-based elderly care services, and give full play to the demonstration role of municipal state-owned enterprises in promoting social and people's livelihood, this paper explains the policy background, work foundation, and project progress of the "907" project of happiness, well-being, and welfare, and elaborates on the progress of the project. The innovation and practice and the work experience of Shenye participating the promotion of the "907" project of happiness, well-being, health care and benefiting the people was summarized, and detailed development suggestions were provided for the construction of the home-community-based elderly care service system in Shenzhen community. This study suggests that Shenye actively summarize the practical experience and development suggestions of the home-community-based elderly care service model in characteristic communities, and promotes the comprehensive development of the elderly care industry.

Keywords: Shenye Group; "907" Project of Happiness, Well-being, Health Care and Benefiting the People; Community-home-based Elderly Care Service System; the Elderly Care Industry

Abstract: The implementation of the national strategy to actively respond to population aging is related to the overall situation of the country's development, and is of great and far-reaching significance to the sustainable and healthy development of China's economy and society during the "14th Five-Year Plan" and beyond. Strengthening the reform of public pension institutions has gradually become an important basis for timely, scientific and comprehensive responses to population aging. Giving full play to the role of the government and the market is an important way for the development of old-age care. This report takes Vanke as an example, and on the basis of stating the background of social reform of public elderly care institutions, it introduces the development history and current situation of Vanke and the government jointly to promote the reform of the public elderly care institutions - Welfare Center in Futian District and Social Welfare Center Phase II in Nanshan District. After that, this report summarizes Vanke's innovative practices and excellent experience in participating in the reform of public elderly care institutions.

Keywords: Vanke Elderly Care Service; Public Pension Institutions; Public-Private Partnership; Social Capital

Abstract: As China's aging process continues to intensify, residents' demand for diversified elderly care-related services continues to release, bringing opportunities for the development of the elderly care industry. However, simply entering the elderly care industry or engaging in the elderly care service industry cannot expect to reap compound profits immediately. This requires enterprises to define the strategic planning, operation implementation, and investment (financial) model of the elderly care industry from the perspective of long-term market potential and stability. That is to explore the inclusive and high-quality elderly care service model. Taking China Resources Land as an example, based on the concept of inclusive elderly care, this report expounds the practice of China Resources Land in actively responding to urban linkages and implementing the supply-side reform of inclusive elderly care services, and summarizes the development experience, reform trends and innovation paths of China Resources Land's inclusive pension operation model of Joy Nian Hua.

Keywords: China Resources Land; City-enterprise Linkage; Inclusive Elderly Care; Quality Elderly Care Institutions

B.14 Development of the Embedded Elderly Care Service to Promote the Quality Improvement of the Elderly Care Service System: Taking the Elderly Care Service Project of China Life as an Example   *Yu Xiaoqing, Li Ningchun and Chen Yao* / 249

Abstract: As a large state-owned enterprise, China Life has made a positive layout in the field of health industry and pension industry. In order to take the initiative to shoulder social responsibilities, China Life has built a preferential high-quality community pension model in Shenzhen with the characteristics of "light assets, heavy operation, multi-function and reproducibility", realizing the goal of never leaving the community and home. Relying on the business characteristics of three focuses and three combinations, this pension model can achieve sustainable development. At the same time, this pension model also faces a series of challenges, such as difficult site selection, single service project, imperfect payment system, scarce professional team, rising operating costs, and inadequate pension concept. In view of these problems, China Life puts forward suggestions on the development of community pension.

Keywords: China Life; Community Pension Model; the Embedded Elderly Care Service

B.15 Report of "Property + Elderly Care" Service Model:
Exploration and Practice of Shenzhen Shared Home

Li Zhijian, Li Suyang / 258

Abstract: In recent years, the active exploration of the "property service + elderly care service" model has attracted more and more attention from government departments at all levels. Carrying out the exploration of the "property + elderly care" service model is conducive to integrating fragmented grass-roots property and elderly care resources, improving the home and community elderly care service system, and meeting the diverse needs of the elderly for nearby elderly care services. This report takes Shenzhen Shared Home as an example to discuss the process, main mode, key practices, practical experience, development path and innovation direction of its joint development of the "Property + Elderly Care" service model with Great Wall Property.

Keywords: "Property + Elderly Care" Service Model; Home-community-based Elderly Care Service; Resource Integration

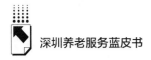
B.16   Exploration and Practice of Resource Linkage of Elderly Care

Services in Shenzhen and Hong Kong: Taking the

Hong Kong Society for Rehabilitation as an Example

Mo Sijie, Gu Lianghui / 267

Abstract: As "The development planning for the Greater Bay Area of Gunagdong-Hong Kong-Macao" released in 2019, it accelerates the implementation of the national treatment policy in the Greater Bay Area, and more Hong Kong people expect to live in the Greater Bay Area. The "Thematic Household Survey Report No. 71" published by the Census and Statistics Department of Hong Kong in June 2020 showed that the estimated number of people aged 15 and above who were very interested in coming to live in cities in the Greater Bay Area (including living or retiring, working or doing business, studying or further education) was 266. 200, of which people aged 65 or above was 60. 1%. (Census and Statistics Department 2020). Thus, the government should improve the supporting policies to promote harmony between the residents of the two places. The development of the elderly care service system in Shenzhen and Hong Kong also enables the elderly to retire with their children in cities in the Pearl River Delta. The Hong Kong Society for Rehabilitation established an elderly residential home named "Yee Hong Height" in Yantian, Shenzhen in 2002. Over the years, with the strong support of Shenzhen and Yantian District Government, "Yee Hong Height" has developed by leaps and bounds. With the development of the healthy ageing system, management experience and innovation in the Greater Bay Area, "Yee Hong Height" is expected to be a Pearl of the elderly care service in Shenzhen. Taking Society for Rehabilitation in Hong Kong as an example, this report explores the initial resolution for building the "Yee Hong Height" in Shenzhen, the combing model between Shenzhen and Hongkong, and the development advice for resource integration.

Keywords: Shenzhen and Hong Kong; Elderly Care Service; Mobilization of Resources

V   Appendices

社会科学文献出版社

皮 书

智库成果出版与传播平台

❖ 皮书定义 ❖

皮书是对中国与世界发展状况和热点问题进行年度监测,以专业的角度、专家的视野和实证研究方法,针对某一领域或区域现状与发展态势展开分析和预测,具备前沿性、原创性、实证性、连续性、时效性等特点的公开出版物,由一系列权威研究报告组成。

❖ 皮书作者 ❖

皮书系列报告作者以国内外一流研究机构、知名高校等重点智库的研究人员为主,多为相关领域一流专家学者,他们的观点代表了当下学界对中国与世界的现实和未来最高水平的解读与分析。截至2021年底,皮书研创机构逾千家,报告作者累计超过10万人。

❖ 皮书荣誉 ❖

皮书作为中国社会科学院基础理论研究与应用对策研究融合发展的代表性成果,不仅是哲学社会科学工作者服务中国特色社会主义现代化建设的重要成果,更是助力中国特色新型智库建设、构建中国特色哲学社会科学"三大体系"的重要平台。皮书系列先后被列入"十二五""十三五""十四五"时期国家重点出版物出版专项规划项目;2013~2022年,重点皮书列入中国社会科学院国家哲学社会科学创新工程项目。

皮书网

（网址：www.pishu.cn）

发布皮书研创资讯，传播皮书精彩内容
引领皮书出版潮流，打造皮书服务平台

栏目设置

◆关于皮书

何谓皮书、皮书分类、皮书大事记、
皮书荣誉、皮书出版第一人、皮书编辑部

◆最新资讯

通知公告、新闻动态、媒体聚焦、
网站专题、视频直播、下载专区

◆皮书研创

皮书规范、皮书选题、皮书出版、
皮书研究、研创团队

◆皮书评奖评价

指标体系、皮书评价、皮书评奖

◆皮书研究院理事会

理事会章程、理事单位、个人理事、高级
研究员、理事会秘书处、入会指南

所获荣誉

◆2008 年、2011 年、2014 年，皮书网均
在全国新闻出版业网站荣誉评选中获得
"最具商业价值网站"称号；
◆2012 年，获得"出版业网站百强"称号。

网库合一

2014年，皮书网与皮书数据库端口合
一，实现资源共享，搭建智库成果融合创
新平台。

皮书网

"皮书说"
微信公众号

皮书微博

权威报告・连续出版・独家资源

皮书数据库
ANNUAL REPORT(YEARBOOK)
DATABASE

分析解读当下中国发展变迁的高端智库平台

所获荣誉

● 2020年，入选全国新闻出版深度融合发展创新案例

● 2019年，入选国家新闻出版署数字出版精品遴选推荐计划

● 2016年，入选"十三五"国家重点电子出版物出版规划骨干工程

● 2013年，荣获"中国出版政府奖・网络出版物奖"提名奖

● 连续多年荣获中国数字出版博览会"数字出版・优秀品牌"奖

皮书数据库

"社科数托邦"
微信公众号

成为会员

登录网址www.pishu.com.cn访问皮书数据库网站或下载皮书数据库APP，通过手机号码验证或邮箱验证即可成为皮书数据库会员。

会员福利

● 已注册用户购书后可免费获赠100元皮书数据库充值卡。刮开充值卡涂层获取充值密码，登录并进入"会员中心"—"在线充值"—"充值卡充值"，充值成功即可购买和查看数据库内容。

● 会员福利最终解释权归社会科学文献出版社所有。

社会科学文献出版社 皮书系列
SOCIAL SCIENCES ACADEMIC PRESS (CHINA)

卡号：856652512389
密码：

数据库服务热线：400-008-6695
数据库服务QQ：2475522410
数据库服务邮箱：database@ssap.cn
图书销售热线：010-59367070/7028
图书服务QQ：1265056568
图书服务邮箱：duzhe@ssap.cn

基本子库
UB DATABASE

中国社会发展数据库（下设 12 个专题子库）

　　紧扣人口、政治、外交、法律、教育、医疗卫生、资源环境等 12 个社会发展领域的前沿和热点，全面整合专业著作、智库报告、学术资讯、调研数据等类型资源，帮助用户追踪中国社会发展动态、研究社会发展战略与政策、了解社会热点问题、分析社会发展趋势。

中国经济发展数据库（下设 12 专题子库）

　　内容涵盖宏观经济、产业经济、工业经济、农业经济、财政金融、房地产经济、城市经济、商业贸易等 12 个重点经济领域，为把握经济运行态势、洞察经济发展规律、研判经济发展趋势、进行经济调控决策提供参考和依据。

中国行业发展数据库（下设 17 个专题子库）

　　以中国国民经济行业分类为依据，覆盖金融业、旅游业、交通运输业、能源矿产业、制造业等 100 多个行业，跟踪分析国民经济相关行业市场运行状况和政策导向，汇集行业发展前沿资讯，为投资、从业及各种经济决策提供理论支撑和实践指导。

中国区域发展数据库（下设 4 个专题子库）

　　对中国特定区域内的经济、社会、文化等领域现状与发展情况进行深度分析和预测，涉及省级行政区、城市群、城市、农村等不同维度，研究层级至县及县以下行政区，为学者研究地方经济社会宏观态势、经验模式、发展案例提供支撑，为地方政府决策提供参考。

中国文化传媒数据库（下设 18 个专题子库）

　　内容覆盖文化产业、新闻传播、电影娱乐、文学艺术、群众文化、图书情报等 18 个重点研究领域，聚焦文化传媒领域发展前沿、热点话题、行业实践，服务用户的教学科研、文化投资、企业规划等需要。

世界经济与国际关系数据库（下设 6 个专题子库）

　　整合世界经济、国际政治、世界文化与科技、全球性问题、国际组织与国际法、区域研究 6 大领域研究成果，对世界经济形势、国际形势进行连续性深度分析，对年度热点问题进行专题解读，为研判全球发展趋势提供事实和数据支持。

法律声明

"皮书系列"（含蓝皮书、绿皮书、黄皮书）之品牌由社会科学文献出版社最早使用并持续至今，现已被中国图书行业所熟知。"皮书系列"的相关商标已在国家商标管理部门商标局注册，包括但不限于LOGO（🖐）、皮书、Pishu、经济蓝皮书、社会蓝皮书等。"皮书系列"图书的注册商标专用权及封面设计、版式设计的著作权均为社会科学文献出版社所有。未经社会科学文献出版社书面授权许可，任何使用与"皮书系列"图书注册商标、封面设计、版式设计相同或者近似的文字、图形或其组合的行为均系侵权行为。

经作者授权，本书的专有出版权及信息网络传播权等为社会科学文献出版社享有。未经社会科学文献出版社书面授权许可，任何就本书内容的复制、发行或以数字形式进行网络传播的行为均系侵权行为。

社会科学文献出版社将通过法律途径追究上述侵权行为的法律责任，维护自身合法权益。

欢迎社会各界人士对侵犯社会科学文献出版社上述权利的侵权行为进行举报。电话：010-59367121，电子邮箱：fawubu@ssap.cn。

社会科学文献出版社